Droemer
Knaur®

George Johnson

In den Palästen der Erinnerung

Wie die Welt im Kopf entsteht

Übersetzt aus dem Amerikanischen
von Irene Elbe

Droemer Knaur

Für Ron Light

Die Deutsche Bibliothek – CIP-Einheitsaufnahme

Johnson, George:
In den Palästen der Erinnerung: Wie die Welt im
Kopf entsteht / George Johnson.
Übersetzt aus dem Amerikanischen von Irene Elbe.–
München: Droemer Knaur, 1991
ISBN 3–426–26531–1

Titel der Originalausgabe: In the Palaces of Memory
Originalverlag: A. Knopf, New York

Umschlaggestaltung: Agentur ZERO, München
Umbruch: Ventura Publisher im Verlag
Druck und Bindearbeiten: Mohndruck, Gütersloh
Printed in Germany
ISBN 3-426-26531-1

5 4 3 2 1

Inhalt

Vorwort

Unsichtbare Paläste

Man kann diese modernen geistigen Strukturen
nicht abbauen. Es gibt so viele davon, daß man ihnen
gegenübersteht wie einer unendlich großen Stadt.

SAUL BELLOW, *The Bellarosa Connection*[1]

Wenn man ein Buch liest oder sich mit jemandem unterhält, führt die daraus resultierende Erfahrung zu Veränderungen im Gehirn. Innerhalb weniger Sekunden werden neue Schaltungen hergestellt, bilden sich Erinnerungen, die das Weltbild des Menschen auf Dauer verändern können. Ich war so fasziniert, daß ich in den letzten drei Jahren kaum noch Interesse für etwas anderes aufbrachte. Wie kommt es, daß eine Erinnerung uns derart prägen kann, daß wir die Vergangenheit in unseren Köpfen mit uns herumtragen?
Erst in den letzten Jahren haben die Wissenschaftler Theorien entwickelt, die eine sinnvolle Erklärung hierfür liefern. Psychologen, Biologen, Physiker und Philosophen haben einige der Schranken, die ihre Wissensgebiete bisher voneinander trennten, durchbrochen, um gemeinsam nach einer Antwort auf die wichtigen Fragen zur menschlichen Existenz zu suchen: Woher können wir wissen, was wir wissen? Wie entstehen unsere geistigen Landkarten, die Strukturen, in denen unsere Erinnerungen gespeichert sind, und die uns helfen, uns in der Welt zurechtzufinden?

Es ist beinahe furchterregend, sich vorzustellen, daß sich unser Gehirn nach jeder Begegnung mit einem Menschen verändert – und das manchmal für immer. Daß andere Menschen solche Änderungen willentlich herbeiführen können, ist eine offenkundige, wenn auch beunruhigende Tatsache. Jemand kann uns beleidigen oder demütigen – und wir tragen diese Erfahrung ein ganzes Leben lang mit uns herum. Die Erinnerung daran ist körperlich in uns verankert, wie ein Glassplitter, der in einer Wunde eingeschlossen ist.

Für jemanden wie mich, für den der erste Eindruck von ungeheurer Bedeutung ist, wirft diese Vorstellung schwer lösbare Probleme auf. Das Konzept der Redefreiheit basiert auf der alten dualistischen Denkweise, daß Körper und Geist zwei vollkommen verschiedene Dinge sind. Es ist etwas völlig anderes, ob man jemanden mit einem Stein oder mit Worten verletzt. Doch ist der Unterschied wirklich so groß? Seit die Wissenschaft die Denkweise vertritt, daß gespeicherte Erinnerungen physische Veränderungen im Gehirn auslösen, ist es sehr schwer, eine Unterscheidung zu treffen zwischen geistiger Brutalität, die gesetzlich zulässig ist, und körperlicher Brutalität, die gesetzwidrig ist. Wer hat nicht schon einmal die schlimme Erfahrung gemacht und etwas so Schreckliches gesehen, daß es für alle Zeiten in seinem Gedächtnis haftenblieb? Ich werde zum Beispiel David Lynch niemals verzeihen, daß er den Film »Eraserhead« gedreht hat.

Das Gedächtnis ist ganz sicher ein Thema, über das man endlos schreiben kann. Ich habe versucht, den Umfang dieses Buches zu begrenzen und es deshalb in drei Abschnitte gegliedert. Jeder Abschnitt erzählt die Geschichte eines Wissenschaftlers – eines Biologen, eines Physikers und eines Philosophen –, der sich mit der Funktionsweise des Gehirns beschäftigt.

Wie in meinem letzten Buch *Machinery of the Mind* schreibe ich auch hier über Wissenschaft im Entwicklungsstadium und nicht über bereits etablierte Wissenschaft. Da ich mich also mit Grenzbereichen befaßte, hatte ich die Möglichkeit, den Wettstreit der Theorien zu verfolgen, bevor die endgültigen Ergebnisse vorlagen. Wissenschaft wird rückblickend zu oft verschönernd dargestellt. Hat eine Theorie sich erst einmal durchgesetzt, ist der Konkurrenzkampf schnell vergessen. Doch vor allem in diesem schwierigen, manchmal geradezu irrationalen Bereich des wissenschaftlichen Wettstreits läßt sich die wirkliche geistige Arbeit, die Konfrontation mit dem Unbekannten, beobachten.

In den meisten Zeitungsberichten wird wissenschaftliches Arbeiten als eine Art Schmetterlingsfang dargestellt: Die Fakten werden mit einem Netz eingefangen, betäubt und mit Schildern versehen an eine Pinnwand geheftet. Über die Entstehung wissenschaftlicher Theorien erfährt man selten etwas. Sofern dieses Thema überhaupt einmal angesprochen wird, dann in der Annahme, der wissenschaftliche »Prozeß« funktioniere so, wie wir es in der Schule gelernt haben: Ein Wissenschaftler stellt eine Hypothese auf und entwirft dann ein Versuchsmodell, um diese zu überprüfen. Ergibt der Versuch eine Bestätigung der Hypothese, gilt sie als gesichert. Scheitert der Versuch, wird die Hypothese verworfen.

Doch so problemlos funktioniert Wissenschaft fast nie. Ein Wissenschaftler ist ebensowenig dazu bereit, eine interessante Idee aufzugeben wie ein Romanautor einen begonnenen Roman oder ein Komponist eine Symphonie. Sieht er sich mit widersprüchlichen Fakten konfrontiert, versucht er, seine Theorie geringfügig zu modifizieren, sie hier und dort zu untermauern, kurz, er tut, was er kann, um sie – sein geistiges Kind – aufrechtzuerhalten. Im schlimmsten Fall wird eine umstrittene Theorie dann so mit Verbesserungen überladen, daß sie den Verschwörungstheorien gleicht, über die ich in meinem Buch *Architects of Fear* geschrieben habe – diesen in sich geschlossenen Denksystemen, deren harte Schale jeder Widerlegung trotzt.

Doch selbst wenn der wissenschaftliche Prozeß so abläuft, wie man es allgemein annimmt – indem man die Realität überprüft und in einem anschließenden Auswahlverfahren die schlechten Theorien auf der Strecke bleiben –, ist die Antwort auf die Frage, in welchem Verhältnis Theorie und Realität zueinander stehen, immer noch schwieriger, als viele Wissenschaftler zugeben wollen. Wird eine Theorie einfach erfunden oder wird sie entwickelt? Ist die Wissenschaft einfach nur eine andere Art von Philosophie, die sich den Materialismus und das Prinzip von Ursache und Wirkung auf ihre Fahnen geschrieben hat? Sind Quarks und Elektronen wirklich genauso existent wie zum Beispiel Murmeln, oder sind sie nur zweckmäßige Fiktionen, Gedankengebilde, die uns helfen, Daten in geeigneter Weise zu ordnen? Bis zu einem gewissen Grad verhält es sich bestimmt so. Aber wie funktioniert dann unser Fernsehapparat? Wäre die Physik, die zu Erfindungen wie Atomreaktoren und Atombomben geführt hat, auch dann noch erfolgreich, wenn wir mit anderen Konzepten arbeiten und uns die Welt anders zurechtlegen würden? Wie viele wissenschaftliche Gesetze entstammen der realen Welt draußen und wie viele unseren Köpfen?

Gegen Ende dieses Projektes stellte ich fest, daß sich der Kreis geschlossen hatte. Die Frage, was Wissenschaft eigentlich ist und warum sie so erfolgreich ist, führt zum Gedächtnis und damit zu der Art und Weise zurück, wie ein Gehirn Erlebnisse in Wissen umsetzt.

In seinem Buch *The Memory Palace of Matteo Ricci* schreibt Jonathan Spence über einen Jesuiten aus dem 16. Jahrhundert, der ein wunderbares System zur Stärkung des Erinnerungsvermögens nach China brachte, das im Abendland schon seit der Zeit der alten Griechen benutzt worden war. Um ihre Gedächtnisleistung zu verbessern, konstruierten die Menschen sich Gedankenpaläste – riesige imaginäre Gebäude, die in ihren Köpfen existierten. Praktizierte jemand dies mehrere Jahre hindurch, wurden die Bilder mit der Zeit so lebendig, daß er die Augen schließen und seinen Palast so deutlich vor sich sehen konnte, als existiere er wirklich. Und schließlich war dieses geistige Gebilde nicht mehr aus seinem Gedächtnis zu löschen.

Wenn ein Redner sich eine Rede oder ein Steuereintreiber eine Liste von Namen einprägen wollte, plazierte er im Geist jeden einzelnen Punkt in einem Raum seines persönlichen Gedankenpalastes. Wollte er die Information nun wieder abrufen, trat er durch die Eingangstüre ein, ging von Zimmer zu Zimmer und holte die Erinnerung wieder hervor. Der Palast diente als Konstruktion zur Ordnung von Wissen.

»Alles, was wir uns merken wollen, sollten wir uns als Bild vorstellen«, schrieb Ricci.[2] »Und jedem dieser Bilder sollten wir einen bestimmten Platz zuweisen, auf dem es ruhen kann, bis es wieder aus dem Gedächtnis hervorgeholt wird.« Die Kunst, Gedankenpaläste zu bauen, betrachtet man heute als historische Kuriosität. Doch eigentlich bauen wir alle unbewußt ständig solche Paläste. Was Ricci als bewußte Gedächtnisstütze darstellte, kommt der Beschreibung dessen nahe, was das Gehirn automatisch tut. Auf unserem Weg durch die Welt werden Erlebnisse in Erinnerungen umgesetzt. Neuron für Neuron setzen wir mentale Strukturen zusammen und konstruieren so ständig Gedankenpaläste, die wir bis zu unserem Tod in uns tragen. Im Unterschied zu Riccis Gebäuden sind unsere eigenen Gedankenpaläste nicht vor unserem inneren Auge sichtbar. Wissenschaftler und Philosophen versuchen jedoch, die Blaupausen dieser Welt in unserem Kopf nach und nach zu dechiffrieren.

Das große Gebäude
in der Wildnis

Vor etwa fünf Jahren befand sich Gary Lynch, ein Biologe, dessen Spezialgebiet die chemische Zusammensetzung des menschlichen Gehirns ist, in einer für ihn fast unvorstellbaren Situation. Er saß auf einer Bühne auf dem Campus der University of California in Irvine, Orange County, und berichtete einigen Gruppen von Wissenschaftlern, die er früher für Gegner gehalten hatte, von seinen Forschungsergebnissen. Psychologen, Linguisten, Philosophen – ja sogar einige Informatiker –, sie alle waren zum Jahrestreffen der vor einiger Zeit gegründeten Cognitive Science Society zusammengekommen.[1]

Als er einen Blick auf seine Zuhörer warf, dachte er bei sich: »Wo in aller Welt bin ich hier bloß hingeraten?«

»Ich hatte das Gefühl, ich befände mich mitten in einer riesigen Wüste«, erinnert sich Lynch, »und all diese verfeindeten Stämme hätten ihre Vertreter entsandt, um zu fragen: ›Wie viele Mitglieder hat dein Stamm?‹ Und: ›Was sind eure Stammeszeichen?‹ Und: ›Welche Bräuche habt ihr?‹«

Er hatte schon fast damit gerechnet, daß sie das Kriegsbeil ausgraben würden, anstatt Meinungen auszutauschen.

Vor ihm erstreckten sich endlose Reihen von Zuhörern, die auf den ersten Anschein viele Gemeinsamkeiten hatten: Sie alle interessierten sich für eine Sache, die man gemeinhin als das Gedächtnis bezeichnet. Bei einem Blick in die Vergangenheit jedoch ist dabei nicht viel Gemeinsamkeit festzustellen. Sie betrachteten sich gegenseitig eher als Eindringlinge denn als Kollegen, und bewachten eifersüchtig ihr eigenes Territorium in diesem weiten, unerforschten Dschungel von Geist und Gehirn.

In den letzten zehn Jahren hatten einige dieser Gruppen von Wissenschaftlern sich zu einer unheiligen Allianz zusammengeschlossen, zu einer seltsamen Vereinigung, der man den Namen Kognitionswissenschaft gegeben hatte. Es wurde erzählt, daß dort sogar Psychologen mit Philosophen konferiert haben sollen, um ihre Theorien zu untermauern; daß Psychologen sich mit den Denkapparaten von Informatikern beschäftigten, um in Erfahrung zu bringen, ob ihnen das Wissen um Hardware und Software größere Erkenntnis über den Zusammenhang von Gehirn und Verstand liefern könnte. Es hieß sogar, daß einige Informatiker gelegentlich eine Abordnung zu den hochgeistigen Disziplinen wie etwa der Linguistik gesandt hätten, um sich dort Ideen für bessere Programmiersprachen zu holen. Die meiste Zeit jedoch beäugten sich die verschiedenen Gruppen argwöhnisch. In einem Punkt allerdings herrschte Übereinstimmung: daß es sich gar nicht erst lohne, mit Neurobiologen wie Gary Lynch überhaupt zu verkehren.

Die Kognitionswissenschaft, die sich in einer intellektuellen Außenseiterposition befand, erschien wie ein großes, schwankendes Gebäude, das alles überragte. Ganz oben (man könnte auch sagen im Dachgeschoß) befanden sich die Philosophen, die den Verstand von der abstraktesten, erhabensten Stufe aus betrachten. Neben so hochgeistigen Begriffen wie Wahrheit, Schönheit, der Bedeutung des Lebens und der Bedeutung der Bedeutung, reflektierten sie auch über die wahre Natur des Verstandes. Nur gelegentlich schauten sie auch in den Etagen, die unter ihnen lagen, vorbei, wo die Psychologen auf der nächsthöchsten Abstraktionsstufe Experimente austüftelten und Aufschluß über den Verstand zu erarbeiten suchten. Die Philosophen waren der Meinung, den Psychologen fehle eine klare Orientierung. Wenn sie das große Gebäude verließen, um auf Forschungsjagd zu gehen, tappten sie im dunkeln. Mangels einer klaren Leitlinie sähen sie den Wald vor lauter Bäumen nicht. Die Philosophen ihrerseits setzten natürlich nicht einen Fuß vor das Gebäude, und die Psychologen gaben wenig auf die Meinung von Leuten, die zwar über Bäume redeten, eine Kiefer aber nicht von einer Lärche unterscheiden konnten. Die Etagen der Linguisten und der Informatiker lagen dicht unter denen der Psychologen. Sie alle waren so etwa in der Mitte des Gebäudes angesiedelt, und die Neurobiologen, die sozusagen die Basisarbeit erledigten, ganz weit unten.

Den Leuten, die den Verstand von der höchsten Warte aus betrachteten, erschienen diejenigen, die sich mit der eigentlichen Materie beschäftigten – diesen drei Pfund feuchter, grauer Masse, die das Loch in unserem Kopf ausfüllt, – als absolute Außenseiter, die eine für sie nicht verständliche Sprache benutzten und ihren eigenen Forschungsstil hatten. Natürlich erschien es ihnen wichtig, daß es *überhaupt* jemanden gab, der wußte, wie ein Neuron eigentlich funktioniert. Doch die Psychologen waren überzeugt, daß die Antworten auf die wichtigen Fragen – was ist unter Verstand, unter Bewußtsein, was unter Gedächtnis zu verstehen? – nur in dem abstrakten Bereich der Psychologie zu finden wären; die Philosophen meinten, die Antworten darauf könne nur die Philosophie geben; die Linguisten suchten sie in der Linguistik; die Informatiker beriefen sich auf die Informatik. Niemand wollte so recht einsehen, daß alle diese Bereiche Teile eines großen Ganzen waren, und erst recht nicht, daß sie, wenn sie alle zusammenarbeiteten, einen noch größeren Nutzen aus dem besseren Verständnis der Calcium-, Kalium- und Natriumströme, aus dem Wissen über Serotonin, Acetylcholin und Norepinephrin ziehen könnten, diesen komplexen chemischen Substanzen, die in den Tiefen unseres Gehirns zu finden sind. Die Bewohner der oberen Etagen dieses großen Gebäudes zeigten etwa genausoviel

Interesse an den neurobiologischen Details wie ein Automechaniker an organischer Chemie oder Geologie, den Wissenschaften, die eine Erklärung dafür liefern, wie aus Schwämmen und Dinosauriern schließlich Motorenöl entstand. Und die Neurobiologen, die die Gehirnmasse bereits mit ihren eigenen Fingern angefaßt hatten, beurteilten diese anderen in kognitiven Bereichen tätigen Forscher in etwa mit der gleichen Einstellung, mit der ein Zimmermann einen Architekten der Postmoderne oder ein Romanschriftsteller einen Literaturkritiker betrachtet, der es nur auf Kritik abgesehen hat – nämlich als Dilettanten, die so hoch in der Stratosphäre der Abstraktion schwebten, daß sie den Kontakt mit der eigentlichen Materie verloren hatten und die so sehr von ihren Ideen eingenommen waren, daß sie sich ziemlich weit von der Wirklichkeit entfernt hatten.

So jedenfalls stellte sich die Situation häufig dar. In der letzten Zeit jedoch hatte sich einiges getan. Lynch stellte fest, daß seine Gegenspieler aus den anderen Disziplinen sich allmählich stärker dafür interessierten, was er und seine Kollegen zu sagen hatten. In den vergangenen Jahren hatten die Biologen eine umwerfende Fülle von neuen Informationen gesammelt. Ein Teil dieses Rohmaterials wurde nach und nach in Theorien umgesetzt. Lynch selbst glaubte, den chemischen Prozeß aufgespürt zu haben, der zur Umsetzung von Erfahrungen in Erinnerungen führt – in fundierte, körperliche Materie, die im Gehirn verankert werden kann. Doch seine Entdeckung war noch zu umstritten, um entsprechend gewürdigt zu werden. Das war noch nicht der Stein, der den Felsen ins Rollen bringen konnte. Um all diese Wissenschaftler »unter einen Hut zu bringen«, war mehr als eine Entdeckung notwendig.

In der folgenden Zeit entwickelten Lynch und einige andere Biologen Theorien, die die Gehirnfunktionen auf die Grundsubstanzen innerhalb der Neuronen und Synapsen zurückführten, aus denen das Gehirn besteht. Zur gleichen Zeit setzten sich einige Psychologen und Informatiker zu einer gemeinsamen Ideenfindung zusammen und entwickelten die Theorie des Nervennetzwerkes. Mit Hilfe von Computern simulierten sie Tausende von zusammenhängenden Neuronen, um einen Teil des Gehirns nachzustellen. Viele Jahrhunderte lang haben die Philosophen über die sogenannte epistemologische Frage debattiert: Woher können wir wissen, was wir wissen? Die Biologen, die Gehirnforschung auf der Basis der einzelnen Synapse betrieben, sowie die Anhänger der Netzwerktheorie versuchten herauszufinden, wie sich massenweise Neuronen zu mentalen Landkarten zusammenschlossen; damit betätigten sie sich sozusagen auf dem Gebiet der angewandten Philosophie. Selbst die Physiker, die eine merkwürdige Ähnlichkeit zwischen Gehirn und anderen hochkomplizierten Systemen feststellten, beteiligten sich daran.

»Ich glaube, dies wird für den Rest dieses Jahrhunderts einer der großen Tummelplätze für Intellektuelle werden«, meinte Lynch. »Ich halte es für denkbar, daß die Erforschung der Funktionsweise des Gehirns beim Lernen und Erinnern so etwas ermöglichen wird, wie es die Darwinsche Evolutionstheorie Ende des 19. und Anfang des 20. Jahrhunderts getan hat – was ja ebenfalls einem Tummelplatz glich. Biochemiker, Politologen, Ökonomen, Verhaltensforscher, Psychologen, Psychoanalytiker, Menschen jeder Couleur und jeden Kalibers, ja selbst Amateurforscher – jeder konnte sich auf diesem Tummelplatz bewegen.«

Darwin hatte damals gleichsam die Funktion einer Linse, die all diese verschiedenen Strömungen bündelte. Nun schien eine Theorie der Gehirnfunktionen in Sicht, die biologische, psychologische, computertechnische, physikalische und philosophische Aspekte in sich vereinigte. Das Ziel war, nicht nur die Erklärung dafür zu finden, wie einzelne Fakten im Gehirn gespeichert werden, sondern wie wir aus ihnen ein Weltbild gestalten.

»Nun haben sich all diese unterschiedlichen Gruppen doch noch zusammengefunden, um über ein gemeinsames Thema zu sprechen«, sagte Lynch. »Es ist wirklich ziemlich überraschend, diese vielen verschiedenen Stämme vereint zu sehen. Es ist, als ob ein großer, dunkler Stern mit enormer Schwerkraft aufgetaucht wäre, der die zukünftige Entwicklung in all diesen Bereichen in gleicher Weise beeinflussen wird, wie es Darwin einmal getan hat. Zum ersten Mal habe ich erlebt, wie leicht Wissen zwischen den verschiedenen Disziplinen ausgetauscht werden kann, was vorher ein großes Problem war. Nun sprechen wir alle die gleiche Sprache.«

I. Die Arbeit mit der feuchten, grauen Materie

Die Natur ist nicht stumm. Immer und immer wiederholt
sie die gleichen Töne, die von fern an unser Ohr
klingen, gedämpft, ohne Harmonie, ohne Melodie.
Doch wir brauchen eine Melodie ...
Wir selbst müssen die Saiten streichen,
die Partitur schreiben, die Symphonie komponieren,
den Tönen eine Form geben, die sie ohne
uns nicht fänden.

FRANÇOIAS JACOB, *The Statue Within*[1]

Ein schwarzer Kontinent

Wenn Gary Lynch seinen Studenten ein Gefühl dafür vermitteln will, was es bedeutet, Wissenschaft zu betreiben – aus der komplexen Welt ein Faktum herauszukristallisieren, das klar, einfach und unzweifelhaft wahr ist –, dann erzählt er ihnen die Geschichte von Emil Du Bois-Reymond. Im Jahre 1843 erlebte dieser wenig bekannte Physiologe einen Augenblick des Triumphs, nach dem alle Wissenschaftler streben, den aber nur wenige erreichen. Er war der erste Mensch, der – jeden Zweifel ausgeschlossen – feststellte, daß elektrische Impulse – nicht irgendeine übernatürliche »Lebenskraft« – unser Nervensystem durchlaufen. Er arbeitete mit einem Apparat aus Elektroden und Kabeln und demonstrierte, daß das, was wir heute als das Aktionspotential bezeichnen, daß dieser elektrochemische Impuls, der rhythmisch unsere Nerven durchläuft und keine geringere Funktion hat, als die Sprache unseres Gehirns darzustellen, tatsächlich existiert.

»Es ist kaum zu glauben«, mit diesen Worten brachte Lynch sein Erstaunen über das intellektuelle Klima zum Ausdruck, das zur Zeit von Du Bois-Reymonds Entdeckung herrschte. Es gab keinen Telegrafen, kein Telefon; und auch Edison sollte seine Glühbirne erst dreißig Jahre später erfinden. Noch kein Mensch wußte, daß die Elektrizität eigentlich aus Elektronen bestand, die sich von ihrem Atom losgelöst hatten und die Kabel durchliefen; daß mit diesem Elektronenfluß, wenn er in einem bestimmten Rhythmus erfolgte, Informationen übermittelt werden konnten: in Form der Punkte und Striche des Morsealphabets, der Sinusschwingungen, die das Licht und den Ton tragen, und des Binärcodes, auf den die Chips in einem Computer reagieren. Mit seinen Drachenversuchen hat Benjamin Franklin nachgewiesen, daß es sich bei einem Blitz um eine elektrische Entladung handle und diese Elektrizität wie eine unsichtbare Substanz in einem innen und außen mit Metallfolie überzogenen Glaszylinder, der sogenannten Leidener Flasche, gespeichert werden kann. Um 1790 demonstrierte dann Luigi Galvani, daß die vom Körper eines Frosches abgetrennten Schenkel zu zucken begannen, als ob sie für einen Moment wieder lebendig wären, wenn man Strom durch sie hindurchfließen ließ. Doch zu demonstrieren, daß ein abgetrennter Muskel durch Elektrizität stimuliert werden kann, war eine Sache; die Tatsache jedoch, daß es sich bei dem, was durch unsere Nervenleitungen fließt, um Elektrizität handelt, eine wesentlich andere.

»Wenn ich mich nicht sehr täusche«, so schrieb Du Bois-Reymond, »ist es mir gelungen, den jahrhundertealten Traum der Physiologen in die Tat umzusetzen – die Identität von Lebenskraft und Elektrizität.«

Aus der ganzen Wissenschaftsgeschichte ist das Lynchs Lieblingszitat. »Stellen Sie sich doch einmal vor, wie das für ihn gewesen sein muß, als er dasaß, und bei sich dachte: Oh, mein Gott, das ist ja *tatsächlich* Elektrizität, was da fließt. *Es ist wirklich Elektrizität!* Das, was wir von der Batterie her kennen, fließt auch durch diesen Nerv!«

Mit seinen Zahnlücken, seinem lockigen Haar, seinen schelmischen Augen und seiner verschmitzten Floskel: »Ich und mir Sorgen machen?« sieht Lynch manchmal aus wie die erwachsene Version des Alfred E. Newman. In etwas ernsteren Augenblicken ähnelt er eher Bob Dylan. An einer Zigarre saugend hält er seine langen, verschachtelten Monologe. Schon von Natur aus ist er der Typ eines Lehrers, und nichts scheint ihm mehr Spaß zu machen, als die komplexen Fakten der Neurobiologie in einer Sprache zu vermitteln, die auch ein Außenstehender verstehen kann. Während der letzten zehn Jahre war der langjährige Professor am Center for the Neurobiology of Learning and Memory an der University of California, Irvine, bestrebt, das Erinnerungsvermögen so einzustufen, wie heute die der Verdauung, der Atmung und des Blutkreislaufs eingeordnet werden – nämlich als biologischer Vorgang.

Seine Werkzeuge sind Mikroelektroden und Skalpelle, sein Forschungsobjekt Neuronen, die aus den Gehirnen von Ratten isoliert wurden. Er bewahrt die Neuronen in konservierenden Lösungen auf und mißt die winzige anliegende Spannung. Er teilt sie in Querschnitte von weniger als einem Mikron Stärke, um sie mit einem Elektronenmikroskop fotografieren zu können. Er sucht nach Spuren, die ein Ereignis in uns hinterläßt, wenn wir es speichern. Er durchforscht die Neuronen nach diesem schwer Definierbaren, das wir als das Gedächtnis bezeichnen. Und er hofft, eines Tages eine ebenso triumphale Entdeckung zu machen wie Du Bois-Reymond vor 100 Jahren mit dem Aktionspotential.

Es gibt so viele Bereiche der Wissenschaft, zu denen wir keinen direkten Zugang mehr haben. Wissenschaftler setzen Schlußfolgerung auf Schlußfolgerung, bis daraus ein riesiger Turm aus logischen Folgerungen entsteht; Computer analysieren gewaltige Datenmengen und erstellen daraus Statistiken, die dann als verbindlich gelten. Diese Art der Analyse macht auch einen bedeutenden Teil von Lynchs Arbeit aus; doch er empfindet dies manchmal als unbefriedigend, als zu weit entfernt von der unmittelbaren Erfahrung, von einem dieser seltenen Momente von grundlegender Bedeutung, wenn durch nichts als einzig durch Beobachtung ein Subjekt und ein Objekt sich zu einer Erkenntnis vereinen lassen, wenn aus dem potentiell Möglichen ein Faktum wird.

»Diese Erfahrung ist durch nichts zu ersetzen«, meint Lynch. »Und es ist eine Erfahrung, die nur erstaunlich wenige Menschen machen. Sie sind sicher der Meinung, das wäre fester Bestandteil der Wissenschaft, aber das stimmt nicht. Wenn Sie das einmal erlebt haben, ist es, als würden Sie versuchen, jemandem zu erklären, wie eine Farbe aussieht, wenn er sie nicht sehen kann. Man kann es einfach nicht richtig erklären. Es funktioniert nicht einmal auf der Ebene des intellektuellen Verständnisses, beinahe aber auf der des emotionalen Verständnisses. Es ist wie eine Befriedigung darüber, daß man das Erlebnis überhaupt *hat*.«

Seit Beginn der achtziger Jahre arbeitet Lynch daran, eine bestimmte biochemische Reaktion zu identifizieren, die er für den Schlüssel zur Infrastruktur des Gedächtnisses hält. Wenn Lynch richtig liegt, könnte durch die Spaltung eines einzigen Moleküls im Neuron erklärt werden, wie durch neue Erfahrungen Veränderungen im Gehirn entstehen.

»Wir machen heute etwas, was man früher für unmöglich hielt«, sagt Lynch. »Wir beobachten, wie sich ein bestimmter Teil des Gedächtnisses aufbaut. Ich halte es jetzt nicht mehr für utopisch, daß wir künftig erforschen können, wie wir Konzepte entwickeln, warum wir über eine so riesige Erinnerungskapazität verfügen, wie wir in unseren geistigen Landkarten Informationen folgerichtig und räumlich ordnen, und sogar, wie wir bei kognitiven Prozessen Informationen von einer Gehirnregion zur anderen übermitteln. All das halte ich nicht mehr für so geheimnisvoll, daß ich die Finger davon lasse.«

»Das heißt aber nicht, daß ich unbedingt recht haben muß; es heißt nur, daß *irgendwas* in dieser Richtung ablaufen muß.«

Lynchs Feststellungen sind ziemlich kontrovers und längst noch nicht vollständig. Doch auf das eher zurückhaltende Gebiet der Neurobiologie, einer Wissenschaft, in der Forscher ihre Karrieren damit verbringen, das Nervennetzwerk eines kleinen Gehirnbereichs oder die chemische Zusammensetzung eines Neurotransmitters darzustellen, übt seine kühne und weitgefächerte Hypothese eine belebende Wirkung aus.

Es ist ungewöhnlich, daß jemand versucht, eine solch großartige Synthese anzustellen, sich einen Weg durch die vieldeutigen Möglichkeiten und Ungewißheiten zu bahnen und zu sagen, genau *so* funktioniert das Gedächtnis.

»Eine Wanderung quer durch einen schwarzen Kontinent«, so beschrieb Lynch einmal seine Arbeit. Doch manchmal stößt man völlig unerwartet auf einen Aussichtspunkt, von dem aus man plötzlich alles meilenweit übersehen kann.

Auf der Suche nach Erinnerungsbildern

1950 verfaßte Karl Lashley, einer der bekanntesten Neurologen seiner Zeit, einen bedeutenden Artikel unter der Überschrift »In Search of the Engram«.[1] Er gab darin einen Überblick über die jahrzehntelange erfolglose Suche nach den Spuren der Erinnerung. Wenn wir eine Symphonie oder Jazzmusik hören, prägt sich uns irgendwie eine Melodie ein, die wir wiedererkennen, wenn wir sie noch einmal hören – und zwar nicht nur am gleichen Abend, wenn das Orchester oder der Solist die gleiche Melodie nach etwa einer halben Stunde noch einmal spielt, sondern wann immer wir dieses Musikstück wieder hören – am nächsten Tag, in der nächsten Woche, nach Jahren oder sogar Jahrzehnten. Wir hören einige Sekunden lang eine Melodie, und sie hinterläßt ihre Spuren in uns – ein Engramm, wie Lashley dies nannte –, die bis zu unserem Tod in uns haftenbleiben.

Wie ist es möglich, daß etwas so Vergängliches wie eine Erinnerung Materie und regelrecht ein Teil unseres Gehirns, ein Teil unseres Körper werden kann? Vor einigen Jahrhunderten vertraten die britischen Empiriker die Auffassung, daß Informationen durch die Sinne aufgenommen und gleichsam wie auf eine Tontafel – ins Gehirn eingeprägt würden. Jede Erinnerung hinterläßt so ihre eigene Prägung, ihr Engramm. Im Gegensatz zu den Empirikern, die glaubten, daß ein Mensch mit einer leeren Tafel ohne jede Prägung geboren wird, war Immanuel Kant der Meinung, daß bei der Geburt bereits ein Teil des Wissens vorhanden sein muß, das ein Mensch braucht, um sich in der Welt zurechtzufinden. Darüber jedoch, wie das im Detail funktionieren sollte, konnte auch Kant keine bessere Auskunft geben als die Empiriker. Wie werden denn nun eigentlich diese Informationen gespeichert? Und zwar sowohl jene, die bei der Geburt bereits vorhanden waren, als auch die, die im Laufe des weiteren Lebens hinzugewonnen werden? Natürlich können in unseren Köpfen keine winzigen Wörter und Bilder vorhanden sein. Doch in welcher Form von innerer Sprache sind diese Informationen dann geschrieben? Geht man von der Vorstellung der Tontafel aus, könnte man sich fast so etwas wie die ägyptische Keilschrift vorstellen – in den Ton eingeprägte Muster, in denen all unser Wissen gespeichert ist.

Mit Hilfe der Technologien des späten 19. und frühen 20. Jahrhunderts entwickelte man überzeugendere Modelle. Bereits seit Menschengedenken wurden Nachrichten über weite Entfernungen hinweg übermittelt, indem man sie in einen Code umsetzte. Dies war jedoch nur möglich, wenn Sender und Empfänger den gleichen Code, die gleiche Art von Symbolen benutzten – eine Rauchwolke zum Beispiel heißt: Gefahr von Land, zwei Rauchwolken bedeuten: Gefahr von See, und drei: Gefahr direkt im Anzug. Samuel Morse zeigte durch seine Erfindung des Telegrafen, wie sich ein derartiges System so weit verfeinern und präzisieren ließ, daß durch einen Punkt-Strich-Code ganze Texte in Form von elektrischen Impulsen über viele Kilometer übermittelt werden konnten. Zur Übermittlung der Morsezeichen benötigte man ein Kabel. Heinrich Hertz und Guglielmo Marconi gelang dann aber die drahtlose Nachrichtenübermittlung mit Hilfe von elektromagnetischen Wellen. Edisons Phonograph schließlich ermöglichte die Aufzeichnung von Tönen in Form von kleinen Schallrillen auf einer mit Wachs überzogenen rotierenden Walze, die sich beliebig oft wieder abspielen ließ.

Mit der Erfindung von Radio, Fernsehen und Tonband wurde allgemein bekannt, daß sowohl Töne als auch Bilder mit Hilfe des Elektromagnetismus übertragen und gespeichert werden können. Als man dann herausfand, daß auch vom Gehirn elektromagnetische Wellen ausgesandt werden, hielt man die Idee, Informationen auf einem physikalischen Medium zu speichern – sei es nun ein Tonband oder ein Nerv –, schon nicht mehr für so abwegig. Doch niemand konnte sich so recht vorstellen, wie das beim Gehirn funktionieren sollte. Der Versuch Lashleys und seiner Kollegen, eine Erklärung dafür zu finden, wie das Gedächtnis aufgebaut ist, fiel nicht viel besser aus als der von Aristoteles, der der Meinung war, der Verstand säße im Herzen, nicht im Kopf.

Lashley war diese Frage in einer für seine Zeit typischen Art angegangen. In den zwanziger Jahren machte er eine Reihe von Experimenten mit Ratten, denen er beigebracht hatte, sich in einem Labyrinth zurechtzufinden. Dann entnahm er ein winziges Stück aus dem Gehirn eines Tieres und setzte die Ratte wieder im Labyrinth aus. Wenn er bei der Operation nun zufällig das Teilchen aus dem Gehirn entfernt hatte, in dem der Weg durch das Labyrinth gespeichert war, müßte, so meinte er, damit das Gelernte aus dem Gehirn der Ratte wieder verlorengegangen sein – das Engramm dürfte nicht mehr existieren. Ein Schnitt mit dem Skalpell, und Vertrautes würde zu Neuland.

Doch auch als er bei einer ganzen Reihe von Ratten Teile des Gehirns entfernte, gelang es ihm nicht, die genaue Stelle zu finden, an der die besagte Information gespeichert war.

Je mehr Gehirnmasse eines Tieres er entfernte, desto langsamer und ungeschickter lief es durch das Labyrinth. Je weniger Gehirnmasse ein Tier besaß, desto schlechter fand es sich zurecht – aber das war nun wirklich keine außergewöhnliche Erkenntnis. Worauf Lashley sich jedoch keinen Reim machen konnte, war, daß es vollkommen gleichgültig zu sein schien, welchen Teil des Gehirns er entfernte. Je mehr die Gehirnmasse reduziert wurde, desto stärker nahm das Orientierungsvermögen eines Tiers ab, durch keine Operation aber konnte sein Erinnerungsvermögen völlig ausgelöscht werden. Ein Engramm schien also nicht vorhanden.

»Diese Versuchsreihe … hat uns im Hinblick auf die wahre Natur eines Engramms keine direkten Erkenntnisse gebracht«, mußte Lashley schließlich verlegen zugeben. »Bei meinen Versuchen, herauszufinden, wo im Gehirn die Erinnerungen nun wirklich gespeichert sind, habe ich manchmal das Gefühl, die einzige Lösung bestehe darin, daß es einfach nicht möglich ist, dies herauszufinden.«

Das war natürlich etwas ironisch gemeint. Lashley hatte erkannt, daß das Gedächtnis keinen festen Platz hat – wie etwa eine Mappe in einem Aktenschrank, sondern gleichsam dunstartig über das ganze Gehirn verteilt ist. Denjenigen, die glaubten, der Verstand sei so etwas wie eine mysteriöse, nicht zum Gehirn gehörende Substanz – sozusagen das Gespenst im Getriebe –, lieferte Lashleys ganzheitliche Theorie ziemlich starke theoretische Munition. Das Gedächtnis schien tatsächlich eine Art Gespenst zu sein. Die meisten Wissenschaftler hielten an der Vorstellung fest, das Gehirn sei so etwas wie eine äußerst komplizierte biologische Maschine. Aber welche nach physikalischen Prinzipien funktionierende Maschine wäre schon dazu in der Lage, auf Lashleys Experimente eine adäquate Reaktion zu zeigen. Seit den fünfziger Jahren gebrauchen einige Neurologen eine neue Metapher, die eine physikalische Erklärung über die Ausbreitung des Gedächtnisses über die ganze Gehirn-region liefern sollte. Gerade hatten die Wissenschaftler entdeckt, daß mit Hilfe von Laserstrahlen dreidimensionale, etwas unheimlich wirkende Fotos, sogenannte Hologram-me, erzeugt werden konnten. Ein Hologramm, das bei richtiger Beleuchtung gemacht wurde, sah so echt aus wie der Originalgegenstand, von dem es aufgenommen worden war. Es war schon erstaunlich genug, daß solch ein dreidimensionales Bild von einem zweidimensionalen Film aufgenommen und wiedergegeben werden konnte. Noch erstaunlicher jedoch war es, daß bei einem in kleine Teile zerschnittenen Hologramm jedes Teil das ganze Bild wiedergab, wenn auch in schlechterer Qualität. Konnte es etwa möglich sein, daß das Gehirn wie ein Hologramm aufgebaut war, daß jedes winzige Stückchen Nervengewebe alles Wissen eines Lebewesens enthielt?

Ein Großteil der Wissenschaftler fand die Vorstellung eines holographischen Gehirns jedoch nicht sehr überzeugend. In direkter Opposition zu Lashleys ganzheitlicher Theorie standen die Anhänger der Lokaltheorie, die weiterhin die Auffassung vertraten, das Gedächtnis befände sich an einer ganz bestimmten Stelle im Gehirn. Etwa zur selben Zeit, als Lashley seine Erkenntnisse über die Auswirkungen der Lobotomie auf das Verhalten von Ratten niederschrieb, legte ein kanadischer Chirurg namens Wilder Penfield Ergebnisse vor, die denen Lashleys widersprachen.[2] Bei einer Reihe von Operationen am offenen Gehirn stieß Penfield auf frappierende Beweise für die Existenz von Engrammen, die man einzeln auswählen und aktivieren konnte wie eine Platte in einer Musikbox.[3]

Penfield entdeckte dies bei seiner Arbeit mit Epileptikern, wobei er durch Öffnen der Schädeldecke und Untersuchung der Gehirnoberfläche mittels einer Elektrode den Bereich zu finden hoffte, von dem die Anfälle ausgelöst wurden – das Epizentrum des Bebens sozusagen. Während dieser Operation mußte sich der Patient bei vollem Bewußtsein befinden. Zu seiner Verwunderung stellte Penfield fest, daß beim Berühren einer bestimmten Stelle mit der Elektrode der Patient den Eindruck hatte, ein Geräusch zu hören und bei Berührung einer anderen Stelle vermeinte, plötzlich ein Licht aufflackern zu sehen. An einigen Stellen schienen Melodien oder Kindheitserlebnisse gespeichert zu sein. Eine Frau hatte beim Berühren mit der Elektrode das Gefühl, sie sei zu Hause in der Küche und höre ihren Sohn draußen spielen; sie machte sich Sorgen wegen der vorbeifahrenden Autos. Ein junger Mann erlebte sich noch einmal in der Situation eines Zuschauers bei einem Baseballspiel und beobachtete, wie ein Kind unter dem Zaun hindurchkroch, um nach innen schauen zu können. Jedesmal, wenn Penfield die Stelle berührte, wurde die Erinnerung wieder wachgerufen.

»Besonders erstaunlich an diesem Phänomen ist«[4], so schrieb er später, »daß sich der Patient plötzlich all dessen bewußt ist, was er zu einem früheren Zeitpunkt einmal erlebt hat. Es ist wie ein Strom zurückliegender Erinnerungen, der noch einmal anfängt zu fließen. Wenn jemand den Eindruck hat, Musik zu hören, so kann es Orchestermusik, Gesang oder auch Klaviermusik sein. Manchmal erinnert sich der Betroffene dann auch an alles, was er nebenbei noch wahrgenommen hat, manchmal jedoch nur an die Musik. Sobald die Elektrode entfernt wird, bricht die Erinnerung ab. Dies läßt sich sogar sehr häufig wiederholen, wenn man die Stelle nach nicht allzu langer Zeit erneut mit der Elektrode berührt.«

Einige Kollegen fragten sich, ob Penfields Entdeckungen wirklich etwas mit Gedächtnisforschung zu tun hatten. Die Erinnerungen, die die Patienten beschrieben, erweckten manchmal eher den Eindruck von Halluzinationen. Doch selbst wenn es sich dabei um wirkliche Erlebnisse handelte, gab es noch keine Erklärung dafür, wie deren Speicherung im biologischen Medium der Gehirnmasse vor sich gehen sollte. Während Lashleys Vorstellung vom Aufbau des Gedächtnisses dem Laser-Hologramm entsprach, war es bei Penfield der Videorecorder. Beide Modelle jedoch vermochten nicht so recht zu überzeugen. Sie hinterließen mehr offene Fragen als klare Antworten.

Als in der zweiten Hälfte des 20. Jahrhunderts der Computer seinen Siegeszug antrat, setzte sich mehr und mehr die Ansicht durch, das Gedächtnis sei in bestimmten Teilen des Gehirns angesiedelt. Einige Psychologen griffen sogar die Idee auf, man könne sich den Verstand als Software (Programme) vorstellen, die auf einer Art biologischer Hardware laufe. »Der Verstand ist nur so gut, wie das Gehirn es zuläßt«, lautete ihre Devise. Das war zwar ein elegantes Argument gegen den Dualismus – die Vorstellung, der Verstand sei ein vom Gehirn losgelöster, ätherischer Stoff –, die Biologen jedoch zeigten sich davon wenig beeindruckt. Das menschliche Gedächtnis ist viel zu komplex, um es mit dem Bild eines Computers zu erklären. Schließlich kann auch ein Computer nicht mehr speichern, als mit einer Videokamera aufgezeichnet werden kann. Das, was wir als das Gedächtnis des Computers bezeichnen, besteht nur aus den einfachen Zeichen des Binärcodes, Nullen und Einsen, die in Transistorschaltkreisen, den Vorläufern des heutigen Chip, oder auf einer Magnettrommel gespeichert werden. Die Computer-Metapher war also nur eine etwas weiterentwickelte Art des Videorecordermodells. Vielleicht kann man das Gehirn auf einer bestimmten Ebene mit einem Computer vergleichen. Doch selbst die neueste Technik liefert keine Erklärung dafür, wie eine biologische Substanz eine solche Fülle von Informationen speichern, ja sie nicht nur einfach speichern, sondern auch zu Strukturen ordnen und dem schon Bekannten immer neue Informationen hinzufügen kann. Während die Psychologen weiterhin an der Vorstellung des

Gedächtnisses als eine Art Computer festhielten, erhielt die Engramm-Theorie von anderer Seite neue Nahrung. Als James D. Watson und Francis Crick in den fünfziger Jahren herausfanden, daß die DNS die Struktur einer Doppelhelix besitzt, zog man die Möglichkeit in Betracht, daß die Informationen im Gehirn auf eine ganz andere Art gespeichert wurden: in Form von Molekülen. Wenn durch eine bestimmte Aufeinanderfolge von Nukleotiden – den Molekülen, die die einzelnen Stufen auf der spiralförmigen Helix bilden – sämtliche für alle Lebensfunktionen eines Menschen nötigen genetischen Informationen gespeichert werden konnten, warum sollte dies beim Gedächtnis nicht genauso möglich sein? Das Gedächtnis hätte dann sein eigenes Alphabet – die Buchstaben A, C, T und G – für die Moleküle Adenin, Cytosin, Thymin und Guanin, die, kombiniert, sämtliche zur Bildung von Enzymen und anderen lebensnotwendigen Proteinen wichtigen Befehle ergeben. Wenn man sich auch nicht vorstellen konnte, wie mit diesem aus vier Buchstaben bestehenden Code Erinnerungen oder gar Kindheitserlebnisse gespeichert werden können, so war die Idee eines biologischen Codes, dessen Symbole aus Molekülen bestanden, doch sehr verlockend. Wie praktisch wäre es doch, wenn sich im Laufe der Evolution der Prozeß zur Speicherung der genetischen Informationen eines Lebewesens weiterentwickelt hätte und nun das Gehirn ihn verwenden würde.

Eine Zeitlang schien es, als sei dies die Metapher, nach der die Neurologen suchten. 1965 verfaßte der Neurobiologe Allan Jacobson einen Bericht über seine Versuche mit Ratten, die als Reaktion auf ein Lichtsignal zu ihrem Futternapf liefen und als Belohnung dafür Futter erhielten. Jacobson tötete die Tiere, entnahm RNS-Substanz (die ähnlich der DNS Träger von Informationen ist) aus ihrem Gehirn und injizierte einigen untrainierten Ratten diese Lösung. Dann testete er, ob diese Tiere nun ebenfalls auf das Lichtsignal reagierten. Seiner Meinung nach müßten auch sie sofort zum Futternapf laufen, so als ob sie selbst darauf trainiert worden wären. Die Erinnerung, so schien es, war dem Gehirn der einen Ratte entnommen und einer anderen eingepflanzt worden. Es hatte den Anschein, als könne man Engramme einfach in Spritzen mit sich herumtragen. In einer anderen Versuchsreihe brachte man Plattwürmern bei, Licht zu meiden. Dann wurden sie zerkleinert und an andere Plattwürmer verfüttert, die diese Verhaltensweise übernehmen sollten.

Ein Forscher namens George Ungar vertrat die Auffassung, das Gedächtnis sei nicht in Form von Nukleinsäuren verschlüsselt, sondern setze sich aus einem ganz anderen molekularen Alphabet zusammen: einer Sequenz von Aminosäuren, aus denen sich Eiweißketten bilden. Zu Beginn der siebziger Jahre arbeitete Ungar mit Ratten, bei denen er durch Elektroschocks Angst vor der Dunkelheit erzeugt hatte. Danach entnahm er ihrem Gehirn verschiedene Substanzen und entdeckte bei ihrer Analyse eine eiweißähnliche Substanz (ein Polypeptid, das sich aus acht bis fünfzehn Aminosäuren zusammensetzte), die die Erinnerung an den Elektroschock zu enthalten schien.

Injizierte man anderen Ratten diese Substanz – selbst wenn es sich dabei nur um eine synthetische Reproduktion handelte –, so mieden auch diese Tiere die dunklen Bereiche. Ungar bezeichnete die Substanz daher als Scotophobin – abgeleitet von der griechischen Bezeichnung »Angst vor der Dunkelheit« – und behauptete, noch weitere, ähnliche Moleküle gefunden zu haben, die Träger bestimmter Erinnerungen waren. Manche hatten nun schon die Vorstellung, daß eines Tages Bücher durch Pillen ersetzt werden, daß notleidende Betriebswirtschaftsstudenten anstelle von Blutplasma ihre Gehirnflüssigkeit an Pharmaunternehmen verkaufen könnten. Die meisten Wissenschaftler verhielten sich demgegenüber jedoch zurückhaltend. In allen Fällen war das

Beweismaterial statistischer Art, wenig überzeugend und nicht reproduzierbar. Nach Ungars Tod im Jahre 1977 geriet die Suche nach chemischen Engrammen dann auch vollkommen in Vergessenheit. Heute schließen sich die meisten Neurologen der Meinung an, daß das Scotophobin für die Psychologie das gleiche ist wie das Phlogiston für die Chemie: ein reines Phantasieprodukt.

Aus heutiger Sicht ist die Theorie eines aus Molekülen bestehenden Gedächtnisses vollkommen überholt. Die Neurologen vertreten die Auffassung, das Gedächtnis sei nicht aus Proteinmolekülen zusammengesetzt, die die Neuronen bilden, sondern aus Neuronen selbst. Proteine haben nämlich nur eine sehr kurze Lebensdauer und, was besonders wichtig ist: ihre Lebensdauer ist wesentlich kürzer, als es für die meisten in Gehirnen gespeicherten Erinnerungen nötig ist. Für jedes neue Engramm müßte das Gehirn also nicht nur ein neues Protein herstellen, sondern auch noch eine Methode entwickeln, mit der es die abgestorbenen Proteine wieder erneuern kann. Neuronen hingegen, vor allem aber Neuronenstrukturen, bleiben normalerweise ein ganzes Leben lang bestehen. Und deshalb sind diese gehirneigenen Zellen auch wesentlich besser dazu geeignet, als Speicher im geistigen Archiv zu fungieren, als irgendein einfaches Molekül.

In den letzten Jahrzehnten hat sich in der Neurologie die Ansicht durchgesetzt, das Gehirn sei tatsächlich so etwas wie ein Computer, allerdings nur im weitesten Sinne. Am einfachsten scheint es wohl, sich jedes einzelne Neuron als einen kleinen Computer und das Gehirn als ein Netzwerk von vielen Milliarden solcher kleinen informationsverarbeitenden Zellen vorzustellen. Nach heutiger Sicht der Dinge empfängt ein Neuron elektrische Impulse durch ein baumartiges Gebilde, den Dendriten. Jede der vielen tausend winzigen Verzweigungen eines Dendriten kann Signale an die Nervenzelle weiterleiten. In der Computersprache würde man einen Dendriten als die Eingabeeinheit des Neurons bezeichnen. Es gibt zwei Arten von ankommenden Signalen: Signale, die die Zellen erregen und solche, die sie hemmen. Wenn die positiven, erregenden Signale, die negativen, hemmenden überwiegen, »feuert« das Neuron, das heißt, es gibt den Impuls über das Axon, ein langes, stielartiges Gebilde, weiter. Das Axon ist also die Ausgabeeinheit, die wiederum über Synapsen, die als Bindeglieder zwischen den Neuronen fungieren, den Impuls an die Dendriten anderer Neuronen weiterleitet. Wie komplex die Vernetzung zwischen den Neuronen in unserem Gehirn ist, kann man sich kaum vorstellen. Jedes einzelne Neuron kann Signale von mehreren tausend anderer Neuronen empfangen und sein Axon kann sich unendlich oft verzweigen und wiederum Signale an mehrere tausend andere Neuronen weiterleiten.

Von mindestens ebensogroßer Bedeutung wie die Neuronen sind die Synapsen, die Bindeglieder zwischen den Nervenzellen. Im Neuron selbst werden Informationen in Form von elektrischen Impulsen weitergegeben; doch wenn ein Impuls am Ende eines Axons angekommen ist, muß er mit Hilfe von bestimmten chemischen Molekülen, den Überträgerstoffen oder Neurotransmittern, den synaptischen Spalt überwinden. Der Dendrit auf der anderen Seite der Synapse ist mit Rezeptoren ausgestattet, die diese Überträgermoleküle »auffangen« können. Kommen genug dieser Moleküle an, »feuert« auch das zweite Neuron. Man kann sich ein Neuron also als eine Zelle vorstellen, deren besondere Eigenschaft darin besteht, chemische Signale in elektrische Signale – und umgekehrt – umzuwandeln.

Die grundlegenden Eigenschaften von Neuronen waren den Wissenschaftlern bereits seit einigen Jahrzehnten bekannt. Wie mit diesen Minicomputern Erinnerungen gespeichert werden können, haben sie jedoch erst in den letzten Jahren herausgefunden. Während man sich über Details noch auseinandersetzt, hat man sich auf folgendes allgemeines Konzept geeinigt: Sobald ein neuer Eindruck auf einen Menschen beziehungsweise dessen Gehirn einwirkt (zum Beispiel ein Gesicht oder ein Lachen), werden eine Reihe von Neuronen aktiviert, die eine ganz bestimmte Struktur bilden. In dem weitverzweigten Netzwerk der Gehirnzellen wird nur diese eine, bestimmte Struktur beziehungsweise Konstellation aktiviert. Nun muß es ja irgendeine Möglichkeit geben, diese Konstellation und damit den Eindruck, der in ihr verankert ist, im Gehirn festzuhalten. Dazu müssen die Verbindungen zwischen den Nervenzellen verfestigt und somit eine Art Schaltung hergestellt werden, die symbolisch einen Eindruck aus der Außenwelt festhält. Das Gehirn kann diese Schaltung jederzeit wieder aktivieren und den Eindruck erneut wachrufen – vielleicht nur verschwommen oder in abgeschwächter Form, doch immer noch so gut, daß ein brauchbares Abbild des Originals entsteht.

Wenn etwas auf uns einwirkt und eine Neuronenkonstellation aktiviert, die einer in unserem Gehirn bereits vorhandenen ähnlich ist, so erkennen wir das wieder. Dies kann beispielsweise vorkommen, wenn wir in einem Buch die Abbildung eines Gemäldes sehen, das wir schon einmal im Original in einem Museum angeschaut haben. Die Abbildung im Buch aktiviert eine Neuronenkonstellation, die der des Originals sehr ähnlich ist. Das Gehirn stellt die Übereinstimmung zwischen den beiden fest und macht eine positive Erfahrung – die des Wiedererkennens.

Diese Neuronenstrukturen sind natürlich nicht so festgeschrieben und unveränderlich wie die Schaltkreise in einem Fernsehgerät, sondern unterliegen ständig irgendwelchen Veränderungen. Wenn neues Wissen aufgenommen wird, brechen alte Strukturen auseinander, und es bilden sich neue. Mit unserem ständig wechselnden Weltbild verändert sich also auch die »Verkabelung« in unserem Kopf.

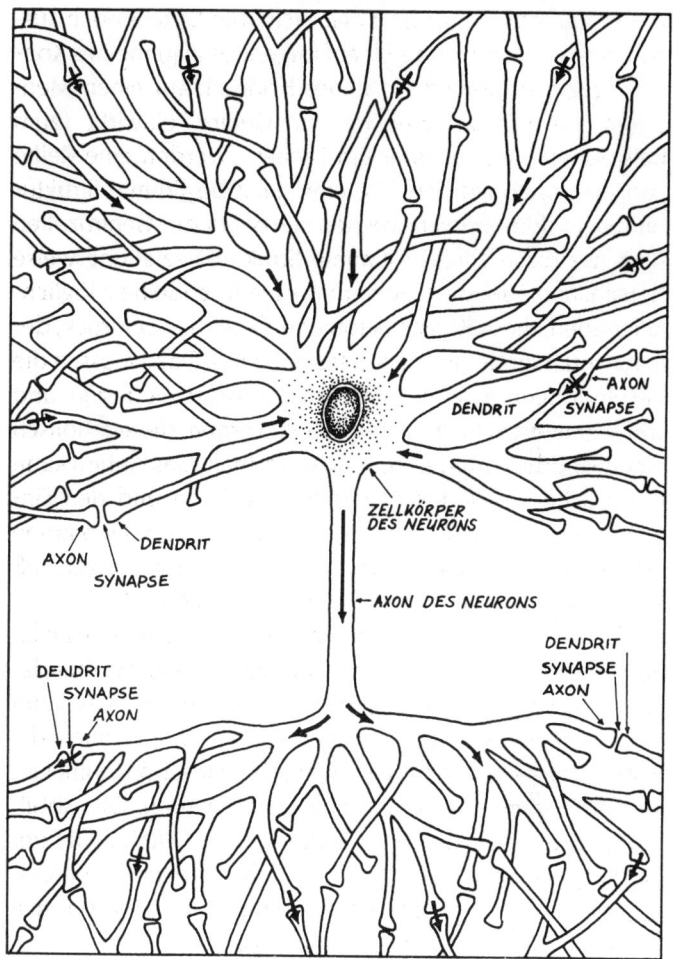

Das Neuron und die Vielzahl seiner Verbindungen.
Über den Dendriten gelangen Signale in die Zelle hinein und über
das Axon heraus.

Auf diese Weise können sich sowohl Vorstellungen als auch
Bilder einprägen. Für das Grundkonzept *Stuhl* zum Beispiel
könnte eine Neuronenstruktur vorhanden sein, in der alle

Merkmale jedes einzelnen der vielen hundert Stühle, die ein Mensch wahrscheinlich in seinem Leben gesehen hat, angelegt sind. Auf ähnliche Weise ist es auch möglich, den Stil eines bestimmten Autors zu erkennen.

Hieraus sehen wir, daß sowohl Lashley als auch Penfield in gewisser Weise recht hatten. Die Erinnerung an einen Abend in einer schönen Stadt oder an den richtigen Weg durch ein Labyrinth ist viel zu komplex, um an einer einzigen, bestimmten Stelle gespeichert werden zu können. Sie muß vielmehr in einer sich zunehmend erweiternden Neuronenstruktur festgehalten werden. Und doch kann man diese Struktur durch Stimulation mit einer Elektrode aktivieren, als sei sie an einer ganz bestimmten Stelle eingeprägt und könne wie durch Knopfdruck eingeschaltet werden.

Das Ventil im Gehirn

Die Ansicht, daß Erinnerungen in Form von Neuronenstrukturen gespeichert werden, herrscht erst seit einigen Jahren vor. Sie wurde erstmals 1893 von dem spanischen Neuroanatomen Santiago Ramón y Cajal vorgebracht. Fünfzig Jahre später griff der kanadische Psychologe Donald O. Hebb diese Idee in seinem Buch *The Organization of Behavior* wieder auf und stellte detailliert Vermutungen darüber an, wie die Verbindungen entstehen können.[1] Wenn im Verlauf eines Lernprozesses zwei Neuronen zur gleichen Zeit aktiv werden wollen, dann würde seiner Meinung nach die Verbindung beziehungsweise Synapse, die zwischen diesen beiden liegt, irgendwie verstärkt, so daß die Neuronen an den gleichen Schaltkreis angeschlossen wären. Hebb hatte zwar keine genaue Vorstellung, wie das funktionieren sollte, benutzte jedoch diesen hypothetischen Mechanismus, den man heute als Hebb-Synapse bezeichnet, als

Baustein zur Konstruktion einer ausgeklügelten Lerntheorie, die besagt, daß Neuronen sich zu Nervenstrukturen verbinden, die wiederum in noch größere Strukturen, die Nervennetze, integriert werden.

Die Nomenklatur der Hebbschen Theorie wurde zwar nicht übernommen, doch lieferte er damit immerhin einen Wegweiser: Man kann Neuronenkonstellationen als Symbole für Vorstellungen und Gegenstände unserer Welt benutzen. Wenn man sich das Gedächtnis als ein Muster oder eine Schaltung von »eingeschalteten« Neuronen vorstellt – ähnlich den Buchstaben oder Bildern auf einer elektronischen Anzeigetafel –, dann ermöglichte es Hebb durch seine Theorie, diese Bild für Bild zusammenzufügen. *Zwei Neuronen, die zusammen feuern, bilden eine Verbindung.*

Es sollte noch mehrere Jahrzehnte dauern, bis die Wissenschaftler diese Idee erneut aufgriffen und dem Aufbau der Verbindungen auf die Spur kamen. Heute ist sie von so grundlegender Bedeutung für die neuen Gedächtnistheorien, daß man leicht vergißt, daß es zu der Zeit, als Hebb sie entwarf, noch keinerlei Hinweis dafür gab. Es gab keinen Grund zu der Annahme, daß ein Erlebnis eine physiologische Veränderung nach sich zog. Denn nach dem damaligen Stand der wissenschaftlichen Erkenntnisse konnten auch die Dualisten recht haben mit ihrer Meinung, Erinnerungen wären in Wirklichkeit Erscheinungen, die nicht physikalisch im Gehirn verankert sind. Irgend jemand mußte also beweisen, daß der Zustand eines Gehirns, das etwas gelernt hatte, sich physikalisch vom ursprünglichen Zustand unterschied. Am Beispiel eines Menschen konnte dieser Vorgang allerdings noch längst nicht demonstriert werden. In den sechziger Jahren jedoch startete Eric Kandel von der Columbia University einen Versuch, den man als die nächstbeste Möglichkeit bezeichnen kann.[2] Er zeigte, daß selbst der trivialste Lernprozeß zu Veränderungen im äußerst einfachen Nervensystem der Meeresschnecke Aplysia führt.

Vom neurobiologischen Standpunkt aus gesehen ist Aplysia eine erfrischend unkomplizierte Kreatur. Ihr Nervensystem ist »aufgebaut wie ein altes Kofferradio«[3], so beschrieb es einmal ein Forscher, »aus einfachen Schaltungen und großen, leicht voneinander zu unterscheidenden Einzelteilen.« Kandel beschloß, diesen »biologischen Apparat« einmal auf der Rückseite zu öffnen und seine Nervenleitungen, Widerstände und Kondensatoren so lange zu untersuchen, bis er herausfand, wie das System funktionierte – und wie es sich durch gemachte Erfahrungen veränderte. Er begann damit, den Schnecken einige einfache Tricks beizubringen. Dann untersuchte er das Nervensystem, um festzustellen, ob es sich durch den Lernprozeß verändert hatte.

Kandel fand heraus, daß die Schnecke automatisch ihre Kiemen zurückzog, wenn man ihre Atemröhre berührte. Wiederholte man diese Berührung jedoch, wurde der Reflex immer schwächer. Die Schnecke reagierte schließlich nicht mehr auf den Reiz. Dieses wenig beeindruckende Phänomen, die Gewöhnung also, läßt sich vergleichen mit der Fähigkeit eines Menschen, Verkehrslärm oder eine sich ständig wiederholende Melodie gar nicht mehr wahrzunehmen. Dennoch kann man es als eine primitive Form des Lernens ansehen: ein Organismus ändert sein Verhalten als Reaktion auf ein Signal aus der Außenwelt.

Das Gegenteil der Gewöhnung ist die Sensibilisierung, wobei das Nervensystem eines Lebewesens empfindlicher auf einen Reiz reagiert. Kandel sensibilisierte Aplysia, indem er ihrem Schwanz einen Elektroschock versetzte. Dieser Schock reizte das Nervensystem der Schnecke und machte es hypersensibel. Berührte man nun ihre Atemröhre, erfolgte eine Überreaktion, sie zog ihre Kiemen schon bei der leichtesten Berührung zurück. In beiden Fällen, sowohl bei der Gewöhnung als auch bei der Sensibilisierung, hatte sich das Nervensystem der Schnecke neuen Umständen angepaßt. Stellt man sich das menschliche Gehirn als einen komplexen

biologischen Computer vor, so entspricht der Kiemenrück-
ziehmechanismus der Meeresschnecke eher einer einfachen, aus einer Glühbirne und einem Dimmer bestehenden
Schaltung. Kandel fand heraus, daß die Synapse wie ein
neurobiologisches Ventil funktionierte, oder, vielleicht noch
treffender, wie ein Wasserhahn. Im Falle der Gewöhnung
werden, wie er feststellte, Neuronen in der Schaltung für
»Kiemenzurückziehen« durch das wiederholte Berühren
derart verändert, daß sich eine geringe Menge Neurotransmitter in den synaptischen Spalt freisetzen; das bedeutet,
daß das nächstliegende Neuron ein schwächeres Signal
empfängt. Bei der Sensibilisierung werden Neuronen dahingehend verändert, daß sie eine größere Menge Neurotransmitter freisetzen.

So einfach sich diese Vorstellung der Ventilwirkung der
Synapse auch anhört, so hat sich dieses Konzept dennoch
als um so nützlicher erwiesen. Wenn es die Pufferfunktion
der Synapsen nicht gäbe, würde sich ein Signal, das an
einem Neuron im dichten Gehirnnetz ankommt, wie ein
Feuer in alle Richtungen ausbreiten und somit einen massiven Kurzschluß im Gehirn verursachen. Durch ihre Ventilwirkung leiten die Synapsen die elektrischen Signale in die
richtige Richtung. Sobald ein Impuls eine Synapse passiert,
wird die Verbindung zwischen den beiden umliegenden
Neuronen stärker, und wenn das erste Neuron dann feuert,
wird das zweite diesem Beispiel folgen. Zwischen zwei
Neuronen, an denen kein Impulsübergang erfolgt, wird die
Verbindung dagegen unterbrochen. Sie könnten dann genausogut an zwei entgegengesetzten Seiten des Gehirns
liegen. Durch die Steuerung des Übergangs von vielen
Milliarden Synapsen organisiert sich das Gehirn aus einem
heillosen Durcheinander von Neuronen zu einer komplexen
informationsverarbeitenden Einheit. Das unendliche Chaos
potentieller Verbindungen wird zu ganz bestimmten Schaltungen arrangiert.

Wenn Kandel sich auch nur mit dem einfachen Reflexverhalten von Wirbellosen beschäftigt hat, so ist er doch der Meinung, grundlegende Mechanismen entdeckt zu haben, die – ähnlich der Reproduktion der DNS und der Proteinsynthese – eines Tages sowohl für Menschen als auch für Schnecken von fundamentaler Wichtigkeit sein könnten. Er beschreibt seine Arbeit gerne als die Suche nach »dem zellularen Alphabet des Gedächtnisses«. Dieses könnte jedoch, wie ein Neurobiologe sich ausdrückte, »nicht alle Buchstaben umfassen, und das bedeutet, daß man einige Worte einfach nicht bilden kann. Man sollte sich eines klar machen: Aplysia lebt in seichtem Wasser und wird von diesem hin- und herbewegt. Ihre normale Umgebung erfordert wirklich keine großen Gedächtnisleistungen.«

Gary Lynch gehört einem Fachbereich von Forschern an, der die Veränderungen von Synapsen an Lebewesen studiert, die in näherer Beziehung zum Menschen stehen: Affen, Kaninchen und Ratten. Während einige dieser Forscher sich vor allem mit anatomischen Fragen beschäftigen – etwa damit, wo verschiedene Arten von Erinnerungen im Gehirn gespeichert sind –, arbeiten andere, zum Beispiel Lynch, auf einer tieferen Stufe, auf der Stufe der Biochemie, wo die meisten grundlegenden Antworten zu finden sind. Sie hoffen, über so rudimentäre Formen des Lernens wie Gewöhnung und Sensibilisierung hinauszugelangen und herauszufinden, wie das Gehirn komplexe Erinnerungen speichert und – Neuron für Neuron – die Strukturen bildet, die uns als Landkarten dienen, um uns in der Welt zurechtzufinden.

Frühe Obsessionen

Der Weg, der Lynch dazu führte, sich auf die Suche nach Engrammen zu begeben, war ziemlich umständlich. Zu Beginn der sechziger Jahre schrieb er sich an der University of Delaware ein, unsicher, ob er sich nun für Englisch oder für Elektrotechnik entscheiden sollte (von einem Klassenkameraden der High-School hatte er gehört, daß man auf letzterem Gebiet mehr Geld verdienen konnte). Obwohl er in der Schule eigentlich immer gute Leistungen gezeigt hatte und von der Vorstellung ausgegangen war, später einmal zu studieren, erkannte er, daß er wenig Neigung für akademische Belange zeigte.

»Ich habe die Schule und alles, was mit ihr zusammenhing, gehaßt«, erzählt er. »Ich habe die Lehrer gehaßt. Ich habe alles gehaßt, was nur annähend nach Autorität aussah, und ich fand den Unterricht öde, langweilig und schrecklich.«

»Ich hatte schon immer einen gewissen Zug von – ich weiß nicht genau – *Besessenheit*.«

Sein Problem war, kurz gesagt, seine Einstellung zu den Dingen. Alles langweilte ihn nach kurzer Zeit – vor allem wissenschaftlicher Unterricht –, und er wurde im zweiten Studienjahr »wegen Alkohol und ähnlicher Dinge« von der Schule verwiesen. Nach etwa sechs Monaten wurde er wieder aufgenommen. Er war dankbar, daß man ihm eine zweite Chance gegeben hatte, jedoch davon überzeugt, daß er keinerlei Interesse an der Grundlagenforschung besaß.

»Ich nahm mir vor, mich nie wieder in meinem Leben mit so etwas Langweiligem wie Chemie, Physik oder Biologie zu beschäftigen. Ich war einfach ein ›Unentschlossener‹ und studierte vorwiegend Geschichte, Englisch und Psychologie.«

Der Wendepunkt kam, als er erfuhr, daß einer seiner Lieblingsprofessoren Versuche durchführte, bei denen elektrische Signale im Gehirn aufgezeichnet wurden. Er ermutigte Lynch, an einem eigenen Projekt zu arbeiten.

»Ich war begeistert. Die eigentliche Durchführung der Versuche und der Aufbau waren nichts für mich. Das war schrecklich. Doch das Darüber-Nachdenken machte Spaß. Wir hatten eine tolle Zeit. Wir machten großartige Dinge. Wir versuchten zum Beispiel, ASW (außersinnliche Wahrnehmung) mit Hilfe von Gehirnströmen zu entdecken. Wir nahmen dazu eine Katze, befestigten Gehirnelektroden an ihr und jagten dann am anderen Ende des Saales ihrem Brüderchen damit einen Heidenschrecken ein. Sowas macht man eben auf dem College.«

In ernsteren Stunden beschäftigte er sich mit Literatur und Tierpsychologie, diese über Jahrhunderte zusammengetragenen Ansammlungen von Tabellen, Formeln und Statistiken, in denen man versucht hatte, eines der am schwersten zu definierenden Phänomene, das komplexe Verhalten, zu quantifizieren. Er stellte fest, daß er Stunde um Stunde allein in der Bibliothek verbringen konnte, versunken in diese unendliche Weite des Wissens, in eine Welt voll Fakten, die er unbedingt erforschen wollte.

»Ich habe mich schon immer für die obskuren Bereiche des menschlichen Wissens interessiert«, erklärte er. »Ich weiß nicht, wie ich das erläutern soll. Eines meiner Hobbys ist es, etwas über die Suche nach der historischen Figur Jesu zu lesen, über diese kleine verlorene Welt des Wissens und die wenigen Linguisten, die über diesen alten Texten grübeln – das ist es, was ich meine. Wenn ich das alles einmal mitmachen würde, würde ich am Ende wahrscheinlich bei der Linguistik landen; nicht bei der Neurolinguistik, sondern bei der Textkritik. Tolle Sache! Da gibt es wenige offene Fragen und wenige Probleme, und die Außenwelt geht einem nicht tödlich mit Fragen auf die Nerven, welche Bedeutung das hat.«

So betrachtete er die Tierpsychologie – als eine rein intellektuelle Angelegenheit, eine Welt in und aus sich selbst, deren komplexe Fragen man bald im Griff haben würde.

»Sie vermittelte mir dieses wunderbare Gefühl von Nostalgie und Zweckfreiheit. Ich meine, es war so offensichtlich, daß

44

sie keinen praktischen Nutzen hatte, so unglaublich klar, daß keine Beziehung zum Alltagsleben bestand. Man sitzt in einer Biologiestunde und muß sich all diese ganzen blöden Sachen über Eier und Samen anhören, und das ist alles so direkt und nah – es ist wie der Unterschied, ob man sich über aktuelle Ereignisse informiert und sie studiert, oder über das Mittelalter. Es gab diese Zeit ja wirklich einmal; und man kann sie wie ein Buch hinter sich zuklappen und weglegen, und wenn man zurückkommt, ist es immer noch da, und man kann weiterlesen. Es ist unterhaltsam und irgendwie aufregend. Es existiert nur in sich selbst, und es gibt lediglich eine kleine Gruppe von Leuten, die sich wirklich dafür interessieren. So habe ich Tierpsychologie im Vergleich zur Biologie empfunden. Tierpsychologie, das bedeutete für mich verstaubte Bücher in der hintersten Ecke der Bibliothek. Und Biologie, das war für mich so etwas wie Märchenstunde – kein Wunder, daß ich meinen Biologiekurs an der Universität nie abgeschlossen habe. Deshalb ist es so toll, daß ich Biologieprofessor bin, obwohl ich es eigentlich nie richtig studiert habe. Einmal habe ich es versucht, aber das war schon zuviel des Guten.«

Nach seiner Abschlußprüfung an der University of Delaware bekam Lynch eine Zulassung für Psychologie in Princeton. »Ich wollte nicht unbedingt meinen Doktor machen«, sagt er, »aber ich beobachtete, daß die Professoren an der Universität ein Leben hatten, das ich als ideal empfand. Ich liebte einfach ihren Lebensstil. Eigentlich komme ich ja aus der unteren Mittelschicht. Nach meiner Schulzeit arbeitete ich im Sommer immer in der Fabrik, und während meiner Studienzeit jobbte ich in Tankstellen, Service rund um die Uhr. Das war echte Arbeit. Nun sah ich diese Leute an der Uni. Sie saßen viel in Kneipen herum und verbrachten eine Menge Zeit damit, hinter Studentinnen herzulaufen. Sie hatten offensichtlich unglaublich viel Freizeit und wenig Streß bei ihrer Arbeit. Und sie wurden meiner Meinung nach sehr gut dafür bezahlt. Und glauben Sie mir, das übte einen ungeheuren Reiz auf mich aus, weil es anders war als bei einem Job in der Wirtschaft.«

»Außerdem waren diese Leute sehr tolerant. Sie mochten mich. Ich bin mit ihnen gut zurechtgekommen, was ich bestimmt nicht von vielen Situationen in meinem Leben behaupten kann. Ich hatte häufig Ärger mit Leuten. Probleme mit der Autorität.«

Als Lynch sich immer mehr mit der Idee eines Lebens als Professor anfreundete, begann er sich auch ernsthaft dafür zu interessieren, wie sich aus dem Gehirn das Gedächtnis entwickelt. Die Vorstellung, daß er für die Erforschung solcher Fragen auch noch Geld bekommen sollte, erschien ihm zu schön, um wahr zu sein.

»Allmählich wurde mir bewußt, daß ich so etwas wohl ziemlich gut konnte«, sagte er. »Sehen Sie, eines der größten Probleme bei der Ausbildung ist, daß die Leute in Städten wie Delaware sich immer einbilden, sie wären zwar dort ganz gut, gemessen an Harvard aber nicht mehr. Man trifft auf einen sehr guten Studienanfänger, von dem man annimmt, daß er eigentlich noch besser sein könnte, und stellt dann fest, daß der Grund dafür in der dort vorherrschenden Denkweise liegt, die guten Leute seien woanders zu suchen, sie selbst gehörten nicht dazu.«

Lynch merkte nun, daß er zu diesen tollen Leuten gehörte, daß es ihm genausogut wie jedem anderen gelingen könnte, eines der großen psychologischen Probleme zu lösen.

»Eine Sache, die ich während des Hauptstudiums entdeckte, war, daß ich Talent zum Schreiben hatte, und eine Begabung für den Umgang mit Daten. Wenn ich als Wissenschaftler eine Stärke habe, dann eben diese: ich arbeite unheimlich gern mit Daten. Das hat ein wenig mit Nostalgie zu tun. Ich sitze einfach da und versuche, sie auf diese oder jene Weise zu analysieren, diese oder jene Graphik zu erstellen. Ich kann mich stundenlang mit Daten beschäftigen und bin glücklich dabei. Das ist eben das Geheimnis wissenschaftlichen Arbeitens. Sie können sich gar nicht vorstellen, wie grundlegend wichtig es ist, dazusitzen und das Material immer wieder durchzuarbeiten, bis man dann wirklich versteht, was bei dem Experiment vor sich geht.«

Was ist das für ein Phänomen, das es Wissenschaftlern und anderen Lebewesen ermöglicht, ihr Bewußtsein in sehr enge Bahnen zu lenken, sich auf eine einzige Aufgabe zu konzentrieren? Und wie kommt es, daß sie sich doch nicht zu intensiv auf diese eine Aufgabe konzentrieren und alles andere um sich herum vergessen?

Während er in Princeton seine Promotion erlangte, beschäftigte sich Lynch mit der Frage, wie Tiere den Grad ihrer Aufmerksamkeit steuern und sich so auf eine bestimmte Aufgabe konzentrieren können.

Beim Studium der Anatomie von Ratten entdeckte er eine Nervenschaltung, die vom Hirnstamm, der die Verbindung zum Rückenmark bildet, zur Vorderhirnrinde, dem Teil des Gehirns, der für Planungen und Entscheidungen zuständig ist, und wieder zurück verläuft. Lynch hielt dies für etwas, was von Elektrotechnikern als negative Feedback-Schleife bezeichnet wird. Es war bekannt, daß im Hirnstamm die Steuerung des Erregungsgrades eines Tieres erfolgt. Lynch glaubte, daß bei einem Tier, wenn es sich mit steigender Aufmerksamkeit auf die Lösung einer Aufgabe oder eines Problems zu konzentrieren beginnt – zum Beispiel die Futtersuche in einem Labyrinth –, ein Teil der durch die Erregung erhöhten Energie von der Rinde zum Hirnstamm zurückgeleitet würde. Dadurch würden wiederum Signale der Zurückhaltung ausgelöst, so daß ein Tier nicht einfach wild außer Kontrolle geriet.

Zur Überprüfung seiner Theorie versetzte er Ratten in einen Erregungszustand, indem er ihnen ihr Futter vorenthielt oder kleine Mengen von Amphetaminen verabreichte. Bei Ratten im Normalzustand schien die Regelschaltung wie ein Schwungrad zu funktionieren und dämpfte den Effekt. Doch wenn er diese Schaltung mit Hilfe von Strom läsionierte, geriet die Ratte außer Kontrolle und wurde auf unnormale Weise hyperaktiv. Die Kontrollschleife war abgetrennt worden.

So demonstrierte Lynch mit einer altherkömmlichen Methode der Neurowissenschaft die Existenz einer Schaltung, indem er aufzeigte, was passierte, wenn man sie zerstörte. Er hatte seine erste wissenschaftliche Entdeckung gemacht. Nach einigen weiteren Experimenten schrieb er die Ergebnisse nieder und stellte Vermutungen über ihre Auswirkungen auf das Lernen und das Gedächtnis an. Will man etwas lernen, erfordert das schließlich Konzentration und Aufmerksamkeit. Die Gehirnrinde – der Teil des Gehirns, in dem das Bewußtsein angesiedelt sein soll – muß irgendwie mit den unteren Gehirnregionen in Verbindung stehen, die die Erregung steuern.

»Ich dachte wirklich, es wäre wie beim Kochen«, sagte Lynch. »Ich veröffentlichte dies im *Journal of Comparative Physiological Psychology,* lehnte mich vertrauensvoll in meinem Sessel zurück und wartete auf die Ehrenbekundungen einer völlig erstaunten Welt, über die diese Experimente hereinbrachen.[1] Und ich erhielt nur *sieben* Anfragen um Genehmigung, den Artikel nachdrucken zu dürfen. Wollen Sie sich mit mir über Rückschläge unterhalten? Ich hatte eigentlich einen schnelleren, kometenhaften Aufstieg geplant.«

Doch dann machte Lynch eine Zufallsentdeckung, die ihn in den Bereich der Gehirnforschung führte. Drei Wochen, nachdem er die Gehirne einiger Ratten läsioniert hatte, gab er ihnen wieder Amphetamine und stellte zu seinem Erstaunen fest, daß sie dadurch nicht in unkontrollierte Aufregung verfielen. Die Schaltung, die er zerstört hatte, war offensichtlich irgendwie repariert oder ersetzt worden.

Lynch hatte da nichts Neues entdeckt. Im Jargon der Neurowissenschaft bezeichnete man dieses Phänomen, das bereits seit dem 19. Jahrhundert bekannt war, als »recovery of function« (Wiederaufnahme der Funktion).[2] Normalerweise sind Gehirnschäden irreparabel. Im Unterschied zu Hautzellen werden Neuronen nicht durch neue ersetzt, wenn sie absterben. Doch wenn die *Verbindungen* zwischen den Nervenzellen – die Dendriten, Synapsen und Axone – zerstört werden, erneuern sie sich manchmal wieder.

Durch Lynchs Dokumentation eines Beispiels für die *recovery of function* wurde die Literatur über dieses Thema lediglich um eine Fußnote erweitert; der dem Vorgang zugrundeliegende Mechanismus blieb weiterhin verborgen. Die Entdeckung war weniger von Bedeutung für die Geschichte der Neurowissenschaft, als zur Stärkung von Lynchs Selbstbewußtsein. Es sollten noch viele Jahre vergehen, bis er sich mit der Erforschung der chemischen Zusammensetzung des Gedächtnisses befaßte, doch rückblickend betrachtete Lynch dies als den ersten Schritt in diese Richtung. Er hatte selbst gesehen, daß das Gehirn kein statisches Gebilde ist. Es kann sich verändern – eine absolute Notwendigkeit zur Speicherung von Erinnerungen.

Neue Nervenbahnen entstehen

Nachdem Lynch 1968 in Princeton den Grad eines Dr. phil. erlangt hatte, ging er an die University of California in Irvine, einer wahren Oase des Lernens im Orange County. Er trug zu dieser Zeit langes Haar, einen Bart und legte mit zunehmendem Alter eine immer größere Respektlosigkeit an den Tag.

»Ich bin immer der Meinung gewesen, daß ältere Leute weniger auf Draht sind als jüngere«, sagte er oft. Diese

Einstellung stempelte ihn zum Sympathisanten der Gegen-
kultur, was in dieser sehr konservativen Gegend beruflich
für ihn von Nachteil war. Bei seinen Studenten indes war
Lynch beliebt und erhielt eine Auszeichnung als bester
Dozent des Jahres. Eine ehemalige Studentin erinnert sich
daran, wie sie zu Lynch ging, um ihn um Unterstützung in
beruflicher Hinsicht zu bitten. Er griff in ein Schreibtischfach,
holte eine Flasche Jack Daniel's hervor, bot ihr einen Drink
an und fragte, was für ein Problem sie habe. Er war fest
entschlossen, keine Autoritätsperson zu werden. Vergleichbar mit einer freien Universität, wurde auch sein Labor bald
bekannt als ein Ort, an dem sich jeder Student, der sich für
die Funktionsweise des Gehirns interessierte, einmal um-
schauen konnte.

Zur Aufstockung der neunhundert Dollar, die die Universität
ihm zur Einrichtung des neuen Labors zur Verfügung gestellt
hatte, erbat er beim National Institute of Mental Health
(NIMH) eine Unterstützung zur Weiterführung seiner Arbeit
über die Steuerung des Zustands der Erregung. Der Professor, unter dem er arbeitete, hatte ihm erzählt, daß einige
Mitarbeiter der Abteilung zwei Anträge auf Beihilfe einrei-
chen wollten. Lynch hatte nicht verstanden, daß er das
gleiche Gesuch einfach nur bei einem anderen Institut ein-
reichen sollte, und arbeitete bis tief in die Nacht daran, einen
zweiten Antrag auf Weiterführung der Studien für die *recovery of function* an die National Science Foundation (NSF)
aufzusetzen. Das National Institute of Mental Health lehnte
sein Gesuch ab und beendete damit ein für allemal seine
Tätigkeit auf dem Gebiet des Erregungsgrades, doch die
National Science Foundation sandte eine begeisterte Zusa-
ge. Wenn man diese *recovery of function* erst einmal richtig
verstand, würde das sicherlich eine Möglichkeit zur Heilung
von Gehirnschäden eröffnen, so hofften sie.

In kurzer Zeit hatte Lynch die bewilligte Summe ausgege-
ben. Zur Schaffung eines Modells der Selbsterneuerung des

Nervensystems griff er auf ein wenig bekanntes Phänomen, das Sprouting (Sprießen) zurück, bei dem neue Nervenverbindungen oder Synapsen entstehen.[1] Schon vor längerer Zeit war bewiesen worden, daß das Sprouting an neuromuskulären Übergängen auftritt. Wenn ein Nerv von dem Muskel abgetrennt wird, den er stimuliert, erneuert sich die Verbindung manchmal wieder. Dabei entstehen natürlich keine neuen Neuronen, doch die durchtrennten bilden neue Dendriten und Axone. Etwas jüngerer Natur war die Entdeckung, daß das Sprouting auch im Rückenmark auftritt. 1969 schließlich überraschte ein Forscher namens Geoffrey Raisman die neurowissenschaftliche Welt mit seiner Entdeckung, daß das Sprouting auch im Gehirn selbst stattfand, und zwar im Septum.

»Die meisten von uns vermuteten, daß das Sprouting an den neuromuskulären Übergängen und in den Muskeln ein normaler Vorgang war, im Rückenmark schon weniger häufig auftrat, im Hirnstamm nur noch selten und im Septum, einem der ältesten Teile des Gehirns, kaum noch – doch in der Gehirnrinde rechneten wir gar nicht mehr damit«, erklärte Lynch. Schließlich galt es nahezu als Dogma, daß das Gehirn eines Erwachsenen sich nicht mehr verändert. Das war eigentlich ein echtes Paradox. Wenn das Gehirn tatsächlich etwas Statisches, Unveränderliches ist, wie können wir dann lernen?

Doch was Lynch betraf, so war das Septum nur wenig interessanter als die Wirbelsäule. Es gehört zum primitiveren unteren Gehirnbereich, in dem die vegetativen Funktionen des Körpers wie Atmung, Verdauung und Blutdruck geregelt und Hunger, Durst oder sexuelles Verlangen registriert werden. Lynch wollte es besser machen als Raisman und erforschen, ob das Sprouting auch in den oberen Gehirnregionen stattfindet, in der Gehirnrinde, dem Ort des Denkens. Das Großhirn, auch Vorderhirn genannt, in dem das logische Denken und das Bewußtsein angesiedelt sein sollen, war so komplex, daß es als Forschungsobjekt zu schwierig gewesen wäre. Lynch wählte statt dessen einen anderen Teil des Gehirn aus, den sogenannten Hippokampus. Über den Hippokampus wußte man im Gegensatz zu vielen anderen Gehirnregionen ziemlich gut Bescheid. In mehrjähriger Arbeit war er ziemlich präzise erforscht worden, wobei man festgestellt hatte, daß er einen ungewöhnlich gut strukturierten Aufbau aufwies. Während das Septum ein heilloses Durcheinander von Verbindungen, sozusagen ein anatomisches Chaos, darstellt, ist der Hippokampus übersichtlich in Schichten angeordnet. Könnte man das Sprouting in diesen übersichtlichen Schichten beobachten, wäre es wesentlich leichter, detaillierte Aussagen darüber zu machen, was dabei eigentlich vor sich geht.

Zu der Zeit, als Lynch an diesem neuen Experiment arbeitete, kam Walle Nauta, Professor am Massachusetts Institute of Technology und Vorsitzender der amerikanischen Neuroanatomen, nach Irvine. Lynch bewunderte diesen Mann. »Er ist unheimlich nett, wissenschaftlich sehr versiert und in jeder Beziehung ein feiner Mensch«, sagte Lynch. »Da ich alles, was der Mann jemals geschrieben hat, gelesen habe, erschien er mir als das gottähnlichste Wesen, das ich kannte. Er war einfach kolossal – er war und ist ein ganz, ganz großer Wissenschaftler.«

Lynch erzählte ihm, daß er an einem Sprouting-Experiment arbeitete.[2]

»Was wollen Sie machen?« fragte Nauta. »Das ist wirklich eine interessante Sache, dieses Sprouting.«

Lynch erzählte ihm, daß er das Sprouting im Hippokampus erforschen wollte.

»Ja, das ist eine gute Wahl, der Hippokampus«, war Nautas Antwort. »Das ist ein geeignetes Modell. Schildern Sie mir Ihr Experiment?«

Lynch begann es ihm in allen Einzelheiten zu erklären. Es gibt mehrere Eingänge, die den Hippokampus mit anderen Teilen des Gehirns verbinden. Einer kommt von der Hirnrinde, ein anderer vom Septum. Lynch berichtete Nauta, daß er vorhatte, die Verbindung zur Hirnrinde zu unterbrechen, was zur Degenerierung einer damit verbundenen Neuronenschicht im Hippokampus führen mußte. In diesem Vakuum, so hoffte Lynch, würden die Neuronen einer benachbarten Schicht, die an den Septumseingang angeschlossen waren, neue Synapsen bilden und die unterbrochenen Verbindungen ersetzen.

Das Schwierige dabei war, die neuen Verbindungen zu erkennen, die wahrscheinlich nur schwer oder vielleicht auch gar nicht vom umliegenden Gewebe zu unterscheiden waren. Zur Durchführung des Experiments mußte die Ratte letztendlich getötet und ihr Hippokampus wie ein Schweizer Käse in dünne Scheibchen geschnitten werden. Es gab keine Möglichkeit herauszufinden, wie der Hippokampus genau aussah, wenn die Ratte bei Beginn des Experiments noch lebte, das Vorher vom Nachher zu unterscheiden. Doch Lynch hatte eine Idee. Im Gegensatz zu den übrigen waren nur die Neuronen im Hippokampus, die mit dem Septumseingang verbunden waren, cholinerg, das heißt nur sie benutzten eine Substanz namens Acetylcholin als Neurotransmitter. (Alle anderen Neuronen schienen einen anderen Neurotransmitter, das Glutamat, zu benutzen.) Wenn das Sprouting hier stattfand, mußte in den neu entstandenen Verbindungen statt des Glutamates Acetylcholin vorhanden sein.

Die Stoffpalette, mit der die Neuroanatomen arbeiteten, enthielt einen Farbstoff, der ein bestimmtes Enzym, die Acetylcholinesterase, die stets in cholinergen Neuronen zu finden ist, anfärbt. Das Neuron braucht dieses Enzym, um große Mengen Neurotransmitter spalten zu können. Mit Hilfe dieses Farbstoffs glaubte Lynch, die neu entstandenen Nervenverbindungen unter einem Mikroskop als dunkles Band sichtbar machen zu können.

Nauta war skeptisch.

»Er versicherte mir: ›Das ist ein fantastisches Experiment, aber solche Experimente klappen natürlich nie.‹ Und ich erwiderte: ›Ich weiß, aber ich muß es einfach versuchen.‹«

Lynchs wissenschaftliche Reputation beruht nicht nur auf seinen hervorragenden Experimenten. Er haßt Langeweile, befaßt sich selbst lieber mit dem Aufstellen von Theorien und überläßt anderen die Kernarbeit; dann genießt er es, sich ausgiebig mit den Ergebnissen zu beschäftigen und nach einem System zu suchen. Auf diese Weise dachte sich Lynch auch das Sprouting-Experiment aus und ließ es darauf von Sarah Mosko, einer seiner Studentinnen, durchführen. Sie besuchte zunächst ein anderes Labor, um die Technik des Anfärbens zu erlernen. Dann läsionierte sie die Gehirne der Ratten an der entsprechenden Stelle, ließ einige Zeit verstreichen, damit sich neue Verbindungen bilden konnten, und schließlich tötete sie die Tiere. Nachdem sie bei allen Tieren den Hippokampus entfernt hatte, fror sie ihn ein, damit er fest wurde, und schnitt ihn anschließend mit einer Präzisionssäge, einem sogenannten Mikrotom, in dünne Scheibchen, die sie auf Objektträger legte.

Gary Lynch erinnert sich noch genau an jenen Abend im Jahre 1971, als Sarah Mosko in der Halle mit einem Objektträger auf ihn zukam. Er hielt ihn ins Licht und sah ein Band, das, sofern er dies richtig interpretierte, aus neu entstandenen Nervenverbindungen bestand.

»Ich konnte es absolut nicht glauben«, sagte Lynch fünfzehn Jahre später. »Man konnte es mit bloßem Auge erkennen. Es war sagenhaft. Und das bei dem Experiment, von dem Nauta meinte, es sei zwar großartig, könne aber nicht klappen. Und nun sah ich es mit eigenen Augen. Und damit war selbstverständlich, wie man in unseren Kreisen so sagt, meine Karriere gesichert.«

»Sie können sich vielleicht vorstellen, was ich empfand, als ich für mein Hauptwerk über die Steuerung der Erregung bei Tieren nur sieben Nachfragen um Nachdruckgenehmigung bekam. Können Sie sich vorstellen, wie es ist, sieben*hundert* Anfragen zu bekommen? Wissen Sie, wie das ist, wenn auf einmal ständig das Telefon klingelt, wenn in der Londoner *Times* über Sie berichtet wird, wenn Sie von den Fernsehanstalten angerufen werden?«

So wichtig wie die Entdeckung selbst, war für Lynch das Gefühl, das Geheimnis gelüftet und der Natur hinter die Kulissen geschaut zu haben.

Zur Bestätigung seiner Interpretation wollte er versuchen, den Sprouting-Effekt wieder rückgängig zu machen. Mit einer anderen Ratte führte er das Experiment erneut durch. Doch nachdem er die Verbindung zur Hirnrinde unterbrochen und etwas Zeit verstreichen lassen hatte, damit sich neue Verbindungen bilden konnten, unterbrach er bei diesem Versuch die Verbindung zum Septum. Er hatte kalkuliert, daß die neugebildeten Synapsen nun eigentlich wieder verschwinden müßten. Und als er das Gehirn in Scheibchen geschnitten hatte und unter dem Mikroskop betrachtete, war das besagte Band tatsächlich nicht mehr zu sehen. Weitere Experimente lieferten die Beweise, daß es sich bei dem, was da entstanden war, tatsächlich um echte funktionsfähige Synapsen handelte. Und noch heute wundert sich Lynch darüber.

»Es ist so schwer zu erklären, was in einem solchen Moment in einem vorgeht, wenn man eine derartige Entdeckung macht. Ich will mich jetzt damit nicht wichtig tun, aber das Gefühl, daß man das noch mal machen könnte, läßt einen nie los. Und man bekommt ein Gespür dafür, was ein echtes Ergebnis ist – etwas Reales. Und wenn man das einmal erlebt hat, versucht man, diesen Grad des Verstehens immer wieder zu erreichen.«

»Man braucht keine Statistiken, man zeigt einfach ein Bild. Jeder Anatom könnte es sich nehmen, es anschauen und sagen: ›Großer Gott, er hat eine neue Verbindung geschaffen.‹ Und das ist genau das, was wir erreicht haben: *Wir haben neue Schaltungen im Gehirn geschaffen.*«

Während seine Ergebnisse schon als neue Hoffnung für Menschen mit Hirnschäden verkündet wurden – was sich leider als verfrüht erwies –, dachte Lynch schon wieder über eine neue Möglichkeit nach. Studien an Menschen, die unter Amnesie litten, hatten gezeigt, daß der Hippokampus eine wichtige Rolle beim Lernen spielt. Patienten mit einem Hippokampus-Schaden verlieren die Fähigkeit, Erinnerungen zu speichern. Sie können sich zwar an alles erinnern, was sie vor der Schädigung gelernt haben, sind jedoch nicht in der Lage, Neues hinzuzulernen. Vielleicht war das Sprouting nicht nur ein Mittel gegen Hirnschäden, sondern auch ein Mechanismus dafür, neue Schaltungen, in denen Erinnerungen gespeichert sind, herzustellen und so Neuronenstrukturen zu bilden, die als Symbole im geistigen Archiv dienen.

»Nun kam folgender Gedanke auf: Vielleicht besteht diese Neubildung von Synapsen, diese Möglichkeit, Verbindungen herzustellen, nicht nur bei oder nach Verletzungen – vielleicht ist das eine Möglichkeit, die wir ständig nutzen«, meinte Lynch. »Vielleicht erwächst aus dieser Fähigkeit zur Neustrukturierung ein Lernmechanismus. Und diese Idee entwickelte sich immer weiter und weiter und weiter.«

»Die Leute waren völlig verblüfft darüber, daß ihr Gehirn neue Verbindungen herstellen konnte. Die Ironie bei der Sache ist meiner Meinung nach aber, daß das am Ende wesentlich wichtiger sein wird, weil es bedeutet, daß mein Gehirn nicht nur neue Verbindungen schaffen kann, es tut dies auch wirklich in diesem und jedem anderen Augenblick meines Lebens.«

Das Sprouting oder ein ähnlicher Vorgang, so glaubte Lynch, findet ständig statt.

Verstärkung der Verbindungen

Natürlich war es nicht damit getan, zu demonstrieren, daß unter bestimmten künstlich herbeigeführten Bedingungen Sprouting im Hippokampus auftrat. Um zu zeigen, daß dieses Phänomen etwas mit dem Gedächtnis zu tun hatte, mußte Lynch beweisen, daß das Gehirn sich als Reaktion auf Informationen – die elektrochemischen Signale, die zur Übermittlung von Sinnesnachrichten benutzt werden – verändern konnte. 1973 erschien ein Aufsatz, in dem die Arbeit des britischen Neurophysiologen Timothy Bliss und seines Kollegen Terje Lømo beschrieben wurde, und die einiges an Beweismaterial enthielt, nach dem Lynch auf der Suche war.[1] Unter Verwendung bestimmter Muster von elektrischen Impulsen hatten sie etwas reproduziert, das sehr nach einem von Karl Lashleys Engrammen aussah.

Mit einem einzigen elektrischen Impuls hatten Bliss und Lømo bei einem betäubten Kaninchen eine Nervenbahn stimuliert, die zum Hippokampus führte. Dann maßen sie die dort entstandene Spannung. Zunächst war diese Ausgangsspannung sehr niedrig, was darauf hinwies, daß die synaptischen Verbindungen zwischen den Eingangs- und Ausgangszellen sehr schwach waren. Doch durch wiederholte Stimulierung der Verbindung mit hochfrequenten Impulsen gelang es ihnen, sie irgendwie zu verstärken. Wenn nun ein Impuls am Eingang ankam, reagierte die Schaltung kräftig darauf. Dieses kleine Stück Gehirngewebe hatte etwas Neues dazugelernt und wies auch Wochen danach diese Fähigkeit noch auf.

Die Wissenschaftler gaben diesem Effekt den Namen »Long-Term-Potentiation« (Langzeitverstärkung) oder LTP.[2] Ein Ereignis von nur wenigen Sekunden Dauer hatte zu einer langanhaltenden neurologischen Veränderung geführt.

»Wie Sie sich vielleicht vorstellen können, verursachte dieses Phänomen enorme Aufregung«, erklärte Lynch. »Irgendwie war es die Verwirklichung eines Traumes, den Physiologen lange Zeit geträumt hatten. Hier sahen sie etwas, das wie eine Erinnerung aussah, und sie selbst hatten es produziert.«

Doch Bliss und Lømo hatten einfach nur gezeigt, daß die Verbindungen zwischen den Nerven durch Stimulierung mit Hochfrequenz-Elektrizität irgendwie verstärkt wurden. Sie hatten jedoch keine Ahnung von dem dabei zugrundeliegenden Mechanismus.

In einer Reihe von Experimenten untersuchte Lynch diesen Effekt detaillierter. Erst kurze Zeit zuvor hatten die beiden Neurobiologen Chosaburo Yamamoto und Henry McIlwain eine Methode entwickelt, mit der man in dünne Scheiben geschnittenes Gehirngewebe in schüsselartigen Gefäßen am Leben erhalten konnte. Lynchs Labor arbeitete mit einer eigenen, etwas vereinfachten Version dieser Technik und erzeugte LTP in solchen Gehirngewebescheiben. Dadurch konnte das Ergebnis wesentlich präziser gemessen werden, als es bei der Arbeit mit einem komplett betäubten Gehirn möglich gewesen wäre.

Lynch nahm an, daß LTP zu synaptischen Veränderungen führte.[3] Entweder wurden neue Verbindungen gebildet oder die bereits bestehenden wurden irgendwie verstärkt. Es gab jedoch noch andere Möglichkeiten, die man überprüfen mußte. Vielleicht waren es die Neuronen selbst, die sich veränderten.

»Bliss wußte nicht, ob die Veränderungen allein an den Synapsen auftraten«, berichtet Lynch. »Wir bauten ein Experiment auf, bei dem verschiedene Eingänge an den gleichen Zellen anlagen, verstärkten eine Gruppe von Eingängen und zeigten, daß dies keine Auswirkung auf die anderen hatte. Also redete ich mir selbst ein, daß die von uns beobachteten Zellen sich nicht global veränderten, daß die Veränderungen an den Synapsen auftreten mußten, die stimuliert worden waren. Das wird heute als eines der Axiome auf diesem Gebiet angesehen. Es ist schrecklich, einen Vortrag zu halten, und es steht jemand dabei auf und sagt: ›Ja gut, es ist bekannt, daß Veränderungen nur an den Synapsen auftreten, die stimuliert worden sind.‹ Und wenn Sie dann gehen wollen: ›Warten Sie bitte, so warten Sie doch, das ist wirklich kein altbekanntes Phänomen. Das war tatsächlich ein sehr schwieriges Experiment.‹«

Doch wie verhielt es sich nun wirklich mit den veränderten Synapsen? Es gab mehrere Möglichkeiten, wie Nervenverbindungen durch LTP verstärkt werden konnten. Es konnte durch eine präsynaptische Veränderung geschehen, so daß die signalsendenden Neuronen mehr Neurotransmitter abgaben, wie bei Eric Kandels Meeresschnecken. Oder es fand eine postsynaptische Veränderung statt: Die Transmittermenge blieb gleich, aber die signalempfangenden Neuronen wurden empfindlicher, vielleicht durch eine Vergrößerung der Zahl der Rezeptoren – dieser Strukturen, die die Neurotransmitter erkennen. Auch eine Kombination aus prä- und postsynaptischen Veränderungen wäre denkbar. Zudem wäre es möglich, daß das Gehirn ganz neue Synapsen zwischen den Zellen und somit neue Schaltungen bildet. Lynch fand diese Vorstellung besonders attraktiv. »Mein erster Gedanke war, daß Bliss den Mechanismus des Sprouting ausgelöst hatte.«

Ein exotisches Phänomen

Es wäre ideal, wenn man diese Idee durch Einsatz von LTP in einer Nervenschaltung testen und sich dann auf ein einzelnes Neuron konzentrieren und überprüfen könnte, ob sich dessen Synapsen verändert haben oder ob neue entstanden sind. Doch leider ist beim heutigen Stand der Technik ein solches Maß an Präzision nicht zu erreichen. Statt dessen mußte Lynch eine sehr rohe Technik anwenden. Er spießte Elektroden in Teile des Hippokampusgewebes und versuchte, so viele Nervenbahnen wie möglich zu stimulieren. Dann zerlegte er mit seinen Studenten den Hippokampus in Scheiben, die dünn genug waren, um sie unter einem Elektronenmikroskop zu fotografieren. Nachdem Hunderte dieser Mikrogramme aufgenommen worden waren, erklärte Lynch einigen seiner Studenten, wie man sie interpretiert und die Synapsen mit Filzstiften markiert. Unter die Mikroaufnahmen, die von LTP-manipuliertem Gewebe gemacht worden waren, hatte man noch einmal die gleiche Anzahl von Aufnahmen gemischt, die von normalem Gewebe stammten. Um einer Beeinflussung der Studenten vorzubeugen, sagte man ihnen nicht, welche Fotos von welchem Gewebe aufgenommen worden waren. Sie wurden lediglich mit einem Code versehen, so daß man sie nach dem Markieren wieder in zwei Stapel teilen und vergleichen konnte. Nach einem Jahr ermüdender Arbeit an diesem Experiment mußte Lynch enttäuscht feststellen, daß er keinen wie auch immer gearteten Unterschied zwischen dem LTP-manipulierten und dem normalen Gewebe finden konnte. Die Kontrollaufnahmen und die Aufnahmen des Experiments sahen genau gleich aus. LTP schien keine sichtbaren Spuren zu hinterlassen; man konnte keine Engramme feststellen. Dann blätterte er eines Nachts, als er sich gerade für einen Flug zu einer Konferenz fertigmachte, den ganzen Stoß von Mikrofotografien wieder einmal durch, in der Hoffnung, einen Unterschied zu entdecken. Plötzlich bemerkte er, daß viele der Aufnahmen zusätzlich zu den von ihm veranlaßten Markierungen der Synapsen noch weitere rote Markierungen in einer Ecke aufwiesen. Manchmal war es nur eine, manchmal waren es auch zwei oder drei. Und bei den

Aufnahmen im LTP-Stapel fanden sich diese Markierungen häufiger als bei den normalen.

Lynch fühlte, wie eine Ahnung in ihm aufstieg. Er suchte nach Michael Oliver, dem Studenten, der die Markierungen angebracht hatte, und fragte ihn: »Weshalb haben Sie diese roten Markierungen hier angebracht?« Und Oliver antwortete: »Sie haben mir gesagt, ich soll nach diesem, diesem, diesem und diesem Ausschau halten, und wir haben sechs verschiedene Sachen so markiert. Aber da war noch dieses andere, wonach ich nicht suchen sollte. Und ich wußte nicht, was ich damit machen sollte. Also habe ich es rot markiert, wenn ich es irgendwo sah.«

Lynch starrte Oliver an, er schwankte zwischen Aufregung und Skepsis. »Ich fragte ihn: ›*Was haben Sie markiert? Was haben Sie gesehen, das sie zu dieser roten Markierung veranlaßt hat?*‹ Und er erwiderte: ›Lassen Sie es mich Ihnen zeigen. Hier. Diese Dinger.‹ Und es war tatsächlich eine Art Synapse. Ich war überhaupt nicht auf die Idee gekommen, ihn danach suchen zu lassen.«

Im Gehirn eines Säugetiers bilden sich die Synapsen an kleinen Verdickungen am Dendriten, die als Markscheiden bezeichnet werden. Lynchs Student hatte also, ohne es genau zu wissen, Synapsen markiert, die keine Markscheide hatten.

»Hektisch ging ich die ganze Datenfülle durch, und natürlich hatte die Zahl dieser Synapsen um 35 Prozent zugenommen«, sagte Lynch. »Von solchen statistischen Beweisen konnte man sonst nur träumen. Ich mußte mein Flugzeug erreichen – ich werde das nie vergessen. Ich dachte, mein Gott, das kann nicht wahr sein. Wir haben doch noch etwas gefunden!«

»Es war das erste Anzeichen dafür, daß durch einen physiologischen Vorgang, der nur den Bruchteil einer Sekunde dauert, innerhalb weniger Minuten neue Synapsen entstehen. Damals konnte ich mir das noch nicht vorstellen. Und ich finde es auch heute noch erstaunlich. Ich dachte, dazu wäre ein wesentlich subtilerer Vorgang nötig.«

»Da war ein ausgewachsenes Neuron, das die Fähigkeit hatte, neue Endknöpfchen, neue Rezeptoren zu bilden – der ganze Mechanismus konnte sich tatsächlich von Grund auf neu aufbauen.«

Viele von Lynchs Kollegen konnten sich das noch viel weniger vorstellen. Die Beweise waren ja schließlich nur statistischer Natur. Doch wiederum gab es keine Möglichkeit, das gleiche Stück Hippokampus vor und nach dem Experiment zu vergleichen, um dadurch vorzuweisen, daß nach der Stimulierung mehr Synapsen vorhanden waren. Die einzige Möglichkeit, die Synapsen zu zählen, bestand darin, Gehirngewebe in dünne Scheibchen zu schneiden und es unter einem Mikroskop zu untersuchen. Und das war eben nur mit totem Gewebe möglich. Doch selbst durch die stärkste Stimulierung konnten sich darin keine Synapsen mehr bilden. Um Veränderungen zu entdecken, mußte man zwei Kategorien von Gewebe untersuchen – stimuliertes und nicht stimuliertes – und vergleichen, welches im Durchschnitt mehr Synapsen enthielt. Das bedeutete, daß unendlich viele Gewebeproben kontrolliert werden mußten. Nur anhand eines einzigen Aufnahmen-Paares durfte man noch nicht auf Veränderungen schließen.

»Ich könnte Ihnen eine elektronenmikroskopische Aufnahme zeigen, und Sie würden absolut keinen Unterschied zwischen dem stimulierten und dem nicht stimulierten Gewebe feststellen«, erklärte Lynch. Das Experiment zeigte nur, daß in LTP-manipuliertem Gehirngewebe mit größerer Wahrscheinlichkeit marklose Synapsen auszumachen sind. Es gab keine Möglichkeit, herauszufinden, ob die Synapsen tatsächlich durch LTP entstanden waren oder ob sie überhaupt auf solchen Nervenbahnen lagen, die elektrisch stimuliert worden waren. »Wir vermuten, daß die, die wir beobachtet haben, mit stimulierten Axonen verbunden waren«, sagte Lynch, »doch das ist nur eine Vermutung, etwas, das wir gerne glauben wollten.«

Nur wenige von Lynchs Kollegen waren bereit, einen Kierkegaardschen Sprung ins Absurde zu tun. Schließlich war man allgemein der Auffassung, daß zur Erzeugung derjenigen strukturellen Veränderungen, die zur Speicherung von Erinnerungen dienen, neue Proteine synthetisiert werden müßten. Auf irgendeine Art und Weise würde eine Nachricht an die Gene im Zellkern des Neurons übermittelt. Diese lösten in der DNS die Befehle zur Produktion von Proteinen und Enzymen aus, die zum Aufbau von Membranen und Rezeptoren und allem anderen Material, das zur Bildung von Synapsen erforderlich ist, benötigt werden. Die Reaktion, die Lynch glaubte beobachtet zu haben, war zu schnell, um solche Aktivitäten zuzulassen.

»Die Zeit war zu kurz für eine Proteinsynthese, zu kurz für die Aktivierung des Genoms«, sagte er. »Der Effekt trat nach zehn Minuten ein. Und wir beobachteten nicht einmal eine Zeitspanne von dreißig Sekunden. Ich wußte nur, daß die Synapsen schon nach dreißig Sekunden da waren. Nun ja, die Reaktion der Kritiker darauf war ein einstimmiges ›Unmöglich‹«. Die Ergebnisse wurden zunächst in Form einer schwer verständlichen, zwei Seiten umfassenden Schrift veröffentlicht und kaum von jemandem gelesen. Später erschien dann ein umfangreicherer Artikel im *Journal of Neurophysiology*. Doch die Leute waren weniger an dem Experiment interessiert als an der Technik, mit der Lynch das Gehirngewebe am Leben erhalten hatte.

»Jeder wollte etwas über das Gehirngewebe wissen!« sagte Lynch. »Die LTP-Methode hatte sich noch nicht so recht durchgesetzt, und das Gedächtnis war ein unter Biologen tabuisiertes Thema. Heute ist es kaum vorstellbar, daß die biologischen Grundlagen des Gedächtnisses vor nicht allzu langer Zeit kein gesellschaftsfähiges Gesprächsthema war. Man sprach einfach nicht darüber. Und ganz sicher blieben auch Gemeinsamkeiten zwischen dem Gedächtnis eines Tieres und dem eines Menschen unerwähnt. Das war erst recht verboten.«

»1979 waren die Grundlage des Lernes und das Gedächtnis bei Säugetieren noch keine Themen. 1979, erinnern Sie sich, da war das Scotophobin. Sie erinnern sich doch an Scotophobin? Und die Planarien und der RNS-Transfer.«

»Mehr als jeder andere setzte sich Kandel dafür ein, daß das Gedächtnis zu einem akzeptablen Studienbereich für Neurowissenschaftler wurde. Und wahrscheinlich das war ein weiterer Faktor. Es geschah zu einem Zeitpunkt, als die Wirbellosen gerade ›in Mode‹ waren. Jeder beschäftigte sich mit Wirbellosen. Die wissenschaftliche Welt war überschwemmt von Forschungsprojekten über Aplysia, Krabben, Hummer und Insekten – jeder hatte ein Lernmodell aus der Insektenwelt. So sieht also die Arbeit der *echten* Wissenschaftler aus. Die wenigen Leute, die sich mit Säugetieren beschäftigten, waren kreuz und quer über die Erde verstreut. Ich glaube, das ist keine große Übertreibung. Es war eine merkwürdige Zeit und ich denke, daß meine Arbeit nicht die Wirkung hatte, die sie hätte haben können, und das war eine unheimliche Enttäuschung für mich. Ich glaube auch heute noch, daß sie nicht die Wirkung gehabt hat, die sie eigentlich verdient hätte.«

Wenn Lynch erreichen wollte, daß man ihm glaubte – ja wenn er sich selbst vollkommen davon überzeugen wollte –, dann mußte er eine chemische Erklärung für das finden, was da passiert war. Welche molekulare Reaktion konnte dazu führen, daß sich Synapsen bildeten? Auf biochemischem Gebiet gab es wenig, worauf er sich stützen konnte.

»Das Gedächtnis ist schließlich ein sehr exotisches biologisches Phänomen«, erklärte er. »Die Welt der Biologie ist eine Welt der Homöostasie. Es ist eine Welt, in der das Gleichgewicht der Körperfunktionen aufrechterhalten wird. Wenn man zum Beispiel etwas ißt und dadurch die Körpertemperatur ansteigt, existiert eine Korrekturgröße, die die Temperatur wieder auf ihr ursprüngliches Niveau zurückbringt. Auf den Bereich der Zelle übertragen bedeutet das: Wenn sich eine Phosphatgruppe an ein Proteinmolekül anlagert, erscheint dort ein Enzym und spaltet den Phosphor wieder ab. Und jetzt kommen Sie und sagen, Leute, ich habe gerade ein Erlebnis gehabt, das verschiedene Aktivitäten in meinem Gehirn hervorruft, die wiederum zu Veränderungen führen, die jahre- oder sogar jahrzehntelang bestehen bleiben. Das ist etwas Exotisches in der Biologie. Welcher chemische Vorgang läuft hier ab? Das waren wirklich geheimnisvolle Fragen.«

Der Stachelschwein-Effekt

Da es keine Möglichkeit gab, die Funktionsweise der Zellen und die chemischen Reaktionen bei der Synapsenbildung direkt zu beobachten, mußte Lynch das Problem indirekt angehen. Er kam zu folgender Überlegung: Wenn bei der Langzeitverstärkung (LTP) – und somit beim Lernen – das Gehirn tatsächlich neue Synapsen bildet, dann müßten auch mehr Rezeptoren, also Proteine, die auf den Neurotransmitter reagieren, produziert werden. Eine größere Anzahl von Rezeptoren wäre auch ein Mittel, um das Volumen der bereits existierenden Synapsen zu vergrößern. Das Problem bestand darin, herauszufinden, wie man sie zählen konnte. 1978 kam Michel Baudry, ein hochgewachsener und äußerst liebenswerter französischer Neurochemiker, zu Lynch nach Irvine. Zusammen mit Lynch arbeitete er eine Strategie aus, die zeigen sollte, daß LTP eine vergrößerte Anzahl von Rezeptormolekülen zur Folge hatte. Nach der Stimulierung von Gehirngewebescheiben des Hippokampus mit Elektroden wurde das Gewebe in einem Mixer verflüssigt. Dann

filterten sie in einer Zentrifuge die sogenannten Synaptosomen, die Dendriten- und Axonteile heraus, aus denen die
Synapsen aufgebaut sind. Damit hatten sie die chemische
Komplexität einer Synapse aus dem Neuron herausgelöst
und in ein Reagenzglas überführt. Nach dieser Methode
konnten Experimente durchgeführt werden, die mit einem
intakten Gehirn unmöglich waren.

Im nächsten Schritt fügten sie dieser Flüssigkeit Glutamat
hinzu. Glutamat ist die Aminosäure, die, so glaubt man, im
Hippokampus als Haupt-Neurotransmitter zur Übermittlung von Signalen von Zelle zu Zelle benutzt wird. Wie in
einer intakten Synapse sollte sich das Glutamat in der Flüssigkeit auf die Glutamatrezeptoren setzen. Durch die Messung der Anzahl dieser chemischen Bindungen konnte man
ermitteln, ob die Anzahl der Glutamatrezeptoren in einem
Stück Gehirngewebe zugenommen hatte.

Gegen Ende der siebziger Jahre starteten Lynch und Baudry
ihr Experiment und konnten vorweisen, daß LTP tatsächlich
zu einer verstärkten Glutamatbindung führte. Stimuliertes
Gewebe schien mehr Rezeptoren zu enthalten als nicht
stimuliertes.

Doch was bewirkte die Stimulierung durch Elektrizität eigentlich, das zur Neubildung von Rezeptoren führte? Die
Beantwortung dieser Frage erforderte komplexere Verfahrensweisen im Labor.

Lynch und Tom Dunwiddie, ein weiterer Kollege, hatten im
Verlauf früherer Experimente mit Gehirngewebescheiben
festgestellt, daß LTP nicht auftrat, wenn in den Neuronen
nicht genug Calcium vorhanden war. Sie fanden nun heraus,
daß durch Injektion eines Calciumbinders – einer Substanz,
die das Calcium an sich bindet – in das Gehirngewebe der
LTP-Effekt vollkommen gestoppt werden konnte. Das brachte Lynch zu der Annahme, daß der erste Schritt in der
LTP-Kettenreaktion dadurch zustande kam, daß das Calcium in das Neuron hineinfloß. Durch das Calcium würde

dann die Veränderung in der Synapse ausgelöst, die zur Bildung eines Engramms führte.

Um diese Vorstellung zu überprüfen, mußte Lynch das erste Glied aus dieser kausalen Kette, das Calcium, herauslösen, und in Erfahrung bringen, ob dieses auch von sich aus – ohne vorherige elektrische Stimulierung – die Neubildung von Glutamatrezeptoren bewirkte. Als er einer Lösung aus Synaptosomen Calcium zugab, stellte er fest, daß tatsächlich eine verstärkte Glutamatbindung aufzutreten schien, genauso, als wäre die Lösung stimuliert worden. Es hatte immer mehr den Anschein, als wäre Calcium der Katalysator zur Bildung von Erinnerungen. Lynchs Überzeugung wuchs, als er entdeckte, daß dies ein irreversibler Effekt war. Auch wenn man das Calcium nach der Reaktion wieder aus dem Gemisch entfernte, blieben die Bindungen bestehen. Man hatte ein weiteres Teil des Puzzles gefunden – Calcium löste die Reaktion aus, war aber nicht zu ihrer Aufrechterhaltung nötig.

Jetzt mußte Lynch nur noch herausfinden, was das Calcium eigentlich genau bewirkte. Wie konnte es diese schnelle, nicht rückgängig zu machende Veränderung auslösen?

»Wir wollten einen chemischen Mechanismus finden, der in den Synapsen stattfand und innerhalb von Sekunden zu einem Ergebnis führte, das unbegrenzt bestehen blieb«, erklärte er. »Und tatsächlich findet man überall im Körper eine Art von Enzymen, die irreversible Veränderungen bewirken. Man nennt diese Enzyme Proteasen. In der Chemie kann man eine ganze Menge bewerkstelligen – man kann Phosphat-, Methyl- oder Acetylgruppen an irgendwelche Verbindungen anhängen. All diese Reaktionen lassen sich wieder vollkommen rückgängig machen. Die Proteasen jedoch spalten Proteine, und wenn sie einmal gespalten sind, kann man sie nicht wieder zusammensetzen.«

Beim Studium der Literatur stellte Lynch fest, daß seine Hoffnung begründet war: Es gab eine Sorte von Proteasen –

das Calpain –, die durch Calcium aktiviert wurden.[1] Schon seit 1964 wußte man, daß das Gehirngewebe von Ratten Calpain enthält. Damals hatte man dieses zerstörerische Enzym untersucht, weil es an der Degeneration von Muskel- und Nervengewebe beteiligt zu sein schien. Doch niemand kam je auf die Idee, daß dieses Molekül, dessen Aufgabe es ist, Proteine zu spalten, die Veränderungen herbeiführen könnte, die zur Bildung von Erinnerungsstrukturen führen.

Als er darüber nachdachte, wo sonst noch im Körper plötzlich Strukturveränderungen (wie bei der Gedächtnisbildung) auftreten, fiel ihm eine recht merkwürdige Parallele ein: die Klumpung von Blut. Im Verlauf dieses komplexen Vorgangs verändern bestimmte Blutkörperchen, die Blutplättchen, ihr Aussehen. Anfangs haben sie die Form einer Scheibe und sind ganz glatt, dann werden sie rauh und stachelig, so daß sie sich ineinander verhaken und eine Wunde verschließen können. Diese plötzliche Veränderung tritt auf, wenn sich der Calciumspiegel im Blutkörperchen erhöht. Eine ähnliche Reaktion läuft auch in den Erythrocyten, den roten Blutkörperchen, ab. Sie könnte etwas mit der Fähigkeit der Erythrocyten zu tun haben, ihre Gestalt zu verändern, um sich auch durch die winzigsten Kapillaröffnungen zu zwängen.

»Ich kann Ihnen Bilder von Blutkörperchen zeigen, davon, was mit ihnen passiert, wenn diese Aktion vor sich geht, und es ist schrecklich mitanzusehen, wie eine frisbeeähnliche Scheibe sich in etwa dreißig Sekunden so verändert, daß sie wie ein Stachelschwein aussieht«, sagte Lynch. »Das ist schon eine bemerkenswerte Sache.«

Doch wie kann eine Zelle so schnell ihre Gestalt verändern? Lynch glaubte, eine Erklärung dafür zu haben. Im Gegensatz zur Vorstellung der meisten Menschen ist die Membran, die eine Zelle schützend umgibt, keine in sich geschlossene Struktur. Sie hat die gleiche Viskosität wie Motorenöl mit einem Wert von dreißig oder vierzig SAE (von der Society of Automotive Engineers aufgestellte Ölklassifizierung). Die

Ursache dafür ist ein chemisches Gerüst, das man als das Zytoskelett bezeichnet, ein Proteinrahmen, auf den die Membran, wie Lynch es ausdrückt, aufgezogen ist. Lynch meinte, daß die Klumpung des Blutes dann stattfindet, wenn sich das Calpain durch das Zytoskelett des Blutplättchens frißt und die Zelle nun ihre Gestalt verändern kann.

Ein Blutkörperchen hat etwa die gleiche Größe wie die Markscheide einer Synapse. Beim Vergleich der Bilder, die vor und nach der Klumpung des Blutes gemacht worden waren, kam Lynch auf die Idee, daß etwas in dieser Art auch im Gehirn ablaufen müsse. Wenn ein Neuron durch hochfrequente elektrische Impulse stimuliert wird und der LTP-Effekt eintritt, öffnen sich mikroskopisch kleine Kanäle in der Membran, durch die Calcium in die Zelle hineinfließen kann. Das Calcium aktiviert das Calpain, das wiederum die Proteine spaltet, die das Zytoskelett bilden. Die Glutamatrezeptoren, die bis dahin tief in der Membran verborgen waren, könnten nun nach außen dringen. Somit würde die Synapse sensibler auf das Glutamat reagieren oder, um es mit anderen Worten auszudrücken, ihr Volumen würde vergrößert.

Der Calpain-Mechanismus schien in den roten Blutkörperchen abzulaufen. Vielleicht hatte sich dieser grundlegende Vorgang im Laufe der Evolution herausgebildet, als eine Möglichkeit zur plötzlichen Veränderung der Gehirnzellen nötig wurde.

Da der LTP-Effekt sehr schnell eintritt, könnte auch das Zytoskelett unverzüglich zerstört werden. Durch wiederholte Stimulierung ließen sich vielleicht noch radikalere Veränderungen herbeiführen. Ganze Scharen von eben freigesetzten Glutamatrezeptoren könnten auf Wanderschaft gehen, sich an anderen Stellen des Dendriten ansammeln und so die empfangende Hälfte völlig neuer Synapsen, neuer Schaltungen bilden. Vielleicht würde durch die Verstärkung bereits vorhandener Synapsen das Kurzzeitgedächtnis gebildet, das dann durch weiteres Sprouting der Synapsen letztlich in eine Langzeitspeicherung überführt würde.

Genauso wie die Klumpung von Blut könnte Lernen mit dem Stachelschwein-Effekt zusammenhängen, mit solchen unendlich kleinen, explosionsartigen Vorgängen. Wenn wir eine Vorlesung verfolgen oder ein Buch lesen, schwellen kleine Knötchen an unseren Dendriten an und explodieren schließlich. Das Ergebnis dieses Vorgangs wären neue Schaltungen. Ob nun durch Erhöhung des Niveaus der synaptischen Ventile oder durch die Bildung völlig neuer Synapsen, in jedem Fall bilden sich neue Verbindungen zwischen Neuronen, die vorher nichts miteinander zu tun hatten.

In einer Reihe von schwierigen Experimenten sammelten Lynch und Baudry Beweise für ihre Hypothese. »Wir entdeckten, daß das Calpain tatsächlich das Zytoskelett zerstört«, sagte Lynch. »Es greift die Moleküle an, aus denen es besteht, und spaltet sie in zwei Hälften.«

Einige Experimente wurden mit Gehirngewebescheiben, andere wieder mit einer Lösung aus verflüssigten Synapsen durchgeführt. Es war wie ein Quiz mit zwanzig Fragen – die Hinterfragung eines unbekannten Phänomens. Jedes Experiment, das vielleicht mehrere Tage oder auch Wochen in Anspruch nehmen würde, könnte lediglich die Antwort auf eine einzige Frage liefern.

F (Frage). Ist das Calpain für die Reaktion wirklich zwingend notwendig?
A (Antwort). Wenn Leupeptin, eine eiweißähnliche Substanz mit der Eigenschaft, das Calpain zu hemmen, der Lösung hinzugefügt wird, versucht es scheinbar ein Ansteigen der Glutamatbindungen zu verhindern. Traf Lynchs Interpretation zu, würde das bedeuten, daß bei Ausschaltung des Calpain keine neuen Rezeptoren entstehen.
F. Geht man von der Voraussetzung aus, daß Calpain und

Calcium anscheinend notwendige Bestandteile für die Reaktion sind, welches von beiden muß dann zuerst da sein? A. Wenn das Leupeptin der Lösung vor dem Calcium hinzugefügt wird, wird die Glutamatbindung unterbrochen. Gibt man es jedoch erst nach dem Calcium hinzu, hat es keine Auswirkungen – das Calpain hat dann bereits Veränderungen an den Synapsen ausgelöst.

Lynch und Baudry beschäftigten ein ständig wechselndes Team von Studenten und Assistenten und setzten so – Stein für Stein – das Fundament für ihre Theorie aufeinander. Um zu zeigen, daß das Calpain tatsächlich die Proteine, aus denen das Zytoskelett besteht, spaltet, benutzten sie eine der Chromatographie ähnliche Technik. Dabei werden Druckfarben oder Farbstoffe, die man auf ein Stück Löschpapier tröpfelt, das man anschließend zum Trocknen aufhängt, in ihre Farbbestandteile aufgelöst und verteilen sich unterschiedlich auf dem Papier. Die schwereren Stoffe fließen weiter nach unten als die leichteren, und so entsteht ein Spektrum von farbigen Bändern. Um Proteine zu trennen, benutzen die Wissenschaftler ein Gel statt Löschpapier, und um die Moleküle zu bewegen anstelle der Schwerkraft elektrischen Strom. Indem sie die Anordnung der Bänder bestimmen, können sie verschieden große Moleküle in etwa identifizieren.

Wiederum mit einer Zentrifuge stellten Lynch und Baudry eine synaptosomenreiche Lösung her. Als sie die Lösung mit Hilfe der Chromatographie – genau gesagt, der Gel-Elektrophorese – in ihre Bestandteile aufspalteten, tauchte etwa dort ein Band auf, wo sie das Skelettmolekül, das sogenannte Spectrin, erwartet hatten. Wurde vorher jedoch Calpain in die Lösung gegeben, war dieses Band weniger intensiv. Auch hier unterband das Leupeptin, der Calpain-Hemmer, diesen Vorgang.

Als sich immer mehr Beweise für die Calpain-Hypothese

ansammelten, machte sich Lynch Gedanken über ihre Schwachpunkte, über die Glieder in der logischen Kette, die man am leichtesten angreifen konnte. Es bestand zwar Klarheit darüber, daß das Calpain ein in der Synapse vorkommendes Protein spaltet, aber die Methode der Gel-Elektrophorese war nicht präzise genug, um eindeutig zu belegen, daß es sich dabei um Spectrin handelte. Viele Proteine haben ein ähnliches Molekulargewicht. Vielleicht verursachte das Calpain den Zerfall von Proteinen, der nichts mit einer Strukturveränderung zu tun hatte.

Eine Möglichkeit, ein Protein nachzuweisen, liegt in der Orientierung am Immunsystem unseres Körpers, das die unheimliche Fähigkeit besitzt, ganz bestimmte Eindringlinge aufzuspüren und sie zu zerstören. Es identifiziert die Moleküle auf der Oberfläche von Viren und andere Störenfriede und entwickelt Antikörper gegen sie – Komplementärmoleküle, die sich auf die Moleküle des Eindringlings aufsetzen – so wie auch die Neurotransmitter auf die Rezeptormoleküle einer Synapse. Falls das Immunsystem eine entsprechende Antwort sendet, wird ein biochemischer Prozeß in Gang gesetzt, der den Eindringling zerstört.

Lynchs Kollege Robert Siman injizierte Ratten Spectrin und benutzte das Immunsystem der Nagetiere als »chemische Fabrik«, die die entsprechenden Antikörper produzierte. Dann markierte er die Antikörper mit radioaktiven Isotopen und fügte sie einer Lösung hinzu, die Spectrin enthielt. Sofort machten die Antikörper ihr Ziel ausfindig und setzten sich darauf fest. Nun war auch das Spectrin selbst radioaktiv markiert und somit viel leichter zu erkennen. Als Siman der Lösung dann Calpain zugab, konnte er demonstrieren, daß diese eine starke Affinität für das Spectrin aufwies – ein weiterer Beweis dafür, daß Calpain, wenn durch dieses LTP in einer Gehirnzelle freigesetzt wird, die Aufgabe hat, das Zytoskelett zu zerstören und so Veränderungen im Gehirn auszulösen.

Und so ging es weiter. Mit jedem neuen Experiment schienen sie ihrem Ziel näher zu kommen. Doch es bestand noch immer keine Möglichkeit, festzustellen, was mit einer Synapse passierte, wenn sie durch LTP gereizt wurde; keine Möglichkeit, wirklich zu beobachten, wie das Calcium in sie hineinfloß, das Calpain aktivierte, das Spectrin spaltete, so daß die Glutamatrezeptoren freigesetzt wurden. Wie ein Anwalt, der die Verteidigung eines dubiosen Klienten vorbereitet, trug Lynch weitere Beweise zusammen und machte daraus eine überzeugende Geschichte. Seine Beweise gründeten eher auf Zufall, und es gab mehrere Möglichkeiten, sie zu interpretieren. Doch was unter anderem Lynchs wissenschaftliche Befähigung ausmacht, ist sein Talent, aus scheinbar zusammenhanglosen und bruchstückhaften Daten eine gute Geschichte zu basteln. Das ist keineswegs eine unredliche Eigenschaft. Es ist die Grundlage, um gute Theorien aufzustellen.

Gemeinsame Vorstellungen

Zu diesem Zeitpunkt hielt man es für möglich, daß das, worüber Lynch Forschungen anstellte, auch wirklich existierte. Doch es war schwierig, sich dazu zu äußern. In der komplexen Welt der Chemie des Gehirns herrschten chaotische Verhältnisse, würden die Forscher nicht den meisten Lärm im Hintergrund überhören und sich auf die ein oder zwei Reaktionen konzentrieren, die sie zu Studienzwecken ausgewählt haben. Bei der Betrachtung des Gehirns aus chemischer Sicht verlieren Wissenschaftler sich schnell in Details. Serotonin, Dopamin, Norepinephrin, Histamin, Gamma-Aminobuttersäure – es gibt allein mehr als zwei Dutzend verschiedene Substanzen, die als Neurotransmitter fungieren. Und wenn ein Neuron eine Nachricht übermittelt, fließt eine Mischung aus Natrium-, Kalium- und Calciumströmen durch Kanäle in der Zellmembran. Dieser komplexe chemische Vorgang läßt sich nicht so einfach in Einzelschritte zerlegen, ohne ihm Gewalt anzutun. Heisenbergs Unschärferelation zufolge wird ein Experiment durch Beobachtung nur gestört.

Wie kann man das Vordergründige vom Hintergründigen, wie das Essentielle vom Überflüssigen trennen? Man stelle sich nur einmal Anthropologen eines fremden Planeten vor, die einen irdischen Computer untersuchen und seine »Denkweise« herausfinden wollen. Sie könnten Jahre damit verbringen, das Plastikteil zu analysieren, das einen Mikrochip umhüllt, und in mühsamer Experimentierarbeit in Erfahrung bringen, daß die Plastikmoleküle durch die beim Laufen der Maschine entstehende leichte Wärme ihre Lage verändern; bei weiteren Experimenten würden sie vielleicht feststellen, in welchem Maße diese Wärmeeinwirkung vom Chip selbst beziehungsweise von einer nahegelegenen Spannungsquelle herrührt. Eventuell hielten sie es für möglich, daß das Plastik für die Verarbeitung der Informationen verantwortlich ist, daß die Informationen irgendwie in der speziellen Zusammensetzung der Polymere gespeichert sind, oder daß der Kühlerventilator ein integraler Bestandteil für das Denkvermögen der Maschine ist. Lynch ahnte, daß er sich jetzt auf dem richtigen Weg befand, doch ihm war auch bewußt, daß er viele Jahre seines Lebens mit dem Studium eines interessanten biochemischen Effekts zugebracht hatte, der überhaupt nichts mit dem Gedächtnis zu tun hatte.

Erst vor einigen Jahrzehnten haben die Wissenschaftler eine ausgeklügelte Theorie über die Kommunikation der Neuronen untereinander ausgearbeitet. Während es in der Regel nicht von Belang ist, daß alle Details berücksichtigt werden und man einfach davon ausgehen kann, daß ein Axon ein Signal sendet, indem es Neurotransmitter auf einen Dendri-

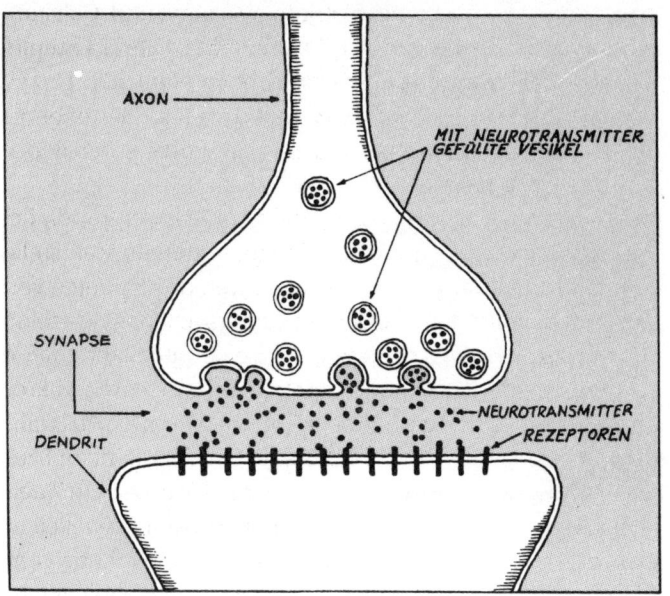

Nahaufnahme einer Synapse.
Das Axon des sendenden Neurons gibt das Signal an den Dendri-
ten des empfangenden Neurons durch Ausschüttung von Neuro-
transmitter in den synaptischen Spalt weiter.

ten spritzt, so lassen sich die Schwierigkeiten dieses Problems nicht richtig einschätzen, ohne die überwältigende
Komplexität der neurochemischen Vorgänge mit einzube-
ziehen. Nach vielen tausend Experimenten geht die neurowissenschaftliche Gemeinschaft davon aus, daß die Kommunikation nach folgendem Prinzip funktioniert:
Der erste Schritt der Kettenreaktion ist die Antwort des
Neurons auf ein Eingangssignal: Es feuert. Meist rührt das
stimulierende Signal von der Neurotransmitterausschüttung
eines anderen Neurons her. Die Neuronen der Sinnesorgane, auch sensorische Neuronen genannt, empfangen dagegen direkt von ihrer Umgebung Signale. Die Nervenzellen

der Haut reagieren auf Druck, die der Netzhaut auf Licht. Ganz gleich, woher das Signal kommt, das Neuron feuert und ein elektrischer Impuls läuft das Axon entlang bis zu seinem Ende – einer Sackgasse, die man das Endknöpfchen nennt –, wo die Vesikel, kleine mit Neurotransmitter gefüllte Bläschen, zum Platzen gebracht werden.

Die freigesetzte Neurotransmittersubstanz wird in die Synapse ausgeschüttet und verbindet sich mit den Rezeptoren des Dendriten auf der anderen Seite des Spalts. Durch diese Verbindung wird das empfangende Neuron stimuliert. Dabei öffnen sich in seiner Membran Kanäle, durch die positiv geladene Natrium- oder Calciumionen in die Zelle gelangen können. Ein Ion ist nichts weiter als ein in Lösung befindliches Atom, das eine elektrische Ladung trägt.

Gleichzeitig übermitteln auch noch andere Neuronen über andere Synapsen Signale an diesen Dendriten, wodurch sich noch mehr Ionenkanäle öffnen. Stück für Stück baut sich durch den Zufluß einer ständig wachsenden Zahl von Ionen eine positive Ladung im Dendriten auf. Wenn der Ladungsüberschuß groß genug ist, feuert das Neuron und sendet seinen eigenen Impuls zur nächsten Ansammlung von synaptischen Vesikeln. Diese Summierung von Signalen ist abhängig von den Faktoren Ort und Zeit. Treffen gleichzeitig genug Signale von anderen Neuronen ein, kann das die Zelle zum Feuern bringen; das gilt aber auch, wenn viele Signale von einem einzigen Neuron rasch hintereinander eintreffen, so daß der Ladungsüberschuß das Aktionspotential auslösen kann.

Dies ist jedoch nur ein Teil des Vorgangs. Nicht alle Signale, die ein Dendrit empfängt, sind erregende Signale. Während sich die positive Ladung aufbaut, reagiert eine andere Synapsenart auf Neurotransmittersubstanz, die von anderen Neuronen ausgesandt wurde, indem sie negativ geladene Chlorionen in die Zelle hineinläßt. Diese hemmenden Signale heben die positiven, erregenden Signale auf. Das

Neuron befindet sich also immer auf der Schwelle zum Feuern; einmal wird es durch die ankommenden Signale erregt, dann wieder gehemmt.

So abstrakt betrachtet, ist das wirklich ein ziemlich komplizierter Vorgang. Doch je weiter man hinter die Kulissen schaut, desto komplizierter wird es. Wie kann ein positiver Ladungsüberschuß eine Zelle zum Feuern bringen? Auch dies läßt sich wieder über einen chemischen Vorgang erklären.

Wie jede Zelle, so ist auch das Neuron von einer Membran umgeben. Diese fetthaltige Zellwand dient dazu, die herein- und herausfließenden Molekülarten und Ionen zu kontrollieren. In der Membran eines Neurons sitzen nicht nur Ionenkanäle – molekulare Tore, die sich öffnen und schließen –, sondern auch submikroskopische Pumpen. Diese Moleküle transportieren ständig Natriumionen aus der Zelle heraus und Kaliumionen in sie hinein. Der Prozeß ist zu komplex, um näher auf alle Einzelheiten einzugehen; was man sich einprägen sollte, ist, daß an der Außenseite der Zelle ein leichter positiver Ladungsüberschuß und an ihrer Innenseite ein leichter negativer Ladungsüberschuß herrscht. Mit anderen Worten, zwischen der Innen- und der Außenseite der Zellwand baut sich eine elektrische Spannung auf. Dieses Gleichgewicht kann leicht gestört werden. Sobald die Natriumionen auch nur die geringste Chance haben, fließen sie sofort wieder in die Zelle zurück.

Genau das passiert, wenn ein Neuron seinen Impuls feuern will. Sämtliche Natriumionen, die sich außerhalb des Neurons gesammelt haben, fließen in die Zelle hinein und leiten einen positiven elektrischen Impuls das ganze Axon entlang. Der Schlüssel zu diesem Vorgang ist ein anderer Kanal, der auf die Veränderungen der Membranspannung reagiert. Während die Rezeptoren an den Synapsen chemisch gesteuert werden – ihre Ionenkanäle öffnen sich, wenn sie von einem Neurotransmitter aktiviert werden –, spricht man hier von spannungsgesteuerten Kanälen. Sie öffnen sich nicht, wenn sie von einem anderen Molekül stimuliert werden, sondern wenn die sie umgebende Membran eine bestimmte Spannung erreicht.

Das Axon ist auf seiner gesamten Länge mit spannungsgesteuerten Kanälen versehen. Sobald sich am Dendriten eine ausreichend starke positive Spannung aufbaut, beeinflußt diese Spannungsänderung die ersten Kanäle. Sie öffnen sich, und Natriumionen können in die Zelle hineinfließen. Die positive Ladung breitet sich noch etwas weiter aus, es öffnen sich noch mehr Kanäle für noch mehr Natriumionen, und die positive Ladung verbreitet sich noch weiter. Man kann sich diese dabei in Gang gesetzte positive Feedback-Schleife wie einen Funken vorstellen, der eine Zündschnur entlangläuft; durch die Erwärmung des vor ihm liegenden Teils der Schnur pflanzt er sich fort und erhöht so – Stück für Stück – die Verbrennungstemperatur.

Dieser Spannungsimpuls läßt sich nicht mit einem Elektronenstrom vergleichen, der einen Kupferdraht entlangläuft, denn er setzt sich aus einer komplexen Kette von chemischen Reaktionen zusammen. Der Impuls wird nicht nur durch den Dominoeffekt der Natriumkanäle weitergetragen; mit diesem Prozeß verflochten sind auch die Aktionen anderer Kanäle, die das Kalium nach außen befördern, wenn das Natrium hereinströmt. Erreicht der Impuls dann schließlich den Axonhügel, öffnen sich wieder andere Kanäle, durch die Calciumionen ins Innere der Zelle gelangen. Das Calcium ist ein integraler Bestandteil in einer anderen Reaktionskette, an deren Ende die synaptischen Bläschen zerplatzen und Neurotransmitter in die Synapse des Nachbarneurons gelangen, wo wiederum der gleiche Prozeß ausgelöst wird.

Für einen Moment hat sich das erste Neuron verausgabt. Doch kurz darauf nehmen die Ionenpumpen ihre Arbeit wieder auf: Natrium wird von neuem aus der Zelle herausbefördert, Kalium hineintransportiert. Die Feder dieses Mechanismus ist wieder aufgezogen, das Gleichgewicht ist wiederhergestellt und wartet darauf, abermals gestört zu werden.

Es ist eine ernüchternde Vorstellung, daß trotz des überzeugenden Eindrucks, den die Zeichnungen in wissenschaftlichen Büchern vermitteln, noch niemand tatsächlich gesehen hat, wie das alles abläuft. Sie hat sich Schritt für Schritt in den letzten hundert Jahren entwickelt. Mit einem Voltmeter oder einem Oszilloskop können wir zwar einen Nervenimpuls registrieren, aber wir können nicht nahe genug herankommen, um zu beobachten, wie Neurotransmittermoleküle die Rezeptoren der Synapsen aktivieren oder wie sich die Ionenkanäle wie Orgelpfeifen öffnen und schließen, wenn ein Signal das Axon entlangläuft. Um solche winzigen Strukturen zu untersuchen, müssen wir totes Gewebe in dünne Scheibchen schneiden und präparieren und unter ein Elektronenmikroskop halten. Bei dieser starken Vergrößerung sind tatsächlich Bläschen zu erkennen, die aussehen wie kleine Ballons. Doch die Rezeptoren, Pumpen und Ionenkanäle sind nichts als Metaphern; sie sind keine wirklichen Bauelemente, sondern molekulare Prozesse, die auf so winzigem Raum stattfinden, daß man sie nicht beobachten kann.

Jede dieser Strukturen besteht in Wirklichkeit aus einem einzigen Proteinmolekül, aus einer langen, spiraligen Aminosäurekette, die ganz bestimmte Aufgaben erfüllt. So wie alle Proteine, verfügt auch ein Rezeptor über Bindestellen, bestimmte Ladungsstrukturen, auf welche die hierzu komplementären Muster anderer Moleküle passen. Durch diesen »Schlüssel-und-Schloß-Mechanismus« können sich Neurotransmittermoleküle auf die Rezeptoren setzen. Wenn die beiden Moleküle sich aneinanderlagern, erhält der Rezeptor eine andere Form; er verändert sich solcherart, daß Ionen nun besser in die Zelle hineinfließen können. Die spannungsgesteuerten Natrium- und Kaliumkanäle bestehen aus Proteinen, die sich durch Drehung öffnen, sobald eine Spannungsänderung auf sie einwirkt.

Nichts von all dem läuft so mechanisch ab, wie es sich anhört. Es gibt keinen kleinen Scharnierverschluß, der den in eine Zelle führenden Tunnel verschließt. In Wirklichkeit wechseln die Moleküle, die als Kanäle und als Pumpen fungieren, ständig von einem Zustand zum anderen. Wenn ein Rezeptormolekül sich mit einem Transmitter verbindet oder eine positive Spannung an einem Natriumkanal anliegt, können die Ionen wahrscheinlich am besten nach innen gelangen. Ein Neuron ist im gleichen Sinn als mechanisch zu betrachten wie ein Gewitter. Es unterliegt den Naturgesetzen, in einem großen Maß aber auch dem Zufall.

Vergessen wir im Moment einmal die Details, die bei jeder Beschreibung eines biologischen Vorgangs eigentlich berücksichtigt werden müßten: daß die Zelle ständig Proteine – Ionenkanäle, Pumpen, Rezeptoren – produziert und ersetzt und sie auf geheimnisvolle Weise an die richtige Stelle transportiert; daß sie ständig Zuckermoleküle spaltet und damit die für diese Reaktionen nötige Energie bereitstellt. Der französische Neurobiologe Jean-Pierre Changeaux hat einen erheblichen Teil seines Lebens mit dem Studium eines einzigen Moleküls, des Rezeptors für den Transmitter Acetylcholin, zugebracht. Auch wenn man den Vorgang der neuronalen Impulsübertragung noch so vereinfacht und schematisiert darstellt, so ist er doch ungeheuer kompliziert. Wäre er doch nur einen Bruchteil so einfach, wie er hier beschrieben wurde.

Alle Theorien gleichen irgendwie einem Cartoon. Nichts deutet darauf hin, daß es eine Sprache gibt, weder eine verbale noch eine mathematische, die differenziert genug ist, um molekulare Vorgänge zu beschreiben. Ist es wirklich sinnvoll, vom »Zerplatzen« der synaptischen Vesikel oder vom »Versprühen« von Neurotransmitter in einem Areal zu sprechen, das einen Durchmesser von weniger als einem Mikron hat? Hier liegt die Gefahr, die gezeichnete Landkarte für die echte Landschaft zu halten. Man kann nicht bestimmen, in welchem Verhältnis das wirkliche Funktionieren eines Moleküls und das mühsam erworbene Bild, das wir uns in unseren Köpfen davon gemacht haben, zueinander stehen.

Nehmen wir nun einmal das Bild des Ionenkanals, das die beiden Nobelpreisträger Alan Hodgkin und Andrew Huxley Anfang der fünfziger Jahre zur Erklärung der Funktionsweise eines Neurons herangezogen haben. Ihrer Meinung nach müßten submikroskopische Löcher in der Membran bestehen, die sich nur unter bestimmten Bedingungen öffnen und schließen.

Über die letzten Jahrzehnte hinweg hatte sich genug indirektes Beweismaterial für die Ionenkanäle angesammelt. Doch erst in den letzten Jahren haben die Wissenschaftler Techniken zu deren Untersuchung entwickelt. Proteine, von denen man annimmt, daß sie als Kanäle fungieren, können isoliert und in eine künstliche Membran eingesetzt werden, wo sie sich – man sehe und staune – wirklich so verhalten, wie in der Theorie vorhergesagt. Mit einer als »Spannungsklemme« bezeichneten Vorrichtung läßt sich nun die Aktivität eines einzelnen Ionenkanals messen. Eine hohle Glaselektrode mit einem sehr geringen Innendurchmesser wird an eine Nervenmembran angelegt, wo sie wie ein Saugdekkel funktioniert, der gerade groß genug ist, um einen Kanal zu bedecken. Damit können die Wissenschaftler zwar noch immer nicht den Kanal selbst beobachten, doch wenn sie die Elektrode an ein Oszilloskop anschließen, besteht dadurch die Möglichkeit, das Öffnen und Schließen des Kanals durch die Messung der Ionenströme zu verfolgen. Auch die Kanäle arbeiten im allgemeinen so, wie in der Theorie beschrieben. Und wenn das einmal nicht der Fall ist, wird die Theorie etwas modifiziert.

Mehr Auskunft über die Kanäle liefern das Cloning und andere Techniken, mit deren Hilfe die Wissenschaftler die Molekülstruktur enträtseln und sogar Theorien darüber aufstellen, wie ihre Struktur ihre Funktion erklären könnte. Doch die Beweise bauen nach wie vor auf Zufällen auf und liefern noch keine Bestätigung dafür, daß Ionenkanäle wirklich existieren. In dieser vielseitigsten aller Wissenschaften gibt es noch keinen eindeutigen Standard dafür, was als Beweis gelten kann oder auch dafür, was als Faktum angesehen wird. Nach dem klassischen Muster wissenschaftlicher Arbeitsweise werden Daten gesammelt und analysiert und aus diesen Ergebnissen schließlich sogenannte Theorien entwickelt. Doch um mit Einstein zu sprechen, die Theorie bestimmt, welche Fakten wir beobachten können. Niemand wäre bei dem Datengewirr auf Ionenkanäle gekommen, wenn nicht die von Hodgkin und Huxley entwickelte Theorie der neuronalen Übertragung deren Existenz postuliert hätte. Im molekularen Universum einer einzelnen Zelle, in dem ständig tausenderlei Arten von Proteinen aufgebaut und zerstört werden, hätte keine Notwendigkeit dafür bestanden, sich dieses eine seltsame molekulare Verhalten herauszupicken, ihm besondere Bedeutung beizumessen und es aus dem Umfeld herauszukristallisieren. Doch wenn eine Theorie ein bestimmtes Phänomen ankündigt, das indirekt durch eine Reihe verschiedener Techniken bestätigt wird, dann kann man vorsichtig an dessen Existenz glauben. Stück für Stück werden Beweise gesammelt und in unsere geistigen Vorstellungen integriert. Wissenschaft, um den Molekularbiologen François Jacob zu zitieren, ist ein »ständiger Dialog zwischen Vorstellung und Experiment«.

Wie vieles in der Wissenschaft, so ist auch die Neuronentheorie eine allgemein geteilte Vorstellung, ein Netzwerk aufeinander aufbauender Postulate. Wenn eine Theorie Anerkennung findet, kommen die Wissenschaftler wieder ein Stück voran und können sich auf die Suche nach neuen Beweisen für ihre Vermutungen machen. So entwickelt sich die Theorie immer weiter. Doch der Gedanke daran, was uns vielleicht verborgen bleibt, nur weil uns die Ideen und Werkzeuge fehlen, die unseren Blick in die richtige Richtung lenken, bleibt immer beunruhigend.

»Eines der schwierigsten Dinge in der Neurobiologie ist, zu lernen, mit ihrer Vielseitigkeit zu leben«, sagte Lynch einmal. Es hat beinahe den Anschein, als ob die Wissenschaftler, die in der makroskopischen Domäne des Labors leben, kryptische Botschaften aus einer anderen Sphäre zu entziffern suchten. Ihre Spannungsklemmen, Oszilloskope und Elektronenmikroskope sind die Kommunikationsmittel, die Geräte, über die sie die Botschaften aus einer kaum sichtbaren, fremden Welt empfangen können.

Künstliche Amnesie

Um sich durch den Urwald von Vieldeutigkeiten in der Biochemie vorzukämpfen und zu zeigen, daß er den richtigen Weg eingeschlagen hatte, mußte Lynch demonstrieren, daß die Störung des Calpain-Mechanismus nicht nur mit LTP, sondern tatsächlich mit der Speicherung von Erinnerungen zusammenhing. Es erschien immer wahrscheinlicher, daß eine Stimulierung mit hochfrequenten elektrischen Impulsen zur Verstärkung (und vielleicht auch zur Neubildung) von Synapsen führte. Und in weiten Kreisen vermutete man, daß die Nervenstrukturen, die dadurch entstanden, die Engramme waren, nach denen man schon so lange suchte. Die von Lynch und Baudry im Reagenzglas durchgeführten Experimente schienen darauf hinzudeuten, daß das Calpain beim LTP-Effekt von Bedeutung war. Doch vielleicht trat dieser Effekt ja nur unter Laborbedingungen auf. Wenn Lynch einen deutlichen Beweis dafür erbringen wollte, daß der von ihm entdeckte Prozeß zur Bildung von Erinnerungsstrukturen führte, mußte er herausfinden, ob bei Nichteintreten des Calpain-Mechanismus eine Amnesie die Folge war.

1983 versuchten Lynch und eine Schweizer Wissenschaftlerin namens Ursula Staubli, auf chemischem Wege bei Ratten eine Amnesie hervorzurufen. Sie setzten den Tieren operativ kleine Pumpen ein – und zwar mechanische Pumpen – und konnten nun dem Gehirn ständig den Calpain-Blocker Leupeptin zuführen. Dann untersuchten sie die Fähigkeit des Tieres, sich mit einem in der Rattenpsychologie als achtarmiges radiales Labyrinth bezeichneten Problem auseinanderzusetzen.[1]

Wenn man die Ratte in der Mitte dieses Labyrinths aussetzt, hat sie die Wahl zwischen acht Wegen (beziehungsweise Armen), die sternförmig vom Zentrum ausgehen – wie die Blütenblätter einer Blume. Am Ende eines jeden Weges steht Futter parat. Eine normale Ratte lernt schnell, an das Ende eines Weges zu laufen, das Futter aufzufressen und dies bei den anderen Bahnen zu wiederholen, ohne abermals dorthin zurückzukehren, wo sie die Belohnung bereits aufgefressen hat.

Die Ratten, denen man Leupeptin verabreicht hatte, schienen in fast jeder Hinsicht normal zu reagieren. Es gab keine Anzeichen dafür, daß sie irgendwie krank und träge waren, daß das Leupeptin sie vergiftet hatte. Wenn man sie im Labyrinth aussetzte, erkannten sie die Umgebung eindeutig wieder. Sie erinnerten sich an das allgemeine Problem, wußten, daß es am Ende jeder Bahn Futter geben sollte. Bereits verankertes Wissen war eindeutig intakt geblieben. Doch wenn sie durch das Labyrinth liefen, hatten die Tiere Schwierigkeiten, sich daran zu erinnern, in welchen Wegen sie bereits gewesen waren, und das vor allem, wenn sie während des Versuchs aus dem Labyrinth herausgenommen und einige Minuten oder Stunden später wieder hineingesetzt wurden. Das Leupeptin schien in direktem Zusammenhang mit ihrer Fähigkeit zu stehen, Erinnerungen zu speichern.

In einem anderen Experiment wurden die Ratten daraufhin getestet, wie gut sie lernen konnten, einem Elektroschock auszuweichen. Hierbei schien das Leupeptin keine Rolle zu spielen. Wie kam es, daß dieser Calpain-Blocker bei dem einen Experiment eine Amnesie auslöste, bei dem anderen jedoch nicht? Dieser Widerspruch hätte die Calpain-Hypothese beinahe zum Scheitern verurteilt, wenn Lynch sich nicht daran erinnert hätte, daß die Psychologen zwei Arten von Gedächtnisprozessen unterscheiden: den prozeduralen und den deklarativen: lernen *wie* und lernen *was*.[2] Nachdem wir gelernt haben, Fahrrad zu fahren, können wir das erworbene Wissen nicht mit Worten ausdrücken. All die kleinen Bewegungsschritte sind implizit in unserem Zentralnervensystem als Prozesse und nicht als Fakten gespeichert. Ein Teil dieses Wissens – sofern wir es überhaupt als solches bezeichnen können – scheint lokal in Form von Rückenmarkreflexen vorhanden zu sein, die nicht vom Gehirn gesteuert werden. In Experimenten mit Affen und an Amnesie leidenden Menschen haben Larry Squire, Stuart Zola-Morgan und andere Forscher überzeugend dargelegt, daß der Hippokampus zwar von entscheidender Bedeutung für die Fähigkeit ist, Fakten zu speichern, nicht aber für die Speicherung von Prozessen. Ein an Amnesie leidender Mensch kann einfache Dinge erlernen – zum Beispiel einen Text spiegelverkehrt zu lesen –, aber er kann sich an keine Ereignisse im Zusammenhang mit der Übungsstunde erinnern.

Staublis Experimente lieferten nicht nur die Beweise dafür, daß der Calpain-Mechanismus etwas mit dem Lernen von

Fakten zu tun hatte, sie zeigten auch, daß diesen zwei Arten von Gedächtnisprozessen ebenfalls zwei Arten von chemischen Prozessen zugrunde lagen. Doch die Beweise waren noch längst nicht überzeugend. Man wußte noch viel zu wenig über das Leupeptin; vielleicht blockierte es den Lernprozeß dadurch, daß es in andere zelluläre Prozesse eingriff, bei denen das Calpain keine Rolle spielte. Doch das Experiment mit dem achtarmigen Labyrinth lieferte eine hervorragende Lösung für das Calpain-Rätsel. 1984 verfaßten Lynch und Baudry in der Überzeugung, ihr Gedächtnis-Mechanismus sei fundiert genug, um der Welt präsentiert werden zu können, einen Artikel für die Zeitschrift *Science* mit dem Titel: »The Biochemistry of Memory: A New and Specific Hypothesis.«[3]

Eine gegnerische Replikation

Die Bekanntgabe von Lynchs Calpain-Hypothese rief gemischte Reaktionen hervor. »Skeleton Key to Memory?« (Skelett Schlüssel zum Gedächtnis?), so lautete die Schlagzeile eines Leitartikels der englischen wissenschaftlichen Fachzeitschrift *Nature*.[1] »Wenn tatsächlich so etwas Einfaches wie die Spaltung eines einzigen Proteins ein bedeutendes und universelles Ereignis im Lernprozeß darstellen würde, gäbe das Anlaß zu neuer Hoffnung, wenn nicht sogar zu einem Freudentanz.«
Die meisten von Lynchs Kollegen standen dem Ganzen sogar noch skeptischer gegenüber. Sie waren der Ansicht, er hätte zuviel in die Daten hineininterpretiert und eine großartige Architektur entdeckt, die in Wirklichkeit gar nicht vorhanden sei.
In den vergangenen Jahren waren immer wieder einmal Theorien über Gedächtnismechanismen in der Literatur

aufgetaucht. Die Autoren spekulierten über die Rolle, die verschiedene Enzyme bei synaptischen Veränderungen spielen könnten, die mit dem Gedächtnis in Zusammenhang stehen, Substanzen mit so grauenvollen Namen wie Calmodulin, Protein Kinase-C und cyclisches AMP waren für diejenigen zum alltäglichen Instrumentarium geworden, deren Karriere aus Spekulationen über möglicherweise durch das Lernen verursachte Veränderungen im Gehirn bestand. Doch was in Gottes Namen war nun dieses *Calpain?* Außer einigen Forschern, die sich mit den möglichen Ursachen von Muskel- und Nervendegeneration befaßten, zeigte niemand in der Neurowissenschaft besonderes Interesse an durch Calcium aktivierten Proteasen. Die Calpain-Hypothese war einfach zu verrückt. Lynch erinnert sich: »Die Leute schauten mich an, als käme ich von einem fremden Planeten.«

Er mußte auch ein Imageproblem bewältigen. Trotz seiner recht ansehnlichen Liste von Veröffentlichungen hatten viele Neurobiologen Schwierigkeiten, mit ihm zurechtzukommen. Seine unkonventionelle Art und sein extravagantes Benehmen bei neurowissenschaftlichen Veranstaltungen hatten ihm den Ruf eines Verrückten eingetragen. Bei den alljährlichen Treffen der Gesellschaft für Neurowissenschaft konnte man ihn eher an der Bar antreffen als beim andächtigen Studium von Postern über die neuesten Entwicklungen in der LTP-Forschung, umgeben von einer Schar bewundernder Kollegen und früherer Studenten, die sich Witze und Geschichten erzählten. Gary selbst war schon eine Show für sich. Abends hielt er hof in seiner Hotellounge, feierte bis tief in die Nacht und erläuterte dabei seine jüngsten Theorien – nicht nur über das Gedächtnis und die Neurowissenschaft, sondern auch über Evolution, Anthropologie, Geschichte, Literatur und darüber, wie die Welt funktioniert. »Gary hat für alles eine Theorie«, stellte Michel Baudry fest.

Während die spießigeren unter Lynchs Kollegen solche Versammlungen mieden, schätzten andere sie als die Höhepunkte einer Konferenz. Lynchs wacher, vom Alkohol beflügelter Verstand überschlug sich fast bei der Verknüpfung von Fakten und Meinungen zu großartigen, alles umfassenden Theorien, die genauso schnell wieder verworfen wurden, wie sie entstanden. Er hatte seine Karriere mit einer Arbeit in Princeton über die Regulierung des Erregungszustands durch das Gehirn begonnen. Manchmal erweckte es den Eindruck, als hätte sein eigenes Nervensystem diese Funktion vollkommen verloren. Wie bei seinen läsionierten Ratten schien auch bei ihm die Feedback-Schleife, die das Großhirn unter Kontrolle halten soll, abgetrennt. Sein Gehirn explodierte beinahe vor Ideen und es hatte wenig Sinn zu versuchen, eine Unterhaltung mit ihm zu führen.

Seine Kritiker waren der Meinung, er nehme die Wissenschaft einfach zu leicht und sie sei für ihn ein Spaß. Also könne er auch keine bedeutenden Entdeckungen machen. Und doch erreichten er und sein Labor einen solchen Stellenwert, daß man sie kaum noch ignorieren konnte. Als Lynchs größte Kritiker seine Calpain-Hypothese verrissen, schienen sie dabei völlig zu vergessen, daß er und seine Kollegen es waren, die als erste gezeigt hatten, daß für den LTP-Effekt Calcium erforderlich ist, und daß er es war, der als erster bewiesen hatte, daß durch LTP neue Synapsen im Gehirn entstehen.

Die Skepsis gegenüber dieser radikalsten aller seiner Theorien ließ etwas nach, als sich überall die Nachricht von einer unerwarteten Entdeckung verbreitete. Beim Meeting der Gesellschaft für Neurowissenschaft im Jahre 1983 verkündete William T. Greenough, ein Psychologe der Universität von Illinois, der in seiner ruhigen und zurückhaltenden Art das Gegenstück zu Lynchs extravagantem Auftreten darstellte, er könne experimentell bestätigen, daß LTP zur Bildung von neuen Synapsen führe.

Seit Beginn der siebziger Jahre hatte Greenough überzeugendes Beweismaterial für seine Behauptung zusammengetragen, durch das Lernen entstünden neue synaptische Verbindungen. Bereits 1973 hatte er folgendes aufgezeigt: Ratten, die in einer komplexen, stimulierenden Umgebung aufwuchsen, in der sie mit anderen Artgenossen zusammen Erforschungen anstellen, lernen und interagieren konnten, wiesen gewöhnlich eine größere Anzahl von Dendriten pro Neuron auf als Ratten, deren Leben nicht so abwechslungsreich verlief. Das ließ natürlich auch auf eine größere Zahl von Synapsen schließen.

Doch Greenough zweifelte daran, daß die Synapsenbildung ein so simpler und unkomplizierter Vorgang war, wie Lynch es glaubte. Zusammen mit seinem Kollegen Fen-Lei Chang führte er deshalb Lynchs LTP-Experiment in einer verfeinerten Version durch und räumte damit einige Zweifel aus, die die Ergebnisse etwas in Frage gestellt hatten.[2] Mit Erstaunen stellte Greenough fest, daß durch Stimulation mit hochfrequenter Elektrizität sich nicht nur Synapsen bildeten, sondern daß dieser Effekt innerhalb von zehn Minuten eintrat. Er bezeichnete dies später als »gegnerische Replikation«.

»Ich hatte bis dahin die Auffassung vertreten, im Gehirn finde ein ständiger Prozeß der Neubildung von möglichen oder potentiellen Synapsen statt und diese würden zur Bildung von Erinnerungen einfach an den richtigen Platz gesetzt«, sagte Greenough später. »Diese Daten sind damit zwar nicht völlig unvereinbar, aber sie veranlassen einen wenigstens dazu, an eine alternative Möglichkeit zu denken: daß sich Synapsen als Antwort auf solche Ereignisse bilden können, die als Erinnerung gespeichert werden sollen.«

Lynchs Experiment wies in einer Hinsicht ein merkwürdiges Ergebnis auf: Während eine vermehrte Anzahl von sogenannten marklosen Synapsen festzustellen war, die eigentlich nur wenig im Hippokampus oder anderen höheren Gehirnregionen vorkommen, hatten sich die normalen markhaltigen Synapsen – mit den kleinen Einschnürungen am Dendriten – nicht eindeutig vermehrt. Greenough und Chang entdeckten zwar keine neuen markhaltigen Synapsen, dafür aber die Zunahme einer dritten Synapsenform, der sogenannten sessilen Synapse. Diese Synapsen hatten kurze, dicke Markscheiden, die kleiner waren als die der normalen markhaltigen Synapsen. Vielleicht stellten die sessilen Synapsen ein Übergangsstadium zwischen den marklosen Synapsen, die keine besonderen Merkmale aufwiesen, und den voll entwickelten markhaltigen Synapsen dar. Daraus könnte man nun folgern, daß sich durch einen Lernprozeß markhaltige Synapsen entwickeln. Wenn Erinnerungen im Gehirn gespeichert werden, bildet sich bei den marklosen Synapsen allmählich eine Markscheide.

Dank Greenough war Lynch nun mit seiner Behauptung nicht mehr allein. Ein weiteres Labor hatte herausgefunden, daß durch den LTP-Effekt erstaunlich schnell neue Verbindungen entstehen. Doch, wie Greenough sagte, »das heißt nicht, daß wir auch mit allem anderen einverstanden sind«. Nach seinen Worten nimmt er gegenüber dem Calpain-Mechanismus eine »entschieden neutrale Haltung« ein. »Das ist eine von vielen hypothetischen Möglichkeiten«, so drückte er sich vorsichtig aus. »Es gibt bestimmt einiges, was dafür spricht. Sicher existieren aber auch noch viele weitere Aspekte, die erst untersucht werden müssen, ehe wir sie wirklich akzeptieren können, und noch andere Hypothesen, die wir nicht außer acht lassen sollten.«

Der König auf dem Hügel

Außerhalb seiner Domäne im Orange County schien diese zurückhaltende Reaktion noch das Beste, was Lynch erhoffen konnte. Während der nächsten Jahre wurde seine Gedächtnistheorie von allen Seiten angegriffen und war manchmal sogar in Gefahr, vollkommen verworfen zu werfen. Es wirkte sich zudem nicht gerade positiv für ihn aus, daß der von ihm vorgeschlagene Mechanismus keinerlei Ähnlichkeit mit der Theorie von Eric Richard Kandel aufwies.[1]

Kandel war weithin als einer der mächtigsten Männer in der Neurowissenschaft angesehen. Nachdem seine Theorien über das Gedächtnis der Meeresschnecke Aplysia zu einem festen Bestandteil der Neurophysiologie geworden waren, hatte er sich dem kleinen Kreis von Wissenschaftlern auf diesem Gebiet angeschlossen, den jeder, wenn auch widerwillig, respektierte: David Hubel, Torsten Weisel, Vernon Mountcastle, Walle Nauta, John Eccles. Das Prestige, das er durch seine Demonstrationen über Verhaltensänderungen, die sich in Veränderungen der Neuronenstruktur widerspiegeln, gewonnen hatte, hatte ihm eine ständig wachsende Zahl von Anhängern und erhöhte Forschungsmittel eingebracht. Er stand nun an der Spitze eines der wohl am großzügigsten mit Geldmitteln ausgestatteten neurowissenschaftlichen Forschungsinstitute der Welt.

Als Leiter des Howard Hughes Medical Institute's Center für Neurobiologie und Verhalten an der Columbia University unterstand ihm ein ganzes Team von Forschern. Die Karriere der meisten dieser Wissenschaftler bestand darin, an der allgemeinen Theorie Kandels, durch einen Lernprozeß würde mehr Neurotransmitter freigesetzt, zu feilen und sie zu erweitern. Gary Lynch behauptete genau das Gegenteil: die Neurotransmittermenge bleibe etwa gleich, dafür vergrößere sich aber die Zahl der Rezeptoren. Beide waren davon überzeugt, die These des anderen sei völlig falsch.

Wenn die biochemischen Reaktionen, die Kandel bei Aplysia entdeckt hatte, tatsächlich das waren, was er gern als die »Buchstaben im Lernalphabet der Zelle« bezeichnete, so wollten seine Anhänger versuchen, diese Buchstaben zu

Worten, Sätzen, ja zu einer ganzen Sprache zusammenzusetzen, die Auskunft darüber geben konnte, wie durch
Lernprozesse Veränderungen im Gehirn entstehen. Einige
von Kandels Kollegen sprachen über sein Labor in Manhat-
tan wie von einer Fabrik: In jedem Raum saßen Arbeiter auf
ihren Bänken und produzierten am laufenden Band Ergebnisse, die der Stützung von Kandels Version des Gedächtnisses dienten. Wenn sie die Columbia University verließen,
um in anderen Labors zu arbeiten, trugen sie Kandels Ideen
weiter mit sich.

In Venedig geboren, wuchs Kandel in Brooklyn, im Bezirk
Flatbush auf. Vier Jahre Studium der Geschichte und der
Literatur an der Harvard University halfen ihm, die entsprechende Selbstsicherheit – manche nennen es auch Arroganz
– zu gewinnen, die man bei einer so elitären Ausbildung
eigentlich auch erwarten durfte. Kandel wird meist als ein
feiner, distinguierter Mann beschrieben, doch seine kühle
Selbstbeherrschung gerät oft ins Wanken. Die Historie der
Neurowissenschaft ist voll von lautstarken Wortwechseln
zwischen Eric Kandel und irgendeiner unbedarften Seele,
die es wagte, eine seiner Theorien in Frage zu stellen. Ein
derartiger Stimmungswechsel konnte schlagartig auftreten.
In einem Moment sprach er über seine hochgeistige Auffassung von der Wissenschaft als kooperatives Streben – er
haßte es, wenn Wissenschaftler sich gegenseitig als »Kon-
kurrenten« bezeichneten –, und im nächsten Moment konnte er einen seiner »Brüder« als »Spinner«, einen anderen als
den »Speichellecker« der Neurobiologie bezeichnen. Es war
erstaunlich, wie schnell seine charmante Art oft in einen
rüden und beleidigenden Ton umschlug.
Solche Geschichten über Kandels Exzesse sind mit einem
gewissen Maß an Skepsis zu betrachten. Macht erzeugt
immer Neid und ruft manchmal sogar paranoide Gefühle
hervor. Neben Gary Lynchs Trinkgelagen gab es eine andere

ständige Erscheinung auf neurowissenschaftlichen Konferenzen: kleine Ansammlungen von jüngeren Wissenschaftlern, die sich manchmal bitter über Eric Kandel beklagten. Niemand wagte es, ihn öffentlich zu kritisieren – man hatte Angst, daß Kandel, wenn er jemanden nicht mochte, dessen Karriere ruinieren könnte. Man wußte nie, ob nicht er oder – was noch wahrscheinlicher war – einer der ihm zu Loyalität verpflichteten Wissenschaftler gebeten wurde, einen Zeitungsartikel, den man selbst verfaßt hatte, zu rezensieren oder über einen Antrag auf Bewilligung von Forschungsmitteln zu entscheiden. Wer konnte schon wissen, ob nicht einer seiner Günstlinge am Nachbartisch saß und mithörte? Sowohl Angst als auch Respekt veranlaßte selbst seine Feinde dazu, in ihre Beschwerde ein widerwilliges Anerkenntnis seiner Fähigkeiten einfließen zu lassen: »Eric ist für mich ein Held, *aber* ...« oder »Eric ist wirklich einer der großen Männer in der Neurowissenschaft, *allerdings* ...« Dann brachten sie ihr Erstaunen darüber zum Ausdruck, wie Kandel es geschafft hatte, sich auf der Grundlage einer zugegebenermaßen beeindruckenden Arbeit über das adaptive Verhalten von Meeresschnecken ein eigenes wissenschaftliches Imperium aufzubauen. Niemand zweifelt daran, daß er ein tüchtiger und brillanter Forscher ist. Doch einige seiner Kollegen schreiben diesen Erfolg weniger dem Verdienst seiner Theorien als vielmehr seinen Fähigkeiten zu, intellektuelles Gut zu vermarkten. Warum waren die Wissenschaftler so schnell dabei, zu glauben, daß eine Reihe von biochemischen Prozessen, die in einer seltsamen, entwicklungsgeschichtlich kaum höher als eine Pflanze stehenden Kreatur ablaufen, uns wichtige Hinweise darauf liefern können, wie das menschliche Hirn arbeitet?

»Eric besitzt wirklich ausgesprochen gute intellektuelle Fähigkeiten«, sagte ein Neurobiologe, der hier nicht namentlich genannt werden möchte. »Er ist auf vielen Gebieten so brillant, daß er seine Ideen vermarkten kann. Ich glaube, es gibt nicht viele Leute, die das Aplysia-Modell so gut verkaufen könnten, wie es Eric gelungen ist. Aber die Frage ist doch, was bringt uns das wirklich? Ist es vielleicht einfach nur ein schönes Modell des Gedächtnisses der Aplysia?«

Und doch gilt die Erforschung grundsätzlicher biochemischer Mechanismen an einfacheren Lebewesen als eine althergebrachte Methode in der Biologie. Wenn die Evolution auf irgendeinen brauchbaren, neuen Mechanismus stößt, wird er künftig beibehalten. So sind zum Beispiel sowohl beim Virus als auch beim Menschen für genetische Prozesse die DNS und die RNS verantwortlich. Sicherlich würde auch ein einfacheres Mittel zur Anpassung der Stärke von Synapsen in simpleren Organismen seine Wirkung zeigen und sich auch auf andere übertragen. Für viele Neurowissenschaftler hat sich keiner größere Verdienste um die Etablierung der Biologie des Lernens und des Gedächtnisses als legitimierte Wissenschaftsbereiche erworben als Kandel. Und seinen Ausführungen zufolge basiert das Gedächtnis nun einmal auf einem präsynaptischen Mechanismus, und nicht auf einem postsynaptischen, wie Gary Lynch meint. Kandel vertrat die Auffassung, im Falle der Gewöhnung erfolge ein schwächerer Neurotransmitterausstoß, während im Falle der Sensibilisierung mehr Neurotransmitter ausgeschüttet würden. Das sendende Neuron verändere sich, nicht das empfangende.

Die beiden Theorien waren nicht gänzlich unvereinbar. Über viele Jahre hinweg hatten Kandels Kritiker argumentiert, Sensibilisierung und Gewöhnung seien keine wirklichen Lernprozesse. Doch 1984, als Lynch seine Calpain-Hypothese veröffentlichte, arbeitete Kandel – wieder mit Aplysia – an einer Theorie zur Erklärung der klassischen Konditionierung. Diese Theorie über einen Pawlowschen Lernprozeß ging ebenfalls von präsynaptischen Veränderungen aus. Kandel soll Gary Lynch als einen begabten, ernsthaften Forscher beschrieben haben, doch er war der

Meinung, seine Calpain-Hypothese sei falsch. Es gereichte Lynch nicht gerade zum Vorteil, daß ein Forscher, der so angesehen war und den Ton in der Neurowissenschaft angeben konnte, eine völlig andere Lösung präsentierte als er. Wenn eine Theorie, die in den Labors von Orange County in Kalifornien entwickelt worden war, in Konkurrenz zu einer Theorie der Columbia University stand, wurde fast schon automatisch die Kandelsche Methode als die richtige angesehen.

»Ich nehme an, die meisten Leute wissen gar nicht, was das für ein Modell ist«, sagte Lynch eines Tages, als er über die Eigenheiten des wissenschaftlichen Prozesses nachdachte. »Ich meine, man betrachtet es einfach als etwas, das eben in der Neurowissenschaft vorkommt.« Und dann die typische Bemerkung: »Und glauben Sie mir, ich schaue jetzt nicht geringschätzig auf seine Theorie herab. Ich bin der Ansicht, daß Eric Kandels Arbeit monumental ist. Das ist sie wirklich. Wenn Eric Kandel morgen aus der Neurowissenschaft ausscheiden würde, würde er einen große Lücke hinterlassen. Wir gehen offensichtlich von ganz anderen Standpunkten aus, Eric und ich, aber ich glaube, seine Hypothese ist zum Teil nur deshalb so bekannt, weil er selbst so bekannt ist.«

Die meisten Leute haben eine Aversion gegen den Begriff »klassische Konditionierung«, als ob er in der Vergangenheit mit einem Elektroschock verbunden gewesen wäre. Sie stellt, wie es scheint, die langweilige Seite der Psychologie dar, die die Menschen mit endlosen Versuchen von Belohnung und Bestrafung, mit Pawlows Hunden und mit B.F. Skinners Ratten assoziieren. Bei den Versuchen von Pawlow lernten Hunde, daß es im Anschluß an das Läuten einer Glocke meist Futter gab. Der Speichelfluß setzte dann bereits ein, wenn sie nur den Glockenton hörten. In der Diktion des Behaviorismus bezeichnet man das Futter als den ursprünglichen (nicht konditionierten) Reiz, als denjenigen, auf den der Hund auch ohne vorherigen Lernprozeß reagiert. Die Glocke stellt den Signalreiz dar. Werden den Hunden nun beide Reize zusammenhängend präsentiert, ordnet ihr Gehirn sie als zusammengehörig ein.

Über viele Jahre dieses Jahrhunderts galt die Konditionierung als eine Domäne der Psychologen, nicht der Biologen. Sie studierten das Phänomen und entwickelten präzise mathematische Theorien darüber, wie durch Trainingsprogramme möglichst gute Verknüpfungen im Gehirn entstehen. Die im Sinne des Skinnerschen Behaviorismus geschulten Psychologen machen sich jedoch nur selten Gedanken darüber, was dabei im Gehirn des Tieres vor sich geht. Das Ziel des Behaviorismus besteht einfach darin, Konzepte wie die mentale Darstellung oder das Engramm zu verwerfen. Da man solche Gedankenobjekte nicht beobachten konnte, war es nach Skinners Meinung dumm, überhaupt darüber zu reden – genauso wie über die Seele. Die klassische Konditionierung dagegen stellt ein Verhalten dar, das sich beobachten und mathematisch erfassen läßt. Für Extremisten wie Skinner ist alles menschliche Verhalten – und sogar die Kultur selbst – in Form von Reizen und Reaktionen, Input und Output analysierbar, als ein Netz von erlernten Verhaltensweisen, die als S-R-(Reiz-Reaktions-)Beziehungen bezeichnet werden.

Obwohl solche reinen Formen des Behaviorismus heute nicht mehr in Mode sind, bleibt die klassische Konditionierung doch noch eines der grundlegendsten Konzepte in der Neurowissenschaft, denn sie stellt die einfachste Form des Lernens dar, bei der ein Organismus die Fähigkeit erwirbt, zwei Umweltfaktoren miteinander zu verknüpfen, eine kausale Verbindung herzustellen. Auf Donner folgt Blitz. Auf einen Lichtblitz folgt ein Elektroschock. Man könnte meinen, das Begriffspaar Ursache und Wirkung habe seinen Ursprung in der klassischen Konditionierung. Das mutet schon extrem einfach an, doch Kandel geht noch einen Schritt weiter. Er ist der Ansicht, daß die Wurzeln der Kausalität noch tiefer liegen als in der Psychologie oder selbst in der Biologie, sie reichen nämlich bis hinunter zur Ebene der Chemie.

Kandel ist bekannt für seinen Mut zu starkem Reduktionismus, dem auch die Überschrift einer seiner Schriften »Psychotherapy and the Single Synapse« Rechnung trägt. Er vertritt den Standpunkt, die klassische Konditionierung in ihrer einfachsten Form finde nicht auf der Ebene des Gehirns statt, wo Zellen mit anderen Zellen kommunizieren, sondern in der Zelle selbst. Mit anderen Worten, sie erfolgt auf der Ebene des Moleküls.

Das ist vielleicht gar nicht so absurd, wie es klingt. In gewisser Hinsicht ist die Atmung ein makroskopischer Prozeß. Die Lunge nimmt die Luft auf und drückt sie wieder heraus. Doch aus mikroskopischer Sicht sind an der Atmung Hämoglobinmoleküle beteiligt, die Sauerstoffatome aufnehmen und wieder abstoßen, und dabei wie kleine Lungen ihre Form verändern. Und so könnte es auch bei der klassischen Konditionierung sein. Wenn man diesen Prozeß bis zu seinen Ursprüngen zurückverfolgt, sei, so Kandel, diese kausale Gleichung abhängig davon, daß bestimmte, in einer Zelle vorkommende Moleküle das gleichzeitige Auftreten zweier *biochemischer* Prozesse registrieren. Und diese molekularen Prozesse stehen symbolisch für Glocke und Futter, für Donner und Blitz. Das Lernen in der Außenwelt spiegelt sich in einem molekularen Lernprozeß innerhalb der Zelle wider.

Schon seit Beginn seiner Karriere war Kandel von der Möglichkeit fasziniert, eine Verbindung zwischen der Psychologie und dem Verhalten von Gehirnzellen herzustellen. Nach seiner Zeit in Harvard ging er mit der festen Absicht, Psychiater zu werden, an die University School of Medicine in New York. Doch schon bald wurde ihm klar, daß die Antworten auf seine Fragen nicht auf einem so hohen Niveau der Analytik zu finden waren. Von nun an verlagerte sich sein Interesse mehr in Richtung auf die biologischen Grundlagen des Denkens. Nach seiner Promotion arbeitete er drei Jahre lang als Forscher am National Institute of Mental Health in Bethesda, Maryland. Seine Assistenzzeit als Psychiater leistete er in Massachusetts am Mental Health Center in Boston ab und ging dann Anfang der sechziger Jahre nach Frankreich, wo er mit Ladislav Tauc, einem Neurophysiologen, zusammenarbeitete. Dort begann er auch mit Experimenten am einfachen Nervensystem von Aplysia, dem »Kofferradio« des Tierreiches.

Durch Berührungsversuche mit Elektroden fanden Kandel und Tauc Zellen im Neuronengewirr von Aplysia, die Signale von zwei verschiedenen Eingängen empfingen. Gerade diese Y-Verbindung war es, nach der Kandel auf der Suche war, um ein Lernexperiment durchzuführen. Wäre es möglich, fragte er sich, daß einer dieser Eingänge als Kanal für einen Signalreiz fungierte, und der andere für einen ursprünglichen Reiz. Durch das entsprechende Training könnte das Neuron lernen, daß dem einen Reiz immer der andere vorausgeht. Ein Impuls, der über die rechte Gabel des Y hereinkommt, würde bedeuten, das gleich darauf ein Signal über die linke Gabel eintrifft. Durch entsprechende Veränderung könnte die Zelle die beiden Signale miteinander verknüpfen.

In einer Reihe von Experimenten stimulierten die Wissenschaftler den ersten Eingang durch einen Reiz, der so schwach war, daß das Neuron kaum darauf reagierte. Wenige Millisekunden später stimulierten sie dann den zweiten Eingang mit einem starken Reiz und brachten damit die empfangende Zelle zum Feuern. Zunächst funktionierten die meisten Experimente nicht. Doch dann, nach mehreren Versuchen, bei denen auf das schwache ein starkes Signal folgte, vollzog die empfangende Zelle die Verknüpfung.

Nun reagierte sie schon auf den schwachen Reiz. Eine einzelne Zelle hatte bewiesen, daß sie in der Lage war zu lernen.

Doch es ist eine Sache, einen physiologischen Prozeß aufzuspüren, der wie eine klassische Konditionierung auf Nervenebene aussieht, und eine andere, dies in Zusammenhang mit dem Verhalten des Tieres zu bringen. War irgendwo im Gehirn von Pawlows Hunden ein starkes Signal, das das Futter repräsentierte, verknüpft mit einem schwachen Signal, das die Glocke vorstellte? Oder waren Kandel und Tauc einem interessanten biochemischen Artefakt auf die Spur gekommen?

Als nächsten Schritt plante man, eine Schnecke auf eine derartige Verknüpfung von zwei Reizen abzurichten, und dann zu prüfen, ob dieser Lernprozeß zu Veränderungen im Nervensystem geführt hatte.

Es sollten allerdings noch einige Jahre vergehen, bis Kandel sich mit dieser Frage beschäftigen konnte. 1963 kehrte er an das Massachusetts Mental Health Center zurück, zwei Jahre später wechselte er dann wieder an seine Alma Mater, die School of Medicine der New Yorker Universität. Doch während der ganzen Zeit setzte er seine Studien an Aplysia fort. Niemand hatte dieses Lebewesen je für fähig gehalten, hochentwickeltes Verhalten zu zeigen. Was immer sie auch versuchten, Kandel und seine Kollegen Irving Kupfermann, Vincent Castellucci und Harold Pinkser schafften es nicht, Aplysia eine so hochentwickelte Verhaltensweise wie die klassische Konditionierung beizubringen. Doch ihr Nervensystem war so einfach strukturiert und ihre Zellen so groß und so leicht zu identifizieren, daß die Wissenschaftler sie als Versuchstier nicht so gerne aufgeben wollten. Also konzentrierten sie sich auf primitivere, adaptive Verhaltensweisen und stießen auf den Effekt, auf dem ein großer Teil von Kandels Arbeit basiert: Bei Berührung ihrer Atemröhre zieht Aplysia die Kiemen zurück.

Indem sie einen Wasserstrahl benutzten, um die Atemröhre zu reizen, und eine Photozelle, um zu messen, wie stark Aplysia die Kiemen zurückzog, studierten die Wissenschaftler den Gewöhnungseffekt, das heißt die Tendenz eines Organismus, nicht mehr so heftig auf einen wiederholten Reiz zu reagieren. In zahlreichen Experimenten machten sie die Nervenschaltungen ausfindig, die am Kiemenrückziehreflex beteiligt waren. Es gab zwar keine Möglichkeit, eine Sonde in den winzigen synaptischen Spalt zwischen den Neuronen einzuführen und den veränderten Neurotransmitterfluß zu messen, doch in einer Reihe von Untersuchungen konnten sie andere Wege testen – zum Beispiel, ob das empfangende Neuron weniger empfindlich reagierte – und somit immer mehr Indizien zur Stützung ihrer Theorie zusammentragen. Nach vier Jahren waren sie in der Lage, aufzuzeigen, daß der Fall der Gewöhnung eintritt, wenn die Neuronen der Kiemen-Atemröhre-Schaltung weniger Neurotransmitter produzieren. Demzufolge übermittelten die sensorischen Neuronen in der Atemröhre schwächere Signale an die motorischen Neuronen, die den Kiemenmuskel zur Kontraktion veranlaßten. Kurze Zeit später zeigten sie, daß bei der Sensibilisierung genau das Gegenteil eintrat: Wiederholte Elektroschocks am Schwanz verstärkten den Kiemenrückziehreflex, da eine verstärkte Neurotransmitterausschüttung erfolgte.

Nun wußten sie immer noch nicht, was in den Neuronen vorging, das den Neurotransmitterfluß verstärkte oder abschwächte. Doch sie entwickelten dafür eine Theorie. Erinnern wir uns daran, daß sich in der Membran des Neurons Kanäle für Calciumionen öffnen, wenn ein elektrochemischer Impuls das Ende eines Axons erreicht, wo die mit Neurotransmitter gefüllten synaptischen Vesikel liegen. Und daran, daß das Calcium der Auslöser dafür ist, daß sich diese winzigen Bläschen mit der Innenwand des Axonenknöpfchens verbinden, platzen und Neurotransmitter in den synaptischen Spalt freisetzen. Da der von Kandel entdeckte Lernmechanismus auf der Regulierung der Transmitterausschüttung basierte, mußte also auch hier irgendwie Calcium im Spiel sein. Doch welche anderen chemischen Substanzen waren außerdem beteiligt?

Ganz besondere Moleküle

Zu der Zeit, als Kandel und seine Mitarbeiter ihre Hypothese ausarbeiteten, war es beinahe selbstverständlich, daß bei jeder Theorie, die sich mit der Funktion von Neuronen beschäftigte, ein Molekül mit dem Namen Cyclo-AMP eine besondere Rolle spielte. Vielleicht erinnern sich die meisten jetzt an ihren Biologieunterricht in der Schule, in dem sie gelernt haben, daß der Energielieferant des Körpers das ATP ist, das Adenosintriphosphat, das drei Phosphatgruppen – Gebilde, die ein Phosphoratom enthalten – besitzt. Wenn ATP gespalten wird und ADP (Adenosindiphosphat, zwei Phosphatgruppen) oder AMP (Adenosinmonophosphat, eine Phosphatgruppe) entsteht, wird dabei die für zahlreiche Reaktionen in der Zelle nötige Energie freigesetzt. Die Phosphatbindungen arbeiten wie kleine Batterien, die Energie speichern, um sie an den Ort weiterzuleiten, an dem sie benötigt wird. Eines der Spaltprodukte des ATP enthält eine Ringstruktur und wird deshalb zyklisches AMP genannt.
In den letzten Jahren hatten die Wissenschaftler herausgefunden, daß zyklisches AMP aus irgendeinem Grund in besonders hoher Konzentration im Gehirn vorkommt. Der Zweck dieses Moleküls lag, so schien es, darin, als sekundärer Messenger – wie die Biologen es bezeichnen – zu fungieren, als Überträger von Informationen innerhalb eines Neurons. So wie ein Neurotransmitter Nachrichten von einem Neuron zu einem anderen überträgt, übermittelt ein

sekundärer Messenger Informationen zwischen den verschiedenen Teilen einer Zelle. Nun hatten die Wissenschaftler also ein vollständiges Kommunikationsnetzwerk innerhalb eines Neurons entdeckt. Waren denn die Neuronen selbst nicht schon kompliziert genug?

In den fünfziger Jahren wurde das zyklische AMP Gegenstand ernsthaften Interesses, als Wissenschaftler zu erforschen versuchten, wie Zellen durch Hormone beeinflußt werden. Man kann sich Hormone als Neurotransmitter für die Kommunikation über lange Strecken vorstellen, zum Beispiel von der Nebenniere zu den Beinen. Wenn das Gehirn einen Muskel auf plötzliche Aktivität vorbereiten will, sendet es ein Signal, indem es Adrenalin ins Blut ausschüttet. Das Adrenalin wandert durch den ganzen Körper, doch nur die Zellen, die über Rezeptoren für das Adrenalin verfügen, beispielsweise Muskelzellen, reagieren darauf. Man hat festgestellt, daß das Adrenalin nicht in die Zellen hineingelangt, die es stimuliert; es verbindet sich vielmehr mit den Rezeptoren an der Zellwand. Die Rezeptormoleküle geben das Signal dann mit Hilfe von sekundären Messengern wie dem zyklischen AMP an andere Teile der Zelle weiter. Die sekundären Messenger befördern die Nachrichten durch das Zytoplasma der Zelle und lösen biochemische Veränderungen, beispielsweise tieferes Atmen, aus, wodurch die Muskeln leistungsfähiger werden.

Mit anderen Worten: Es gibt eine bestimmte Hierarchie von Methoden, die der Körper zur Kommunikation benutzt. Für die Signalübertragung von einem Lebewesen zu einem anderen setzen Ameisen und verschiedene andere Tiere ganz einfache Hormone frei, die Pheromone. Während Hormone und Pheromone zur biochemischen Nachrichtenübertragung dienen – die Nachrichten können von jeder Zelle empfangen werden, die die richtige Antenne besitzt –, werden die Neurotransmitter für die subtilere Kommunikation von einer Zelle zur anderen benutzt. Sekundäre Messenger wie das zyklische AMP schließlich dienen der Kommunikation innerhalb der Zelle.

Die AMP-Maschinerie ermöglicht eine so präzise Kommunikation im Gehirn, wie sie mit Neurotransmittern allein nicht erreicht werden könnte. Der klassischen Theorie über das neuronale Feuern zufolge reagieren die Rezeptoren auf die Neurotransmitter durch das Öffnen von Ionenkanälen; so entstehen elektrische Ladungen, die den Mechanismus des Feuerns auslösen. Die sekundären Messenger erweitern das Verhaltensrepertoire der Zelle, wodurch eine wesentlich komplexere Informationsverarbeitung möglich wird. Transmitter dienen nicht nur dazu, ein Neuron zum Feuern zu veranlassen, sondern durch die Auslösung von Reaktionen innerhalb des Neurons können sie auch zu einer völligen Veränderung führen.

Dies kann auf verschiedene Arten geschehen. Zum Teil sind sogenannte Neuromodulatoren dafür verantwortlich, hormonartige Substanzen, die ganze Gehirnregionen überfluten und bestimmte Rezeptoren aktivieren, die sekundäre Messenger in den Zellen freisetzen. Das wiederum führt zu internen Reaktionen, die das Neuron einstimmen, auf die Stimulierung durch andere Neurotransmitter mehr oder weniger geeignet zu reagieren. Es kann aber auch sein, daß die sekundären Messenger das Gen einer Zelle dahingehend beeinflussen, daß es ein benötigtes Protein aufbaut oder auch ein Enzym, das bereits vorhandene Proteine eliminiert. Da die Eigenschaft einer Zelle von der Art der Proteine abhängt, die sie produziert, ist es denkbar, daß sekundäre Messenger langanhaltende Veränderungen auslösen, biochemische Veränderungen, die zur Speicherung von Erinnerungen notwendig sind.

Man nahm an, daß zyklisches AMP als sekundärer Messenger folgendermaßen funktionierte: Ein Neurotransmitter, beispielsweise das Serotonin, aktiviert einen bestimmten Rezeptor, der eine Kaskade von biochemischen Reaktionen auslöst. Die erste Stufe der Kaskade nimmt ein Enzym mit der Bezeichnung Adenylcyclase ein, das irgendwie mit dem Rezeptor gekoppelt ist, und zyklisches AMP produziert. Als nächste Stufe aktiviert das zyklische AMP ein weiteres Enzym, die Proteinkinas. Dieses Enzym wiederum aktiviert andere Enzyme, indem es eine Phosphatgruppe an sie abgibt. Dadurch ändert sich deren Aufbau – und Proteine verschiedenen Aufbaus erfüllen verschiedene Funktionen. Die Phosphorylierung eines Proteins ist ein Mittel, dieses zu aktivieren.

Zu der Zeit, als Kandel gerade nach einer Erklärung dafür suchte, wie eine Zelle ihre Neurotransmitterausschüttung regeln kann, war dieser zyklische AMP-Mechanismus schon auf dem Sprung, Teil einer Lerntheorie zu werden. Wenn man die Cyclo-AMP-Kaskade in die Theorie einarbeiten würde, könnte man sich dadurch nicht nur viele Jahre Forschungsarbeit ersparen, denn jede Theorie, die sich in das bereits vorhandene neurowissenschaftliche Gedankengebäude integrieren ließ, hatte zudem eine bessere Chance, als fundierter Beitrag angesehen zu werden. Je mehr Leute mit den grundlegenden chemischen Zusammenhängen vertraut sind, desto plausibler ist die Theorie. Es wäre fantastisch, wenn der Prozeß der Sensibilisierung dadurch eintreten würde, daß durch eine Cyclo-AMP-Kettenreaktion Enzyme freigesetzt werden und so mehr Calcium in die Zelle gelangen kann – was natürlich zu einer verstärkten Neurotransmitterausschüttung führen würde.

Gegen Ende der siebziger, Anfang der achtziger Jahre überprüfte Kandels Labor diese Theorie anhand zahlreicher Experimente. Bei einer lebenden Schnecke bewirkte ein Elektroschock am Schwanz eine Sensibilisierung; künftig würde die Schnecke also ihre Kiemen stärker zurückziehen, wenn man ihre Atemröhre berührte. Kandel und seine Kollegen führten nun bei einer sezierten Schnecke eine ihrer Meinung

104

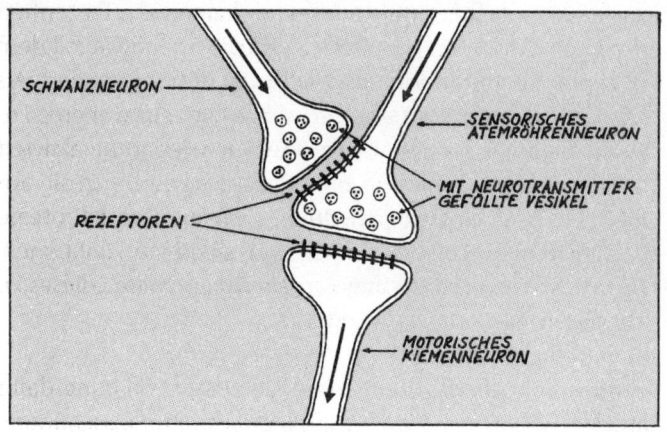

Der Lernprozeß bei der Meeresschnecke.
Im Laufe des Lernprozesses erhöht sich die Neurotransmitteraus-
schüttung an dem Nervenübergang, der die Verbindung zwischen
dem sensorischen Atemröhrenneuron und dem für das Zurückzie-
hen der Kiemen verantwortlichen Neuron darstellt.

nach »neurale Version« dieses Experiments durch, indem sie
Nervenleitungen mit Elektroden stimulierten. Man kann sich
dies als eine Y-Verbindung vorstellen, ein Neuron, das durch
zwei Eingänge mit Signalen gespeist wird. Dabei empfängt
das sensorische Neuron, bei dem das Signal von der Atemröhre ankommt, durch einen anderen Eingang auch noch
das Signal vom Schwanz. Im Experiment symbolisierte ein
durch den Atemröhreneingang einfließender Impuls das
Berühren und ein etwas stärkerer Impuls am Schwanzein-
gang den Elektroschock. Kandel stellte fest, daß er durch
Stimulierung des Schwanzeingangs mit einer Elektrode ein
der Sensibilisierung ähnliches Phänomen hervorrufen konnte. Danach setzte das Atemröhren-Neuron auf den Berüh-
rungsimpuls hin mehr Neurotransmitter frei, so daß das
motorische Neuron, das den Kiemenmuskel zum Zurückziehen veranlaßte, ein stärkeres Signal erhielt.

Kandel vereinfachte das Experiment immer mehr. Zunächst einmal entdeckte er, daß er das Schocksignal vollkommen auslöschen konnte, indem er Neuronen durch Stimulierung mit Serotonin sensibilisierte – der Substanz, die er für den bei der Kiemenreflexschaltung beteiligten Neurotransmitter hielt. Doch was wäre, wenn er einen Schritt weiter ginge und zyklisches AMP einfach direkt in die Zelle injizierte? Bei dem entsprechenden Versuch stellten die Forscher fest, daß auch hierbei eine Sensibilisierung eintrat. Nachdem sie eine weitere Mittlersubstanz eliminiert hatten, führten sie das Experiment erneut durch. Sie injizierten Kinasen, die den nächsten Schritt in der biochemischen Kettenreaktion darstellen, direkt in die Zellen und zeigten, daß auch dies zu einer ständig erhöhten Transmitterausschüttung führte. Wahrscheinlich aktivierten die Kinasen einige Enzyme durch Phosphorylierung, doch die Frage war, welche?

Kandel und seine Kollegen arbeiteten auf der Grundlage der Erkenntnisse von Paul Greengard von der Rockefeller University. Sie vermuteten, daß nach der Aktivierung durch das zyklische AMP die Kinase ihre Phosphorgruppe an einige Proteine abgibt, die als Kaliumkanäle des Neurons fungieren – als die Tore, die den Strom der in die Zelle ein- und ausfließenden Kaliumionen kontrollieren. Die Kaliumkanäle spielen bei der neuralen Übertragung eine wichtige Rolle: Wenn ein Neuron feuert, fließen Natriumionen in die Zelle, und Kaliumionen werden herausbefördert.

Kandel war der Ansicht, eine bestimmte Art von Kaliumkanal bliebe geschlossen, wenn er sich durch die Anlagerung einer Phosphatgruppe veränderte. Wenn nun das Neuron feuere, könne das Kalium nicht so einfach aus dem Neuron herausfließen wie sonst, da ein neuraler Impuls von längerer Dauer erfolge. Weil das Neuron längere Zeit in diesem Zustand festgehalten würde, könne es mehr Calcium entnehmen. Und das Calcium ist ja für eine vermehrte Transmitterausschüttung verantwortlich. Durch die Sensibilisierung würde also der chemische Aufbau der Zelle verändert. Das Ergebnis wäre ein Neuron, das nun stärker auf einen Reiz reagiert, indem es mehr Neurotransmitter freisetzt.

Nachdem Kandel nun eine biochemische Erklärung für die Sensibilisierung gefunden hatte, wollte er sich mit der klassischen Konditionierung beschäftigen. 1981 schafften seine Kollegen und er es schließlich, an Aplysia eine ihrer Meinung nach einfache Form der Konditionierung zu demonstrieren, doch man streitet sich noch heute darüber, wie dieses Experiment zu interpretieren ist. Bei früheren Versuchen bewirkte der Elektroschock am Schwanz die Sensibilisierung der Schnecke, die daraufhin bei Berührung ihrer Atemröhre die Kiemen stärker zurückzog. Bei weiteren Versuchen mit Aplysia, die der Untersuchung von Reflexen dienten, stellten Kandel und seine Kollegen jedoch fest, daß auch der Schock am Schwanz allein das Kiemenrückziehen hervorrufen konnte. In den darauffolgenden Experimenten kamen sie zu dem Ergebnis, daß Aplysia lernte, die Berührung als Vorzeichen für den Schock zu deuten, wenn wiederholt nach der Berührung der Atemröhre ein Schock am Schwanz erfolgte. Der Elektroschock stellte hierbei den ursprünglichen, nicht konditionierten Reiz dar: Ohne jegliches Training zog Aplysia reflexmäßig die Kiemen zurück. Das leichte Berühren der Atemröhre war der Signalreiz, auf den zunächst nur ein leichtes Zurückziehen erfolgte. Doch wenn die beiden Reize miteinander verbunden wurden, die Berührung also immer auf den Elektroschock folgte, lernte die Schnecke, auch schon beim Berühren der Atemröhre ihre Kiemen ganz heftig zurückzuziehen.

Hatte die Schnecke nun wirklich einen Assoziationsprozeß vollzogen oder war auch dies wieder nur ein Beispiel für eine Sensibilisierung? Vielleicht veranlaßte der Schock sie lediglich dazu, überempfindlich auf die Berührung zu reagieren. Das Nervensystem der Aplysia war so einfach strukturiert, daß es beinahe wie ein einziger großer Schaltkreis wirkte. Kandels Gegner zeigten bald auf, daß der Unterschied zwischen der Sensibilisierung und dem, was Kandel unter klassischer Konditionierung verstand, ziemlich vage war. Einige hielten die Unterscheidung für pure Einbildung. Doch Kandel beharrte auf diesem Unterschied: Wenn die Reize rasch aufeinander folgten – Berührung, Schlag, Berührung, Schlag –, fände, wie er sagte, ein stärkeres Zurückziehen der Kiemen statt, als das bei der reinen Sensibilisierung der Fall sei. Wenn mehr als eine Sekunde zwischen den beiden Reizen verstreiche, reagiere die Schnecke schon nicht mehr so intensiv. Aplysia stelle auch keine Assoziation zwischen den beiden Reizen her, wenn sie gleichzeitig oder in umgekehrter Reihenfolge abliefen – was bei der klassischen Konditionierung dagegen üblich ist. Auf Pawlow bezogen könnte man sagen: Stellt man das Futter hin, ehe man die Glocke geläutet hat, erfolgt kein Lernprozeß. Kandel erklärte, das Atemröhrenneuron – der Kreuzungspunkt der Y-Verbindung – wirke als eine Art Zufallsdetektor. Seine größtmögliche Neurotransmitterausschüttung erfolge, wenn die Zelle zuerst das eine und dann innerhalb eines kurzen Zeitintervalls das zweite Signal empfange.

Je nachdem, welche Seite man hört, wird die biochemische Erklärung für diesen Vorgang entweder als Meilenstein zur Lösung des Geist-Körper-Problems bezeichnet oder als eine der großartigsten Leistungen Kandels auf dem Gebiet intellektueller Verkaufsstrategie. Die Unterscheidung zwischen Sensibilisierung und Konditionierung ist wiederum so vage, daß es zu Verwirrungen führen kann, diese beiden biochemischen Verfahren auseinanderhalten zu wollen.

Kandels Theorie der Konditionierung zufolge reagiert das Atemröhrenneuron auf das Berührungssignal so, wie es auch auf jeden anderen Reiz reagieren würde. Es feuert, wenn sich die verschiedenen Ionenkanäle öffnen, darunter auch die für das Calcium, das als Auslöser für die Neuro-

transmitterausschüttung fungiert. Empfängt das Atemröhrenneuron dann ein Signal vom Schwanzneuron, das einen
Elektroschock symbolisiert, wird der AMP-Mechanismus
ausgelöst, der bei früheren Experimenten nur eine Sensibilisierung bewirkte. Der Unterschied besteht darin: Bei der
klassischen Konditionierung erfolgt das Schocksignal so
schnell auf das Berührungssignal, daß im Neuron noch ein
Calciumüberschuß vorhanden ist. Nach Kandels Meinung
verstärkt dieser Calciumüberschuß die Cyclo-AMP-Kaskade
irgendwie. Wie bei der Sensibilisierung benutzt auch das
Cyclo-AMP Kinasen, um Kaliumkanäle zu phosphorylieren;
dadurch wird das Erregungsstadium der Zelle verlängert.
Von nun an fließt bei jedem Feuern mehr Calcium in die
Zelle als gewöhnlich, und das führt zu einer größeren Neurotransmitterausschüttung. Bei der Konditionierung tritt dieser Effekt noch deutlicher zutage. Durch die Veränderung
der Zelle, die nun mehr Neurotransmitter produziert, bedarf
es künftig nur noch einer leichten Berührung der Atemröhre,
um eine ebenso heftige Reaktion hervorzurufen, wie sie
vorher ein Elektroschock ausgelöst hat. Dieser Effekt wird
schnell schwächer, doch es wäre möglich, daß im Falle der
Langzeitspeicherung das zyklische AMP andere Proteine
aktiviert. Diese wiederum könnten weitere Proteine enthalten, die eine Signalwirkung auf die Gene ausüben und sie
auffordern, weniger Kalium- und mehr Calciumkanäle zu
produzieren. Die Zelle würde eine radikale Veränderung
durchlaufen und die Neurotransmitterausschüttung sich
permanent verstärken.
Die verschiedenen chemischen Elemente in der Zelle hätten
dann Symbolcharakter. Das Calcium würde die Berührung,
das zyklische AMP den Elektroschock symbolisieren. Es ist
jedoch immer noch nicht klar, wie die Verbindung dieser
Symbole funktionieren soll. Eine Erklärung wäre, daß in der
Zelle ein bestimmtes Enzym vorhanden ist, das die beiden
Elemente miteinander verbindet.

Kandels Konditionierungstheorie erhielt den Gnadenstoß, als er die Adenylcyclase als ein solches Zufallsdetektormolekül vorschlug. Sie ist das Enzym, das die erste Stufe der Kaskade darstellt und das auf die Neurotransmitterausschüttung, die durch den Elektroschock am Schwanz erfolgt, durch Bildung von zyklischem AMP reagiert. Der Theorie zufolge verfügt das Molekül über eine Bindestelle für Calcium. Wenn es entdeckt, daß sowohl am Rezeptor Neurotransmitter als auch in der Zelle Calcium vorhanden ist, setzt es auf viel effektivere Weise Reaktionen in Gang, die eine Phosphorylierung der Kanäle und einen verstärkten Neurotransmitterausstoß zur Folge haben.

Wenn Kandel recht hätte, würde seine Theorie eine, wie er sich ausdrückte, »erstaunlich radikale reduktionistische Möglichkeit darstellen«[1]. Unsere Fähigkeit zu kausalem Denken hinge dann von der Fähigkeit bestimmter Moleküle ab, eine Assoziation zwischen zwei chemischen Elementen herzustellen, die zwei Ereignisse aus der Außenwelt symbolisieren.

Religiöse Fehden

Die zweite Hälfte der achtziger Jahre hindurch setzte Kandel die Arbeit an seiner Theorie fort und stellte sie bei einem Treffen von Neurowissenschaftlern vor. Es war eine runde Sache, wenn auch nicht so anschaulich wie die Hypothese von Lynch. Es schien, als würde das Adenylcyclasemolekül unabhängig davon aktiviert, ob das Calcium vor oder nach der Neurotransmitterausschüttung vorhanden war. Warum war dann aber wie beim wirklichen Konditionieren die Reihenfolge der Reize von Bedeutung?

Von noch größerem Nachteil für Kandels Theorie war es, daß sie in einem Bereich versagte, den viele Gedächtnisforscher als den Härtetest bezeichnen: Sie war nicht »synapsen-spezifisch«. Beim Lernen verändert sich die ganze Zelle, nicht nur die einzelne Synapse. In einem bahnbrechenden Aufsatz bezeichnete Lynch den Calpain-Mechanismus als »A New and *Specific* Hypothesis«. Mit der in wissenschaftlichen Publikationen üblichen Arroganz mokierte er sich über Präsynaptiker wie Kandel. In Lynchs postsynaptischer Theorie löst LTP den Calpain-Mechanismus nur in den stimulierten Synapsen aus, während alle anderen davon unberührt bleiben. Wenn, wie Kandels Theorie besagt, bei einem Lernprozeß tatsächlich die signalsendende Zelle mehr Neurotransmitter ausschütten würde, wäre es schwer zu verstehen, warum nicht jede Synapse aktiviert wird, mit der sie in Verbindung steht.

»Es wäre, als würde man eine Handgranate in eine Zelle werfen«, sagte James Olds, ein Forscher am National Institute of Health. »Das Ding würde komplett durchdrehen.« Man konnte sich kaum vorstellen, wie durch eine derart grobe Änderung detaillierte Schaltungen entstehen sollten, für die eigentlich wesentlich präzisere Verfahrensweisen nötig wären. Die meisten Wissenschaftler glauben, daß ein einzelnes Neuron Bestandteil vieler Gedächtnisstrukturen sein kann. Durch seine vielen tausend Synapsen ist es an viele sich überlagernde neurale Schaltungen angeschlossen. Denken wir nur wieder an die Buchstaben und Ziffern auf einer elektronischen Schalttafel: Dort gehört jede einzelne Glühbirne zu mehreren Schaltkreisen. Wenn jedoch die ganze Zelle und nicht nur die Synapse eine veränderliche Einheit wäre, könnte solch eine Glühbirne nicht für mehrere Schaltungen benutzt werden. Hätte sie sich einmal verändert, wäre eine Zelle ein für allemal verbraucht, einschließlich aller mit ihr verbundenen Synapsen. Es gibt viele Billionen Synapsen, aber nur einige Milliarden Neuronen. Kandels Theorie zufolge wäre somit das Reservoir der gedächtnis-konstituierenden Einheiten wesentlich kleiner.

Um ihn synapsenspezifisch zu gestalten, hätte Kandel die Möglichkeit gehabt, seinem Mechanismus einige Ergänzungen hinzuzufügen. Wahrscheinlich wäre das jedoch das kleinste Problem gewesen. Es bestanden immer Zweifel, ob Kandels Versuch mit Aplysia wirklich so gut war, wie er ihn darstellte. Das Hauptargument gegen seine Theorie liegt darin, daß sein Labor verschiedene Versuchstiere für die Verhaltensexperimente und die physiologischen Experimente benutzt hat. Kandel hat gezeigt, daß man Aplysia beibringen kann, den Kiemenrückziehreflex zu modifizieren; und ebenso, daß die Neuronen der Kiemenrückziehschaltung in einem schüsselartigen Gefäß durch Reizung mit einer Elektrode verändert werden können. Doch er hat niemals Aplysia zuerst etwas beigebracht, dann das Tier zerlegt und demonstriert, daß durch das Lernen Veränderungen in der Zelle vor sich gegangen sind.

Die meisten Neurowissenschaftler zollen seiner Arbeit über die Gewöhnung und die Sensibilisierung Anerkennung. Doch gegen Ende der achtziger Jahre geriet seine Theorie der klassischen Konditionierung immer mehr unter Beschuß. Sein erbittertster Gegner war Daniel Alkon, ein Forscher am National Institute of Mental Health, der darauf beharrte, daß das, was Kandel mit seinen Schnecken gemacht hatte, »auch nicht im entferntesten etwas mit klassischem Konditionieren oder assoziativem Lernen zu tun habe«[1].

Alkons Meinung zufolge ist das Erlernen einer völlig neuen Fähigkeit ein bedeutendes Merkmal der klassischen Konditionierung. Kandel rief in seinen Experimenten lediglich eine Verstärkung einer bereits vorhandenen Reaktion hervor. Auch eine untrainierte, eben aus dem Meer gefischte Schnecke zieht ihre Kiemen zurück, wenn ihre Atemröhre berührt wird. Bei einer durch einen Elektroschock am Schwanz sensibilisierten Schnecke erfolgt lediglich eine stärkere Reaktion. Eine durch Berührung und nachfolgenden Elektroschock konditionierte Schnecke reagiert noch heftiger. Doch etwas Neues gelernt hat die Schnecke nicht. Etwas anmaßend bemerkte Alkon dazu: »Die Kontrollgruppe und die Experimentiergruppe sind identisch.« Es bestand nur ein gradueller Unterschied. Pawlows Hunde dagegen reagierten überhaupt nicht auf Glockengeläut, ehe man es ihnen beigebracht hatte.

In seinen Labors in Bethesda, Maryland, und Woods Hole im Staate Massachusetts arbeitete Alkon mit einer anderen Schneckenart, Hermissenda. Zu ihrem ziemlich eingeschränkten Verhaltensrepertoire zeigte die Schnecke die Angewohnheit, sich auf der Suche nach Futter auf Licht zuzubewegen, sowie auf Turbulenzen im Wasser durch Einziehen des Fußes und Festhalten am Meeresboden zu reagieren. Mit einem Spezialapparat, der aus einem Wiedergabegerät, Reagenzgläsern und fotoelektrischen Zellen bestand, brachte Alkon Hermissenda dazu, die beiden Faktoren Licht und Turbulenz zu assoziieren. Wenn nun Licht auf eine trainierte Hermissenda einwirkte, setzte sie sich sofort durch Einziehen ihres Fußes fest, als ob sie eine nahende Turbulenz vermutete. Sie hatte ein vollkommen neues Verhalten erlernt.

Nach Alkons Einschätzung ist dieses Verfahren wesentlich natürlicher aufgebaut als der Kandelsche Versuch. »In der Natur gibt es keinen Elektroschock«, sagte er. »Durch Schocks kann man zwar Veränderungen herbeiführen, die wie Lernprozesse wirken, aber die Chancen, dabei auf eine natürliche Verhaltensweise zu stoßen, sind natürlich sehr gering.

« Aufgrund seines Studiums natürlicher Reaktionen – Einziehen des Fußes auf Turbulenzen – glaubte Alkon, er habe es mit richtigen (Nerven-)Schaltkreisen zu tun. Er machte die für diesen Reflex verantwortlichen Nervenleitungen (die Blaupausen, wie er sie nannte) ausfindig und benutzte für Verhaltensexperimente die gleichen Tiere wie für physiologische Experimente.

In seiner Konditionierungstheorie spielte ein bestimmtes Enzym die Hauptrolle: Proteinkinase C. Als Folge der durch das Konditionieren ausgelösten komplexen chemischen Reaktionen wanderte das Enzym vom Zytoplasma der Zelle zur Membran. Dort phosphorylierte es durch Abgabe einer Phosphatgruppe die Kaliumkanäle, die dadurch blockiert wurden. Hier laufen nun die Theorien von Alkon und Kandel diametral auseinander. Infolge der Blockade der Kaliumkanäle kann es bei Kandel zu einer stärkeren Neurotransmitterausschüttung der signalsendenden Zelle kommen. Bei Alkon dagegen reagierte die empfangende Zelle durch die Blockade der Kaliumkanäle sensibler auf einen Reiz. Wenn man die Reize Licht und Turbulenz wiederholt koppelte, würde die Zelle so stark sensibilisiert, daß sie ein Signal aussenden würde und die Schnecke auch schon auf das Licht alleine reagieren und sich am Boden festhalten würde. Durch wiederholtes Training – davon war Alkon, und zwar in Übereinstimmung mit seinen Gegnern, überzeugt – werden chemische Reaktionen ausgelöst, die so stark auf die Gene einwirken, daß sie die Proteine synthetisieren, die für einen langanhaltenden strukturellen Wandel erforderlich sind.

Wie Lynchs Calpain-Hypothese beruht der Kinase-C-Mechanismus auf einem postsynaptischen und nicht auf einem präsynaptischen Vorgang. Doch Alkon sah sich bald mit demselben Problem konfrontiert wie Kandel: Es war schwierig zu erklären, weshalb die Veränderungen nur an einer einzigen Synapse auftreten. Warum reagiert nicht die ganze Zelle mit all ihren Synapsen empfindlicher? Alkon war davon überzeugt, daß sein Mechanismus in irgendeiner Form synapsenspezifisch sein mußte. Die Kinase wird, wie er meinte, in die Bereiche des Dendriten befördert, in denen die ankommenden Signale verstärkt werden müssen. Er wußte jedoch, daß er noch meilenweit von der Erklärung entfernt war, woher die Kinase »weiß«, wohin sie sich bewegen muß.

In der Zwischenzeit bemühte er sich um Beweise, daß er des Verbrechens nicht schuldig war, dessen viele Forscher Kandel bezichtigen: Er verbringe seine Karriere mit der Erforschung eines merkwürdigen Mechanismus bei Meeresschnecken, das möglicherweise überhaupt nichts mit dem Lernprozeß beim Menschen zu tun habe. Alkon führte auch Experimente mit Kaninchen durch. Wenn man das Auge eines Kaninchens anpustet, blinzelt es; folgt nun auf das Pusten ein hörbarer Ton, lernt das Kaninchen, bereits beim Ton zu blinzeln. Als Alkon und seine Kollegen dann den Hippokampus trainierter Tiere zerlegten, glaubten sie Beweise für die Aktivierung des Kinase-C-Mechanismus beim Lernen gefunden zu haben. Sie zeigten, daß sowohl bei Hermissenda als auch bei den Kaninchen nach dem Training tage- oder sogar wochenlang verminderte Kaliumströme auftraten. Einmal trainierte James Olds dieses Pusten-Ton-Experiment besonders intensiv mit einem Kaninchen und zerlegte dann dessen Gehirn. Durch Markierung mit radioaktiven Substanzen entdeckte er, daß die Kinase C von der Zelle in die Dendriten gewandert war, so wie Alkon es vorausgesagt hatte.

Zu Alkons Leidwesen mußten er und auch andere Forscher feststellen, daß sich bei einem Kaninchen, dem man beigebracht hatte, ein Pusten und einen Ton miteinander in Verbindung zu bringen, nicht weniger als die Hälfte aller Neuronen eines bestimmten Bereichs des Hippokampus verändert hatten. Es schien, als würde nicht nur eine einzelne Zelle durchdrehen, sondern ein großer Teil des Gehirns. Auch diesmal hoffte Alkon wieder, auf einen »ausgeklügelten« Transportmechanismus zu stoßen, der erklären würde, wie das Molekül nach Auslösung der Kinase-C-Produktion das Volumen der entsprechenden Synapsen vergrößern konnte.

Und so nahm der Streit zwischen den Präsynaptikern und den Postsynaptikern kein Ende. Es wurden auch schon wegen subtiler Unterscheidungen Kämpfe ausgetragen. Der Erfolg von Kandels Theorie bedeutete aber nicht den Untergang der Calpain-Hypothese, denn schließlich befaßte er sich mit prozessualem und nicht mit deklarativem Lernen, mit dem Erlernen von Fähigkeiten, nicht von Fakten. Einer wesentlich größeren Gefahr war Lynchs Theorie durch Alkons Mechanismus ausgesetzt. Zusammen mit verschiedenen anderen Wissenschaftlern, wie Aryeh Routtenberg von der Northwestern University, hatte er einen Sprung nach vorne gemacht, indem er zeigte, daß auch der Kinase-C-Mechanismus durch LTP ausgelöst wird.[2] In all diesen Theorien nahm das Calpain − sofern es überhaupt eine Rolle spielte − einen Platz im Hintergrund ein.

»Meine Theorie ist weniger spektakulär als die von Gary«, meint Routtenberg, vertritt aber gleichzeitig die Ansicht, daß die Calpain-Hypothese falsch ist und hegt Zweifel, ob das Calpain tatsächlich in den Markscheiden der Synapsen vorhanden ist. Sollte es dort aber de facto zu finden sein, könne er belegen, daß es einfach nur der Regulierung der Kinase C dient. Routtenberg kann jeden Beweis, den Lynch für seinen Mechanismus anführt − zum Beispiel, daß dieser durch Calciumhemmer oder durch den Calpain-Blocker Leupeptin blockiert wird −, zur Stützung seiner eigenen Hypothese nutzen. Jeder Wissenschaftler kann Details aus anderen Theorien in seine eigene einbauen.

Wenn in verschiedenen Theorien über das Lernen die gleichen Elemente auftauchen, so kann man vermuten, daß die Wissenschaftler sich alle auf dem richtigen Weg befinden und das Ziel lediglich aus verschiedenen Richtungen ansteuern. In einem Neuron gibt es tausenderlei verschiedene Proteine und Enzyme, die an einer ungeheuren Anzahl von Reaktionen beteiligt sind: an der Spaltung von Zucker zur Bereitstellung von Energie; an der Synthese neuer Proteine durch das Ablesen der genetischen Informationen und ihrer Weitergabe an die Ribosomen; am intrazellulären Transport von Proteinen an ihren Einsatzort. Bei einer Reihe von internen Kommunikationsschaltungen fungieren Calcium und zyklisches AMP als sekundäre Messenger. Mit Hilfe der Phosphorylierung von Proteinen werden Enzyme aktiviert. Betrachtet man zu einem ganz bestimmten Zeitpunkt in der Geschichte einer Wissenschaft deren momentanen Kenntnisstand, so ergibt sich daraus jeweils nur eine begrenzte Palette von Möglichkeiten, die mit fortschreitender Erkenntnis Veränderungen unterliegen.

Die Zellen haben vielleicht wirklich eine Reihe verschiedener Lernmechanismen entwickelt, einige für das Kurzzeit-, andere für das Langzeitgedächtnis; einige zur Speicherung von Fakten in einem Netzwerk, andere zum Erlernen von Verhaltensweisen. Bei einer solchen Vielzahl von Möglichkeiten ist es leicht, sich einleuchtende Konfigurationen auszudenken. Doch am Ende könnte sich herausstellen, daß die meisten davon falsch sind.

»Ein hübscher kleiner Schalter«

Einige Jahre nach der Veröffentlichung der Calpain-Hypothese erlebten Lynch und Baudry eine unangenehme Überraschung. Einer der wichtigsten Beweise für diese Theorie war nach wie vor die Messung der ihrer Meinung nach beim Test im Reagenzglas verstärkten Glutamatbindung − ein indirektes Anzeichen dafür, daß durch LTP neue Rezeptoren entstehen. Natürlich hätten sie sich lieber auf direkte Beweise gestützt, doch keine der neurobiologischen Techniken war so weit entwickelt, um ein fundamentales Hindernis überwinden zu können. Es gab kein Verfahren, mit dem man direkt beobachten konnte, wie das Zytoskelett zerstört und

117

die darin verborgenen Rezeptoren freigesetzt wurden. Die Messung der Glutamatbindung erschien hier als die naheliegendste Lösung. Lynch und Baudry führten eine Reihe von Experimenten mit LTP-manipuliertem Gewebe durch; sie verflüssigten das Gewebe, fügten Glutamat hinzu und zeigten, daß die verbleibende Substanz, die nach ihrem Dafürhalten aus auf Glutamatrezeptoren sitzenden Neurotransmittermolekülen bestand, sich mengenmäßig vergrößert hatte.

»Vier oder fünf Jahre lang war das eine wirklich schöne Vorstellung für uns«, sagte Baudry. »Alles paßte so schön zusammen. Und dann begann sich alles zu komplizieren – wie üblich.«

In einem anderen Labor durchgeführte Experimente führten zu dem Ergebnis, daß sich in ihren Reagenzgläsern keine Glutamatbindung, sondern ein anderer chemischer Prozeß abgespielt hatte. Und tatsächlich waren sie sich auch nicht mehr ganz sicher, was sie gemessen hatten. »Alles ist nun gänzlich in Frage gestellt«, bedauerte Baudry. Die Hypothese, daß die Synapsen durch LTP aktiviert werden, indem die Anzahl der Glutamatrezeptoren steigt, wird dadurch zwar nicht widerlegt, doch die Theorie von Lynch und Baudry ist erheblich angeschlagen.

»Ich bereue, jemals gesagt zu haben, das seien Rezeptoren«, meinte Lynch. »Das war ein taktischer Fehler ersten Ranges.«

Wissenschaft bedeutet nicht einfach nur Sammeln von Fakten. Es kommt vor allem darauf an, sie richtig zuzuordnen. Setzt man sie Stück für Stück zusammen, ergibt sich daraus ein klarer Aufbau von Schlußfolgerungen. Stellt sich aufgrund eines zwar unerfreulichen, aber nicht zu bestreitenden Versuchsergebnisses oder angesichts einer Schwachstelle in der Theorie heraus, daß ein Modell sich nicht mit der Realität vereinbaren läßt, muß der Wissenschaftler bereit sein, seine These zu modifizieren. Die Schwierigkeit dabei besteht darin, die Grenzen zu erkennen. Genau wie bürokratische Systeme können auch Theorien ein Eigenleben entwickeln. Manchmal ist ein Wissenschaftler beinahe zu allem bereit, um seine geistige Erfindung am Leben zu erhalten.

Zur Rettung der Calpain-Hypothese zogen Lynch und Baudry andere Möglichkeiten in Erwägung, wie eine Erinnerung ihre Spuren hinterlassen könnte, ohne dabei auf neue Glutamatrezeptoren angewiesen zu sein. Bei seinem ursprünglichen Experiment mit den Elektronenmikrogrammen hatte Lynch nicht nur festgestellt, daß durch LTP neue marklose Synapsen entstehen, sondern daß die bereits vorhandenen Synapsen sich grundlegend verändern. Ihre Markscheiden – die Knöpfchen am Dendriten, an denen sich die Synapsen normalerweise bilden – wurden kürzer und dicker. Da es die Aufgabe des Calpains war, das Zytoskelett zu zerstören, könnte es auch für diese Veränderung verantwortlich sein. Durch LTP würde das Calpain freigesetzt, das Calpain würde das Zytoskelett zerstören, und die Markscheide würde ihre Gestalt verändern. Und eine verdickte Markscheide, so vermutete Lynch, könnte – eventuell aufgrund einer Änderung ihres Widerstandes – eine bessere elektrische Leitfähigkeit aufweisen. Unter diesen Umständen würde eine durch einen Lernprozeß veränderte Synapse auch bei gleichbleibender Rezeptorenzahl stärker auf einen Neurotransmitterausstoß reagieren; der Mechanismus, der die Zelle zum Feuern veranlaßt, würde leichter in Gang gesetzt.

Doch die anderen Wissenschaftler stellten die Sache nach wie vor in Frage. Greenough vertrat aufgrund seiner Forschungen die Ansicht, das, was Lynch für eine Verdickung der Markscheide hielt, sei in Wirklichkeit eine Gewebestruktur, die nicht durch LTP, sondern durch die zur Aufbewahrung der Gehirngewebescheiben verwandten chemischen Substanzen entstehe.

Lynch konnte sich mit dieser Verdickung der Markscheide genausowenig anfreunden; ein Mechanismus, bei dem das

Zytoskelett zerstört und dadurch verborgene Glutamatrezeptoren freigesetzt wurden, war ja auch viel eleganter. Man sollte dies eher unter dem Aspekt eines Rettungsversuchs mit dem Ziel betrachten, das Kernstück von Lynchs Hypothese am Leben zu erhalten: daß sich durch das Calpain tatsächlich neue Synapsen bilden.

Trotz aller Schwierigkeiten mit dieser Theorie konnte Lynch sich damit trösten, daß sie die einzige absolut synapsenspezifische war. Er mußte keine komplexen, möglicherweise nur imaginären Mechanismen ersinnen, um beispielsweise zu erklären, wie die Kinase C jeweils zur richtigen Synapse transportiert wird. Neurotransmittermoleküle setzten sich an den Rezeptoren fest, Calcium floß in die Zelle und aktivierte das Calpain, das Calpain zerstörte das Zytoskelett und löste damit eine Veränderung der Synapse aus. Und der ganze Vorgang spielte sich in der Markscheide ab, so, wie es sich gehörte.

In den folgenden Jahren konzentrierte sich Lynchs Labor auf das detaillierte Studium des LTP-Effekts und die möglicherweise dadurch entstehenden Erinnerungsstrukturen. Einen wichtigen Hinweis hierzu hatte 1978 bereits Bruce McNaughton von der Universität von Colorado geliefert, der aufzeigte, daß der LTP-Effekt besonders stark auftritt, wenn anstelle einer mehrere zur selben Neuronengruppe führende Nervenleitungen gleichzeitig stimuliert werden.[1] Für Wissenschaftler, die daran interessiert waren, Verbindungen zwischen der Psychologie und der Biologie ausfindig zu machen, war dies von sehr großer Bedeutung. Man muß sich das so vorstellen, daß die Signale von verschiedenen Schaltungen an einem einzigen Neuron zusammentreffen. Durch dieses gleichzeitige Eintreffen wird der LTP-Effekt ausgelöst. Die Verbindungen zwischen den Synapsen verstärken sich, dadurch werden Schaltungen gebildet. Angenommen, eine Neuronengruppe würde zum Beispiel ein

Signal aussenden, das die Vorstellung von »Apfelge-
schmack« symbolisiert, ein weiteres stünde für »runde
Form«, ein drittes für »rote Farbe«. So könnte das Gehirn aus
diesen Informationen Stück für Stück die Assoziation »Apfel«
bilden.

Doch wie kann eine Synapse wissen, zu welchem Zeitpunkt
eine Verstärkung der Verbindung nötig ist, wann eine neue
Schaltung gebildet werden muß? Würde der LTP-Effekt jedesmal ausgelöst, wenn eine Synapse stimuliert wird, wären
bald alle Synapsen im Gehirn miteinander verbunden, was
einen massiven Kurzschluß im Gehirn zur Folge hätte.

In den Jahren nach der Veröffentlichung der Calpain-Hypothese führte John Larson, ein promovierter Student, der bei
Lynch im Labor arbeitete, einige, heute als klassisch gelten-
de Experimente an Ratten durch, aufgrund derer sich nach-
weisen läßt, nach welchen Regeln Nervenschaltungen gebildet werden. Larson fand heraus, daß die Verstärkung von
Verbindungen in zwei Schritten vor sich geht.[2] Der erste
Impuls, der an einem Eingang des Neurons ankommt, macht
es sozusagen startklar für die Veränderung; der zweite, an
einem anderen Eingang eintreffende Impuls löst schließlich
den LTP-Effekt aus. Dabei kommt es nach Feststellung Larsons auf das richtige Timing an. Der LTP-Effekt tritt höchstwahrscheinlich ein, wenn der zweite Impuls etwa 200 Millisekunden nach dem ersten, vorbereitenden Impuls am
Neuron eintrifft. Der erste Impuls scheint dem Neuron zu
melden: »Wenn innerhalb der nächsten 200 Millisekunden
ein weiterer Impuls eintrifft, stelle eine Verbindung mit dem
sendenden Neuron her. Sollte das nicht der Fall sein, beach-
te den Impuls nicht.«

Das LTP-Phänomen tritt Larson zufolge besonders stark auf,
wenn alle fünf Sekunden zehn solcher Impulsfolgen eintreffen. Das Ergebnis ist eine Frequenz von fünf Hertz, die dem
sogenannten Theta-Rhythmus entspricht, einem Gehirnwel-
lenrhythmus, der mit einem Elektroenzephalographen auf-

gezeichnet werden kann. War es schon aufregend genug, daß Larson in Zusammenhang mit dem LTP-Effekt auf einen Rhythmus gestoßen war, mit dem das Gehirn tatsächlich arbeitete, so erwies es sich als noch beeindruckender, daß der Theta-Rhythmus vom Hippokampus ausgeht; ein Faktum, das bei Versuchen mit Ratten, die ihre Umgebung erforschten und dabei neue Informationen sammelten, aufgezeigt worden war.[3] Andere Wissenschaftler vertreten die Meinung, im Hippokampus seien die mentalen Landkarten der Ratten gespeichert. Legt man an verschiedene Hippokampus-Zellen der Tiere Elektroden an, feuern sie alle wie die Geigerzähler, wenn die Ratte sich einem bestimmten Bereich des Labyrinths nähert. Falls Lynch und Larson recht behalten sollten, wäre der Theta-Rhythmus ein Zeichen dafür, daß das Gehirn der Ratte Informationen ablegt und mit Hilfe von Calpain neue Schaltungen und somit neue mentale Landkarten herstellt.

Nach der Enttäuschung mit der Glutamatbindung war Larsons Entdeckung ein Geschenk des Himmels. »Wir haben den magischen Rhythmus gefunden, der den LTP-Effekt auslöst«, sagte Lynch kurz nach dieser letzten Entwicklung. »Es gibt einen magischen Rhythmus, den Theta-Rhythmus – den natürlichen, ureigenen Rhythmus, nach dem der Hippokampus arbeitet.«

Doch welche chemische Erklärung konnte es für den Theta-Rhythmus geben? Da niemand diese Frage zu beantworten vermochte, ging die Calpain-Hypothese wieder im großen Strom neurowissenschaftlicher Hypothesen unter.

In den letzten zwanzig Jahren hatte bei den Wissenschaftlern die Überzeugung an Boden gewonnen, es müsse nicht nur eine, sondern mehrere Arten von Glutamatrezeptoren geben. Zuerst erschien das eher als unbequeme, dann als konstruktive Entdeckung, denn nun war alles noch verworrener. Doch als die Situation langsam wieder durchschaubar wurde, tauchte eines dieser Moleküle, der sogenannte NMDA-Rezeptor, als wichtiger Bestandteil in vielen Theorien über die Funktionsweise des Gedächtnisses bei Säugetieren auf.[4]

Dem Namen des Rezeptors kommt keine besondere Bedeutung zu – NMDA wird einfach von N-Methyl D-Aspartat abgeleitet und als Kennung in Experimenten benutzt. Wenn auch das NMDA selbst nicht im Gehirn vorhanden ist, so weist es doch die gleiche Struktur auf wie das Glutamat. Die Neurochemiker bezeichnen dies als einen Agonisten, als ein Molekül, das – ebenso wie ein Neurotransmitter – einen Rezeptor stimuliert. Das Gegenstück zu einem Agonisten ist ein Antagonist, der vermutlich die Bindestelle des Rezeptors blockiert und damit eine Anlagerung des Neurotransmitters verhindert. Durch Experimente mit Agonisten und Antagonisten gelang es den Wissenschaftlern Anfang der achtziger Jahre, verschiedene Arten von Glutamatrezeptoren nachzuweisen, die jeweils unterschiedliche Eigenschaften besaßen. Zunächst bewiesen die Gedächtnisforscher wenig Interesse an dieser Entdeckung. Doch im Jahre 1983 zeigte dann der britische Wissenschaftler Graham Collingridge auf, daß der LTP-Effekt nicht eintritt, wenn die NMDA-Rezeptoren in einem Neuron ausgeschaltet werden.[5] Unter Verwendung des Antagonisten APV (Aminophosphorvaleriansäure) konnte er in einer Gehirngewebeprobe die Rezeptoren blockieren und den Nervenweg dann mit hochfrequenten Impulsen stimulieren. Die Neuronen schienen im großen und ganzen wie gewohnt zu funktionieren; die Zellen feuerten und übermittelten durch das Glutamat ihre Signale, die auf der anderen Seite des synaptischen Spalts ganz normal empfangen wurden. Doch während die übliche Impulsübertragung ungehindert ablief, trat der LTP-Effekt nicht ein.

Der NMDA-Rezeptor mußte eine Eigenschaft besitzen, die eine wesentliche Voraussetzung für das Gedächtnis – oder

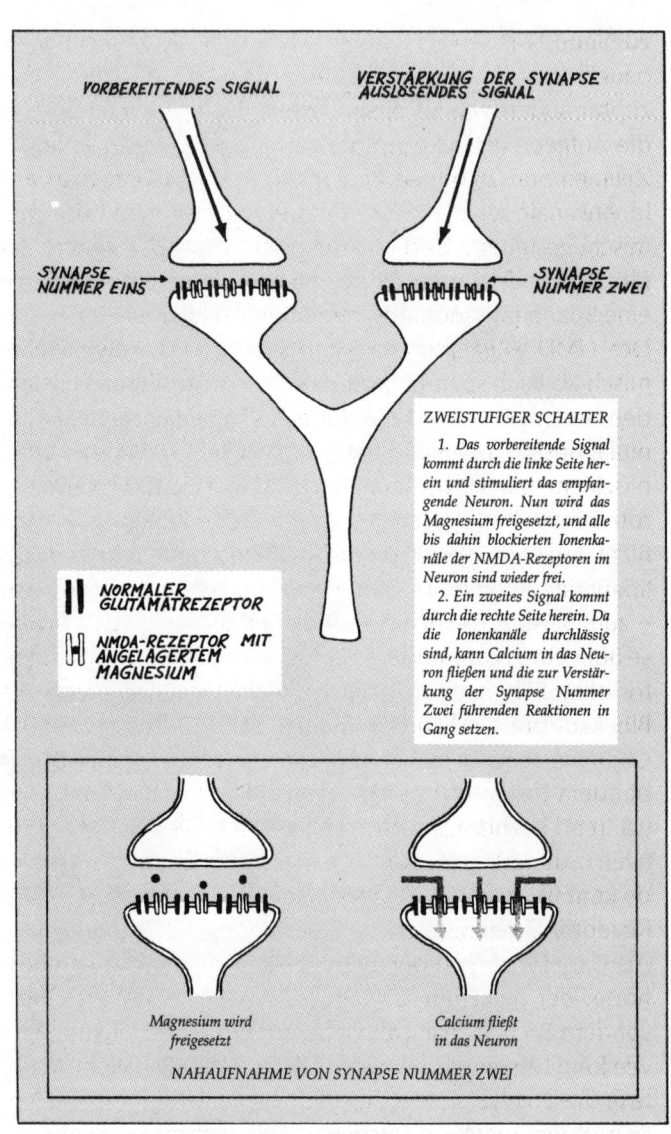

Entstehung einer Gedächtnisschaltung

zumindest für den LTP-Effekt – war. Und es sollte nicht lange dauern, bis die Wissenschaftler feststellten, daß dieser Rezeptor anders war als die anderen. Im allgemeinen besteht die Aufgabe eines Rezeptors darin, die Ionenkanäle in der Zellmembran zu öffnen. Bis vor kurzer Zeit glaubte man, alle Ionenkanäle seien entweder spannungsgesteuert oder chemisch gesteuert. Und würden sich entweder durch das plötzliche Vorhandensein von Neurotransmitter oder durch eine Spannungsänderung öffnen und schließen.

Der NMDA-Rezeptor dagegen war beides: sowohl chemisch als auch spannungsgesteuert – unter diesen Umständen benötigte er zur Öffnung eines Ionenkanals beide Stimulationsarten. Befand sich die Zelle im Ruhezustand, blockierte ein Magnesiumion den Kanal. Egal, wieviel Neurotransmitter ausgeschüttet wurde, der Rezeptor konnte nicht darauf reagieren. Wenn die Zelle jedoch bereits durch Spannung in einen Erregungszustand versetzt worden war – zum Beispiel durch ein anderes Signal, das möglicherweise über einen ganz anderen Eingang einen normalen Rezeptor stimuliert hatte –, dann gab das Magnesiumion die Blockade auf. Und nun konnte der NMDA-Rezeptor auf das Glutamat reagieren. Mit anderen Worten, es handelt sich bei dem Rezeptor um eine zweistufige Schalteinheit. Und während bei normalen Rezeptoren Kaliumionen – die positiven Ladungsträger, durch die das Aktionspotential zustande kommt – in die Zelle hineinfließen, sind es beim NMDA-Rezeptor Calciumionen.

Als Gary Lynch von der Existenz dieses Glutamatrezeptors hörte, der nicht nur Calcium in die Zelle passieren ließ, sondern auch noch auf ähnliche Art und Weise funktionierte wie John Larsons molekularer »Zwei-Wege-Schalter«, konnte er diesen glücklichen Umstand zunächst kaum fassen. Vor seinem inneren Auge entstand eine y-förmige Schaltung mit zwei sendenden Neuronen, die beide in einem einzigen empfangenden Neuron münden: Über den synaptischen

Spalt des linken Eingangs gelangt Glutamat in die Zelle, wodurch die normalen, chemisch gesteuerten Rezeptoren des Neurons aktiviert werden. Die Zelle feuert und das Aktionspotential läuft das Axon hinunter. Während sich das Neuron noch in einem Zustand der Erregung befindet, kann durch den anderen Eingang bereits ein zweiter Impuls ankommen.

Nun könnten sich die beim ersten Impuls noch in Ruhe verharrenden NMDA-Rezeptoren am ganzen Neuron auf ein zweites Signal vorbereiten, das auch eintreffen würde – und zwar durch den rechten Eingang der Y-Schaltung. Da das blockierende Magnesiumion nun nicht mehr im Wege stand, könnten die NMDA-Rezeptoren durch das Öffnen der Calciumkanäle auf das Glutamat reagieren. Das Calcium würde in das Neuron hineinfließen und dort den Calpain-Mechanismus auslösen. Die Folge wäre die Verstärkung der Synapse – eine Verbindung würde entstehen.

Die beiden Signale müßten nicht unbedingt über zwei verschiedene Eingänge hereinkommen. Es spielte keine Rolle, an welcher Synapse das zweite Signal eintraf. Jedes Signal, das ankam, während sich das Neuron noch im Zustand der Erregung befand, würde die NMDA-Rezeptoren an der Synapse aktivieren und somit den Calpain-Mechanismus auslösen – oder eine Reihe von chemischen Reaktionen, für die Calcium als Auslöser erforderlich war.

Was Lynch anbetraf, so nahm er an, dieser Vorgang sei mit dem Zwei-Stufen-Prozeß identisch, den Larson bei seinen Experimenten beobachtet hatte. Um dies zu überprüfen, injizierten er und seine Studenten APV, die Substanz, die die NMDA-Rezeptoren blockiert, in einige Gehirngewebescheibchen – mit dem Ergebnis, daß sie Auswirkungen auf den LTP-Effekt zeigte. Ohne funktionierende NMDA-Rezeptoren löste der Theta-Rhythmus keine synaptischen Veränderungen mehr aus. Lynch war außer sich vor Freude. Es schien, als käme er Schritt für Schritt seiner Beute näher.

Kurz nach der Durchführung dieses Experiments saß Lynch in seinem Büro. Ermutigt durch den neuen Beweis, versuchte er die Calpain-Hypothese so nachdrücklich wie eh und je voranzutreiben und ging alle Argumente, die dafür sprachen, nacheinander durch. »Wir wissen, daß es einen Gehirnrhythmus gibt, der einen Rezeptor aktiviert, so daß Calcium in die Zelle hineinfließen kann. Wir wissen, daß Calcium eine Protease aktiviert, die ein Molekül des Zytoskeletts spaltet. Wir wissen, daß – würde das mit einem Blutkörperchen passieren – sich dieses verdammt stark veränderte.«

Es fehlten aber immer noch zahlreiche Glieder in dieser Kette. Das Calcium, das durch die NMDA-Rezeptoren in die Zelle gelangte, könnte als Auslöser für eine Vielzahl von zellulären Reaktionen – inklusive der von Alkon und Kandel postulierten – fungieren. Tatsächlich haben auch einige Experimente aufgezeigt, daß die Aktivierung der NMDA-Rezeptoren zu einem Ansteigen der Proteinkinase C führt. Proteinkinase C ist eines der Enzyme, welches die Ionenkanäle phosphoryliert – und das ist der Schlüsselmechanismus, der von Lynchs Gegnern ins Feld geführt wird. Jeder, so schien es, wollte die NMDA-Rezeptoren in seine Theorie einbauen. Wenn schon nichts anderes mehr möglich war, so stellte die Verknüpfung dieses seltsamen Moleküls mit dem Calpain-Mechanismus doch wenigstens einen taktisch klugen Schritt dar.

»Sehen Sie, eines meiner Probleme ist, daß meine Interpretationen nie besonders attraktiv sind«, stellte Lynch fest. »Sie befinden sich selten auf dem neuesten Stand. Ich verwende die Phosphorylierung von Proteinen nie zur Erklärung irgendwelcher Dinge und berufe mich auch selten auf das zyklische AMP.«

Genau wie die Phosphorylierung von Proteinen entwickelte sich der NMDA-Rezeptor jedoch zu einem der begehrtesten neurowissenschaftlichen Forschungsobjekte. Möglicherweise stellt sich eines Tages heraus, daß die anfängliche Euphorie unangebracht war. Der Grund, warum man soviel über diesen Rezeptor weiß, ist einfach: Die Wissenschaftler verfügen über einen guten Agonisten und einen entsprechenden Antagonisten, mit deren Hilfe sie diesen Rezeptor studieren können. Daneben könnte es aber einen wesentlich bedeutenderen Rezeptor geben, dessen Entdeckung noch aussteht, weil bis heute geeignete chemische Verfahren fehlen. Allgemein jedoch herrschte das Gefühl vor, dieses neu entdeckte Molekül könne genau das Richtige sein, eine Möglichkeit, jungen Wissenschaftlern zu einer Karriere und Altgedienten zu neuem Auftrieb zu verhelfen und vielleicht sogar einen bedeutenden Beitrag zum besseren Verständnis des Gedächtnisses zu leisten.

Einer der ersten Wissenschaftler, der den Sprung ins Ungewisse wagte, war Carl Cotman, ein Neurobiologe aus Irvine, der einige Jahre zuvor an Lynchs Sprouting-Experiment mitgearbeitet hatte. »Dieser Rezeptor stellt die erste konkrete Eigenschaft einer Synapse dar, die es möglich macht, ausgehend von einem detaillierten molekularen Mechanismus über den Prozeß des Lernens und der Erinnerung zu höheren kognitiven Funktionen zu gelangen«, sagte er einmal im Jahre 1988. »Es ist ein hübscher kleiner Schalter.«

Rückkehr zu Hebb

Die Aufregung über die Entdeckung des NMDA-Rezeptors war zum Teil durch seine große Ähnlichkeit mit der Hebb-Synapse verursacht worden, bei der die Verbindung zwischen zwei Neuronen verstärkt wird, wenn beide gleichzeitig feuern. Seit Hebb im Jahre 1949 seine durchaus überzeugende Theorie vorgestellt hatte, waren die Wissenschaftler stets darum bemüht, sie durch neue Beweise zu untermauern. Das erinnerte beinahe an die Jagd nach dem Quark, wenngleich sie hier nicht ganz so intensiv erfolgte. Als der Physiker Murray Gell-Mann die Hypothese aufstellte, daß solche als Quarks bezeichneten Teilchen existierten, lieferte er damit ein so plausibles Mittel zur Klassifizierung des scheinbaren Chaos von subatomaren Partikeln, daß die Wissenschaftler sich sofort daranmachten, nach Beweisen für deren Existenz zu suchen. Heute weiß man, daß es sie tatsächlich gibt und sie nicht nur von der Mathematik postulierte Erscheinungen sind.

Die Hebb-Synapse hatte einen so hohen Stellenwert bei den Wissenschaftlern, daß man jeder Theorie, in der sie berücksichtigt wurde, schon beinahe automatisch Respekt zollte. In den achtziger Jahren demonstrierte eine Reihe von Wissenschaftlern, darunter Bengt Gustafsson und Holger Wigstrom in Schweden und Thomas Brown vom City of Hope Research Institute in Duarte, Kalifornien, anhand zahlreicher Experimente, daß der LTP-Effekt am stärksten auftritt, wenn das sendende und das empfangende Neuron zur gleichen Zeit aktiv werden. Obwohl dieser Vorgang ziemlich nahe an die Hebb-Synapse herankam, fanden die Wissenschaftler erst mit der Entdeckung des NMDA-Rezeptors ein Molekül, das eine Erklärung für diesen Mechnismus lieferte. Als Hebb seine Theorie im Jahre 1949 vorbrachte, hatten die Wissenschaftler auch nicht die leiseste Ahnung, daß ein Vorgang wie der LTP-Effekt überhaupt existierte, geschweige denn ein chemischer Schalter mit der Bezeichnung NMDA-Rezeptor. Langsam, aber sicher holten die Experimente die Theorie ein.

Im Jahre 1986 schloß sich ein britisches Wissenschaftlerteam Lynch und Baudry an, um eine Verbindung zwischen dem NMDA-Rezeptor, dem LTP-Effekt und dem Gedächtnis herzustellen. Nach Diskussionen mit den Wissenschaftlern in Irvine entwickelte der schottische Forscher Roger Morris ein hervorragendes Konzept, um darzustellen, daß eine chemische Blockade der NMDA-Rezeptoren nicht allein Auswirkungen auf das LTP, sondern auch auf den Lernprozeß hatte. Bei seinem Experiment setzte er Ratten in ein kleines Wasserbecken.[1] Wenn sie nicht untergehen wollten, mußten sie eine Plattform suchen, auf die sie hinaufklettern konnten. Zunächst schwammen die Tiere ziellos hin und her, bis sie schließlich auf die Plattform stießen. Nach mehreren Versuchen lernten sie, sofort die richtige Ecke des Beckens anzusteuern, und schwammen dann so lange im Kreis, bis sie ihr Ziel gefunden hatten.

Dann wiederholte Morris das Experiment mit Ratten, deren NMDA-Rezeptoren durch APV blockiert worden waren, der gleichen Substanz, die Collingridge bei seinem LTP-Experiment benutzt hatte. Dabei wurden die Bahnen, die die Ratten im Wasser zogen, mit einem Abtastgerät aufgezeichnet. Nach mehreren Lernversuchen müßte eine normale Ratte bestimmte Schwimmbahnen benutzen, mit denen sie die Plattform immer weiter einkreiste. Doch bei den Ratten, in deren Hippokampus APV injiziert worden war, geschah das nicht. Sie schwammen weiterhin ziellos im Becken umher. Wenn die NMDA-Rezeptoren nicht feuerten, war offenbar kein Lernprozeß möglich. Es konnten sich keine Engramme bilden.

Die Wissenschaftler kamen jedoch zu dem Ergebnis, daß andere Formen des Lernens nicht durch das APV blockiert wurden. Bei einem zweiten Experiment brachte man zwei Plattformen im Becken an. Eine von beiden bot den Tieren Sicherheit, die andere jedoch sank, sobald eine Ratte hinaufkletterte. Um die beiden Plattformen auseinanderzuhalten, war eine mit schwarzweißen Streifen markiert, die andere einfarbig grau. Diesmal bewältigten beide Gruppen – die normalen Ratten und diejenigen, deren NMDA-Rezeptoren blockiert waren – die Aufgabe gleich gut. Die Rezeptoren waren scheinbar nur an einigen Formen des Lernens beteiligt. Beim ersten Experiment mußten sich die Ratten eine mentale Landkarte des Wasserbeckens einprägen. Beim zweiten Versuch lernten sie einfach nur, schwarzweiße Streifen und einfarbiges Grau auseinanderzuhalten. Der Unterschied zwischen diesen beiden Formen von Lernprozessen ist noch nicht klar umrissen. Doch Lynch sah dies als weiterer Beweis dafür an, daß die NMDA-Rezeptoren – und wie er hoffte, auch der Calpain-Mechanismus – bei deklarativen Lernprozessen eine Rolle spielen. Hinweise darauf lieferten nicht nur Experimente mit Ratten. Gehirnchirurgen stellten ebenfalls fest, daß ein Zusammenhang zwischen NMDA-Rezeptoren und dem Gedächtnis bestand. Ein Fall, der in dieser Hinsicht Aufschluß gab, war der des im Ruhestand befindlichen Postbeamten R. B. aus Südkalifornien, bei dem nach einer Bypass-Operation am Herzen die Blutzufuhr zum Gehirn ausgesetzt hatte.[2] Obwohl er überlebte und die meisten Körperfunktionen normal erhalten blieben, verlor er das Erinnerungsvermögen für Erlebnisse nach seiner Operation. Er konnte sich zwar an Begebenheiten vor seiner Operation erinnern, aber keine neuen Erinnerungen speichern.

Als R. B. 1983, nachdem er fünf Jahre an Amnesie gelitten hatte, starb, wurde sein Gehirn drei Wissenschaftlern für Studienzwecke zur Verfügung gestellt: Stuart Zola-Morgan und seinem Kollegen Larry Squire vom Veterans Administration Medical Center in San Diego sowie David Amaral vom Salk Institute. Sie stellten fest, daß R. B.s Amnesie weder durch einen schweren noch durch einen leichten Gehirnschaden verursacht worden war, sondern durch eine winzige Läsion des Hippokampus. Noch wichtiger war vielleicht, daß die beschädigten Gehirnzellen ungewöhnlich viele NMDA-Rezeptoren aufwiesen.

Es war schwer, diese zahlreichen, rasch aufeinanderfolgenden Entwicklungen richtig einzuordnen. Hatte dieser Rezeptor tatsächlich so etwas Besonderes an sich, oder rührte die

Datenflut einfach nur daher, daß sich so viele Forscher rein zufällig mit dem gleichen Molekül beschäftigten? Je eingehender sich die Wissenschaftler mit diesem Rezeptor befaßten, desto mehr Funktionen schrieben sie ihm zu. Kürzlich hatte man zum Beispiel festgestellt, daß der Rezeptor empfindlicher reagiert, wenn die Aminosäure Glycin auf ihn einwirkt.

»Jetzt haben wir die Möglichkeit, ihn ein- und auszuschalten«, sagte Carl Cotman. Es schien, als agiere der Rezeptor nicht nur als zweistufiger Schalter, sondern gleichzeitig auch als Ventil.

Intuition und Vielseitigkeit

Ende der achtziger Jahre stritten die Wissenschaftler noch darüber, ob die Gedächtnismechanismen auf prä- oder postsynaptischen Vorgängen beruhten. Bei der Konferenz der Gesellschaft für Neurowissenschaft in Toronto im Jahre 1988 berichteten Lynch und einige seiner Kollegen, daß sie einen Zusammenhang zwischen den NMDA-Rezeptoren und der Spaltung von Spectrin, dem im Zytoskelett vorhandenen Protein, festgestellt hatten.[1] Jeder Forscher, der eine Theorie des Lernens entwickelt hatte, war zu dieser Zeit bemüht, den NMDA-Rezeptor in seine These einzubauen. Für die Präsynaptiker war das mit besonderen Schwierigkeiten verbunden, denn die Rezeptoren waren im empfangenden und nicht im sendenden Neuron aktiv. Doch wie konnten die Rezeptoren eine Veränderung des sendenden Neurons bewirken?

Doch wo ein Wille ist, da ist auch ein Weg. Im Verlauf dieser Konferenz erklärte Timothy Bliss, einer der Entdecker des LTP-Effekts, umgeben von Postern mit den neuesten Entwicklungen über Gedächtnis und Lernen, warum er weiterhin energisch die Theorie der Präsynaptiker verfechten wolle. Auf die Bilder und Graphiken auf dem von ihm zusammengestellten Poster deutend, erläuterte er, wie durch die Aktivierung der NMDA-Rezeptoren die empfangenden Neuronen einen »rückläufigen« Messenger über die Synapse zurück zum sendenden Neuron schickten und so einen verstärkten Neurotransmitterausstoß bewirkten.

Vielen seiner Gegner erschien dieser Mechanismus jedoch als zu sehr konstruiert und zu wenig elegant, schlichtweg als heroisches Bemühen, die Grundsätze des Präsynaptizismus aufrechtzuerhalten. Im Verlauf dieser Konferenz berichtete Lynchs Labor über Funde, die ihrer Meinung nach ein für allemal die Möglichkeit ausschlossen, daß es sich bei LTP um einen präsynaptischen Effekt handelte. Eines Nachts feierten Lynch und seine Freunde in der Bar des Sheraton-Hotels in Toronto den vermeintlichen Untergang der Theorie ihrer Gegner. »Dies ist ein historischer Augenblick für die Biologie«, bemerkte Lynch mit einem Anflug von Ironie und in der Vorfreude auf den von ihm erhofften Gnadenstoß: einem Experiment, das die Proteinkinase C und das zyklische AMP und damit auch Vertreter gegensätzlicher Lerntheorien wie Kandel, Alkon, Routtenberg und Bliss hinwegfegen würde.

Doch ungeachtet der schönen Worte: keine der Gedächtnistheorien verdient wirklich die Bezeichnung *Theorie*. Einige Wissenschaftler sind der Meinung, die durch das Lernen ausgelösten Veränderungen könnten sowohl von prä- als auch von postsynaptischen Effekten herrühren; falls sich herausstellt, daß die Synapsen nicht nur verstärkt werden, sondern sich auch neue bilden, könnte man diese Möglichkeit sicherlich in Betracht ziehen. Im nachhinein sind nur noch die Hypothesen von Bedeutung, die schließlich den Sieg davontragen, und es könnte ja auch sein, daß Lynch aus all seinen Schlußfolgerungen lediglich eine gefällige, ausgeklügelte, aber bedeutungslose Architektur kreiert.

»Vielleicht sind wir auf dem falschen Weg«, sagte er, mit einer Zigarre spielend, eines Nachmittags in seinem Büro. In den Bücherregalen hinter ihm standen primitive Modelle menschlicher Schädel. Überall lagen Tonbandkassetten herum. »Diese Hypothese über das Calpain und die ganzen anderen Sachen könnte total falsch sein. Es sind reihenweise gute zellbiologische Erkenntnisse dabei herausgekommen. Aber als Gedächtnismechanismus könnte sie falsch sein. Acht Jahre Arbeit für nichts und wieder nichts.«

»Man muß sich dabei auf seine Intuition verlassen«, sagte er. »Ich denke, man legt sich seine Theorie so zurecht, daß sie einen Sinn ergibt, man überprüft die Argumente daraufhin, was man für wahr hält. Warum tut man das? Man tut es, weil einem das eigene Gefühl sagt: ›Ja, das muß es sein.‹«

Noch wartet Lynch auf das Experiment – das es vielleicht gar nicht gibt –, mit dem die Entstehung von Engrammen so deutlich aufgezeigt werden kann, wie es Dubois-Reymond beim Aktionspotential gelungen ist. Ein so überzeugender Beweis könnte zum Beispiel ein guter Calpain-Blocker sein. Das Leupeptin liefert aus verschiedenen Gründen leider keine Ergebnisse, mit denen sich etwas anfangen ließe.

»Das Ganze könnte sich bestätigen oder auch zusammenbrechen, wenn jemand einen wirklich guten Calpain-Hemmer entdeckt«, sagte Lynch. »Wir könnten ihn dann einer Ratte injizieren und somit eine wirklich dramatische Amnesie hervorrufen.« Vielleicht wäre das Ergebnis aber auch, daß das Gedächtnis der Ratte nach wie vor gut funktioniert.

Im Gegensatz zur Phosphorylierung von Proteinen und zu den NMDA-Rezeptoren stellen die durch Calcium aktivierten Proteasen noch unerforschtes Terrain in der Gehirnforschung dar. Seltsamerweise sind sie bisher häufiger in Theorien aufgetaucht, die sich nicht mit dem Lernen, sondern mit Gehirnschäden beschäftigen. Bei einem epileptischen Anfall oder starkem Blutverlust – wie ihn R. B. erlitt – erfolgt ein wildes Feuern der Neuronen, wobei sie eine große Menge an Glutamat abgeben. Wie beim LTP-Effekt, so reagieren auch hier die NMDA-Rezeptoren darauf, indem sie die Zellen sintflutartig mit Calcium überschwemmen. Könnte es möglich sein, daß das Calcium die Proteasen so stark aktiviert, daß diese die Gehirnzellen zerstören? Vielleicht war es nicht nur ein Zufall, daß im Gehirn von R. B. ausgerechnet die Zellen zerstört waren, die besonders viele NMDA-Rezeptoren enthielten. Unter Umständen waren die Rezeptoren selbst für die Zerstörung verantwortlich. Das Gedächtnis würde demzufolge über einen Selbstzerstörungsmechanismus verfügen, vergleichbar mit einer Säure, die zur Herstellung feinster Radierungen benötigt wird, bei zu starker Konzentration das Werk aber auch völlig zerstören kann. Gehirnschäden können, wie es scheint, durch einen vollkommen außer Kontrolle geratenen Lernmechanismus verursacht werden.

Wenn Lynch diese Geschichte erzählt, erweckt er den Eindruck, er arbeite sich langsam, aber sicher an sein Ziel, den Schlüssel zum Gedächtnis, heran. Doch auch Bliss, Kandel und Alkon haben einleuchtende Versionen anzubieten. Es gibt immer noch keinen direkten Beweis dafür, daß der Calpain-Mechanismus tatsächlich durch LTP ausgelöst wird. Und trotz aller ermutigenden Hinweise sind noch nicht alle Wissenschaftler der Überzeugung, daß LTP überhaupt etwas mit dem Gedächtnis zu tun hat. Es könnte sich dabei genausogut nur um ein kurioses Experiment handeln. Bisher hat niemand eine Möglichkeit gefunden, einem Lebewesen etwas beizubringen und dann in dessen Gehirn die dazugehörigen Nervensymbole nachzuweisen.

Es ist noch eine Reihe anderer Fragen offen. Während Studien an Amnesie-Patienten ergeben haben, daß der Hippokampus von grundlegender Bedeutung für die Entstehung von Erinnerungen ist, wird allgemein angenommen, daß Erinnerungen tatsächlich in der als Großhirnrinde bezeichneten Gehirnregion gespeichert werden. Die Großhirnrinde ist ein Teil des Gehirns, der sich erst spät entwickelt hat. In ihr finden die kompliziertesten Denkprozesse statt. Vielleicht werden die zuerst im Hippokampus entstehenden Strukturen später in diese höhere Gehirnregion transferiert. Doch welcher Übertragungsmechanismus dafür verantwortlich sein sollte, bleibt weiterhin unklar. Können die Mechanismen, die für die Entstehung von Engrammen verantwortlich sind und im Hippokampus entdeckt wurden, wo es wesentlich einfacher ist, Experimente durchzuführen, in andere Gehirnregionen übertragen werden?

Langsam, aber sicher verringert sich der Spielraum der Forschungsmöglichkeiten. Nichts wirkt lähmender als unbegrenzte Möglichkeiten. Wo einst eine Wildnis war, in der uns jeder Schritt in eine beliebige Richtung neue Erkenntnisse bringen konnte, bewegen wir uns heute auf holperigen Pfaden in der vagen Vermutung, welcher Richtung wir folgen, welche Gefahren wir vermeiden sollten – mit einem Gespür für die Möglichkeiten, die uns offen stehen.

»Wonach wir wirklich suchen, das sind Beschränkungen«, erklärte Lynch, als er sich auf eine Vorlesung für Studienanfänger vorbereitete.»Wir suchen nach Dingen, die uns unsere Grenzen aufzeigen. Das unterscheidet die Wissenschaft von allem anderen Streben des Menschen. Die Religion verlangt nicht von uns, zu sagen:›Wenn es einen Gott gäbe, dann …‹, doch die Wissenschaft ist eine ständige Suche nach den Dingen, die uns Beschränkungen auferlegen.«

Es war ein schöner Sommertag, und um jede Ablenkung zu vermeiden, hatte Lynch sich in einen Wohnwagen auf dem Campusgelände zurückgezogen. Das war sein Notbüro, in dem er telefonisch nicht erreichbar war. Frei von aller Verantwortung dachte er über diese seltsame Wissenschaft nach, bei der man das Gehirn benutzt, um das Gehirn zu verstehen, und meist in einem Bereich arbeitet, der unserem Auge verborgen bleibt.

»Wenn man Wissenschaft ernsthaft betreiben will, ist es das Wichtigste, mehreren Möglichkeiten gegenüber aufgeschlossen zu sein. *Man muß einfach mit komplexen Vorgängen leben können.* Denn wir als Lebewesen sind in der Lage, Ursache und Wirkung zu verstehen. Und letztlich muß man doch die Tatsache akzeptieren, daß es so viele Vermutungen und so viele Unsicherheiten gibt, mit denen man leben muß. Und wenn wir uns tatsächlich auf völligem Neuland bewegen, wovon können wir uns dann leiten lassen? Je unerforschter es ist, desto weniger Einschränkungen bestehen. Für einen Menschen ist das ein sehr unangenehmes Gefühl.«

Und zum Schluß landet Lynch wieder bei seiner eigenen Theorie.

»Ich glaube, die Leute übersehen die Vorteile der Calpain-Hypothese«, sagte er. »Ich glaube, die Leute machen sich nicht wirklich bewußt, was diese Hypothese aussagt: ›Dieses Enzym, das jenes Protein spaltet, führt zur Bildung von Erinnerungen.‹ Und damit geht meine Geschichte zu Ende.«

Erstes Intermezzo

Das Gehirn als Black box

Der fortdauernde Kampf der Präsynaptiker gegen die Post-
synaptiker und das Aufbegehren der Vertreter der Calpain-
Hypothese gegen das Establishment – die Anhänger des
zyklischen AMP – weckten Erinnerungen an das Mittelalter
und an die Ketzer.[1] War Christus wirklich wesensgleich mit
Gott (auf griechisch *homoousios*), wie die Kirche meinte,
oder einfach nur ein gottähnliches Wesen *(homoiousios)*,
wie die Donatisten annahmen? Will Durant zufolge unterschieden sich diese beiden Glaubensrichtungen »nur durch
ein Jota« – *homoousios* statt *homoiousios* –, aber gerade auf
solche Details kommt es in der Theologie wie in der Wissenschaft ganz allgemein an. Wenn Christus ein göttliches
Wesen ist, wie kann dann eine Sterbliche, Maria, seine
Mutter sein, oder ist sie, wie die Nestorianer meinten, nur
die Mutter seiner menschlichen Natur? Die Monophysiten
erklärten, Christus sei ein rein göttliches Wesen ohne jede
menschliche Komponente. Und dann waren da noch die
Eunomianer, die Sabellianer, die Messalianer und die Pris-
cillianer. »Wir können nur darüber trauern, aus welch absur-
den Gründen Menschen schon ihr Leben gelassen haben
und es noch lassen werden«, klagte Durant.
Nun ist es absolut nicht absurd, darüber nachzudenken, wie
Neuronen Erinnerungen speichern können. Doch auch in
der Wissenschaft erwächst vieles von dem, was man für wahr
hält, einfach aus einem instinktiven Gefühl und wird dann
schließlich zur Wahrheit erhoben. In einer Welt, in der »des
einen Eule des anderen Nachtigall ist«, wirkt der zur Erklärung des Gedächtnisses herangezogene Mechanismus oft

wie ein bloßes Hirngespinst. Wenn man dieser Erscheinung zu nahe kommt, verflüchtigt sie sich.

Mitte des Jahres 1990 jedenfalls war die Veränderlichkeit der Synapsen ein sehr aktuelles Thema. Die Präsynaptiker bereiteten gerade eine neue Offensive vor. Bei einem Treffen in Cold Spring Harbor, New York, berichteten zwei Wissenschaftler – Richard Tsien aus Stanford und Charles Stevens vom Salk Institute – über von ihnen erzielte experimentelle Ergebnisse, die darauf schließen ließen, daß sich durch den LTP-Effekt die Neurotransmitterausschüttung des sendenden Neurons erhöht. Doch in der Ausgabe, die über dieses Experiment berichtete, war gleichzeitig ein Aufsatz zu finden, der die Theorie des Postsynaptizismus verfocht. In bezug auf die grundlegenden Fragen herrschte jedoch Einigkeit: Welche spezifischen Mechanismen auch immer dahintersteckten, es mußte *irgendein* Mittel geben, die Stärke einer Synapse zu regulieren und Neuronen zu Gruppen zusammenzufügen, die als Symbole für unser gesamtes Wissen fungieren. Aber wie sehen solche Neuronenkonstellationen aus? Braucht man für die Anfangsakte einer Symphonie hundert Neuronen – oder vielleicht tausend, oder gar eine Million? Aus wie vielen Elementen besteht ein Buchstabe auf der Anzeigetafel des Gedächtnisses? Welche Symbole und welche Syntax hat die Sprache des Gehirns?

Als der Streit über die molekularen Mechanismen des Gedächtnisses immer weiterging, fragten sich einige Neurowissenschaftler, ob sie sich nicht vielleicht zu sehr mit gehirnchemischen Details aufhielten. Vielleicht hing ein möglicher Fortschritt gar nicht von solchen Einzelheiten ab. Und so visierten sie etwas weitergesteckte Ziele an. Schließlich beruht das Funktionieren von Intelligenz genausowenig auf einem einzelnen Neuron wie die Kommunikationsmöglichkeiten eines Computers auf einer einzigen Transistorschaltung. Es war zwar wichtig, zu wissen, wie der Transistor arbeitete, aber was war mit den größeren Einheiten? Da nun im großen und ganzen geklärt war, wie der Mechanismus der synaptischen Veränderung funktioniert, erschien es möglich, die Interaktion ganzer Neuronennetze, die das Verhalten eines Menschen steuern, zu untersuchen.

Die Neurowissenschaftler erklommen damit eine höhere Stufe der Abstraktionsleiter und betraten ein Gebiet, in das die Psychologie und sogar die Linguistik hineinspielen. Die von ihnen gestellten Fragen berührten nicht mehr nur Bereiche der Chemie, sondern auch der Semiotik, also jener Wissenschaft, die sich mit der Zuordnung von Symbolen zu Vorstellungen und Objekten und mit deren Manipulation durch den kaum faßbaren Prozeß des Denkens beschäftigt. Wie kann ein Ding ein anderes repräsentieren? Welcher Art sind die linguistischen Transaktionen, die zwischen unserem Gehirn und anderen Gehirnen ablaufen?

Worte hielt man früher für etwas Magisches – für heilige Laute, die zu den Dingen, die sie bezeichnen, in enger Beziehung stehen. Es gab eine Zeit, da bestand ein Zeichen einfach aus einem kleinen Bild, das dem realen Gegenstand ähnlich war. Man denke nur an ein Piktogramm auf einem Stein oder an die bildhaften chinesischen Schriftzeichen. Das Symbol für einen Menschen war ein kleiner Mensch. In der Astrologie hielt man bestimmte Konstellationen von Sternen oder Planeten für bedeutungsvoll, weil sie *aussahen* wie bestimmte Dinge auf der Erde oder wie Wesen aus uralten Mythen. Der Mars ist rot, das Blut ist rot, Rubine sind rot, also mußte es irgendeine magische Verbindung zwischen ihnen geben. Gegebenheiten oder Vorgänge am Himmel konnten sich, so dachte man, auf die Dinge auf der Erde, denen sie ähnelten, auswirken. Die geschriebenen Sprachzeichen jedoch waren schließlich so abstrakt, daß man ihre »Vorlage« nicht mehr wiedererkennen konnte. Die einzelnen Symbole, die Buchstaben der abendländischen Sprachen, repräsentierten zu guter Letzt keine wirklichen Gegenstände mehr, sondern nur noch bestimmte Laute.

Dennoch nahm man noch lange Zeit allgemein an, es gebe eine enge Beziehung zwischen einem Menschen und seinem Namen, zwischen dem Wort und dem Gegenstand, für den es steht. So betrachtet, würde ein Text nicht nur etwas repräsentieren, wäre er nicht allein eine Folge von zu entschlüsselnden Symbolen. Wenn Worte und Namen etwas Magisches wären, dann würde einer religiösen Schrift oder einer Zauberformel die Macht innewohnen, bestimmte Dinge in der Welt zu verändern. Ein Mensch könnte im wahrsten Sinn des Wortes dadurch mit einem Fluch belegt werden, daß man eine Zauberformel spricht, in der sein Name vorkommt.

Als die Menschen feststellten, daß ein Unterschied besteht zwischen dem Bezeichnenden und dem Bezeichneten, dem Wort an sich – seinem Klang, seiner Schreibweise – und seiner Bedeutung, vollzog sich ein grundlegender erkenntnistheoretischer Wandel. Das Wort »Hund« muß nicht unbedingt das Tier bezeichnen, das wir jetzt damit verbinden. Genauso wäre es möglich, daß nicht ein rotes, sondern ein blaues Ampelzeichen »Anhalten« bedeutet. Ein Symbol ist einem Objekt willkürlich zugeordnet. Prinzipiell kann jedes Wort zur Bezeichnung eines jeden Gegenstandes dienen, vorausgesetzt, man einigt sich auf eine allgemeingültige Definition. Seit der Erfindung des Computers sind die Menschen mit künstlichen Sprachen so vertraut, daß es nur noch von untergeordneter Bedeutung ist, daß die Zuordnung von Symbolen zu Objekten willkürlich geschieht. Es gibt keinen zwingenden Grund dafür, daß 1001001010 für A, B oder Z steht. Jede Zeichenfolge kann jedes Objekt bzw. jede Idee repräsentieren.

Genau das passiert wahrscheinlich im Gehirn. Eine bestimmte Neuronenkonstellation, hundert, tausend oder auch eine Million gleichzeitig feuernde Neuronen, könnte zum Beispiel einen Stein symbolisieren. Aber die Konstellation an sich weist keine Besonderheiten auf. Vielleicht hängen ihre genaue Gestalt und ihr Platz einfach nur davon ab, welche Neuronen zu der Zeit, als sie gebildet wurde, gerade zur Verfügung standen und welche anderen Symbole bereits im Gehirn vorhanden waren. Wenn das Wort eine Stunde früher gespeichert worden wäre, wäre womöglich eine ganz andere Konstellation entstanden.

Es könnte auch sein, daß die Neuronenkonstellation für »Stein« heute aus anderen Neuronen besteht als morgen; vielleicht wechselt sie ihren Platz. Man denke nur wieder an das Beispiel der Anzeigetafel. Das B ist ein B, ganz gleich, aus welchen Glühbirnen es sich zusammensetzt – und es bleibt auch noch dann ein B, wenn es über den Bildschirm läuft wie ein Brief über einen Fernschreiber. Einige Forscher meinen, Neuronenkonstellationen trügen eine Art Darwinschen Überlebenskampf aus, um sich einen Platz zur Repräsentation von Objekten oder Vorstellungen aus der Außenwelt zu sichern.[2]

Bei all diesen veränderlichen Faktoren, die eine Rolle spielen könnten, besteht kein Grund mehr, anzunehmen, daß ein »Stein« in meinem Gehirn genauso aussieht wie ein »Stein« in einem anderen Gehirn. Das ist auch unwichtig, solange ein Stein im Gehirn ein bestimmtes dauerhaftes Muster erzeugt, das uns auf Abruf die lautliche Antwort »Stein« geben läßt. Und solange das Gehirn auf das Hören dieser Lautfolge die gleiche Reaktion zeigt wie auf das Lesen des Wortes »Stein« in einem Buch oder auf das Sehen eines auf einem Tisch liegenden Steins – nämlich ein Aufleuchten der entsprechenden Neuronenkonstellation. Die gesprochene Sprache wäre dann eine Art Esperanto, das der Kommunikation zwischen Milliarden von internen Sprachgemeinschaften, die alle ihre eigene Sprache sprechen, dienen würde.

Worte sind keine festen bedeutungstragenden Einheiten. Die Konstellation für Stein – wie auch immer sie aussehen mag – könnte ebenso mit anderen Konstellationen verbunden sein – mit Neuronengruppen, die die Bedeutungen »hart«, »rauh« und »grau« symbolisieren. Möglicherweise ist sie auch mit Konstellationen verknüpft, die visuelle Vorstellungen von Steinen, an die man sich besonders gut erinnert, repräsentieren – von einem Felsen, den man mit Seil und Eispickel erklommen hat, oder von einem Stein, mit dem man nach jemandem geworfen hat. Neben den Konstellationen, die für die Eigenschaften und den visuellen Eindruck stehen, müßte es auch solche geben, die den Klang eines Wortes wiedergeben. Für das Wort »Stein« sollte diese Klangcodierung mit Konstellationen verbunden sein, die andere Bedeutungen repräsentieren: zum Beispiel mit der Bewegung eines Bootes in den Wellen, mit einer bestimmten Musik, mit dem Vornamen eines toten Schauspielers. Im Gehirn wäre die Konstellation »Stein« nicht definitiv begrenzt, sondern würde sich über die ganze Rinde ausdehnen und auch in die Bereiche hineinreichen, die bereits von anderen Wörtern besetzt sind. Wenn eine Neuronenkonstellation aktiviert würde, würde sie weitere Konstellationen stimulieren, die ihrerseits wieder andere Konstellationen aktivieren könnten. Die Bedeutung würde sich über das Assoziationsgeflecht des Gehirns ausbreiten wie die Wellen, die ein ins Wasser geworfener Stein verursacht.

Das alles ist natürlich reine Spekulation – Spekulation auf der Basis der Introspektion, die die Behavioristen so gern aus der Psychologie verbannen würden. Der Verstand eines Menschen ist wie ein Labor. Es müßte eine Möglichkeit geben, die Einsichten zu überprüfen, die wir aus unseren Gedankenexperimenten gewinnen. Aber wie sollen wir im Gehirn Erinnerungsstrukturen finden, wenn wir nicht einmal die Veränderung einer einzelnen Synapse beobachten können? Es existiert kein Mittel, das es uns erlauben würde zu kontrollieren, wie ein Gehirn arbeitet und Muster bildet; wie es gespeicherte Erinnerungen abruft, Strukturen miteinander verknüpft und eine Assoziation herstellt.

Da es kein wie auch immer geartetes »Kogniskop« gibt, mit dem man die Funktionsweise des Gehirns beobachten kann, versuchten es die Neurowissenschaftler Mitte der achtziger Jahre mit einem völlig neuen Ansatz. Sie beschlossen, ein künstliches Gehirn zu schaffen und dieses zu studieren. Sie wollten ein System aus künstlichen Neuronen und Synapsen herstellen und es dazu bringen, etwas zu lernen. Dann wollten sie es öffnen, hineinschauen und versuchen festzustellen, was sich verändert hatte.

Eine Möglichkeit, dies zu tun, wäre, einige Transistoren und andere Bauteile zu nehmen und sie so zu verbinden, daß sie wie ein einzelnes Neuron arbeiten, das heißt, daß Signale an der einen Seite ankommen und verändert auf der anderen Seite wieder herauskommen. Aus mehreren tausend solcher Neuronenmodelle ließe sich ein Neuronennetz bilden. Das taten die Forscher dann im Prinzip auch, doch statt durch die Verbindung realer elektronischer Bauteile ein Netzwerk herzustellen, simulierten sie es mit Hilfe eines Computers. Schließlich ist ein Computer durch entsprechende Programmierung in der Lage, jede Art von komplexen Vorgängen nachzuvollziehen – gleichgültig, ob es sich dabei um einen schweren Sturm, den Betrieb eines Atomkraftwerks oder die Wirtschaft Paraguays handelt. Warum also nicht auch das Gehirn? Natürlich funktioniert weder das Wetter- noch das Wirtschaftsmodell besonders gut. Aber wenn man sie stetig weiterentwickelt, nähern sie sich mit der Zeit dem Original vielleicht immer mehr an.

In einem Gehirnmodell wäre es genausowenig erforderlich, jedes neurochemische Detail zu simulieren wie bei einem Wettermodell jedes in der Atmosphäre vorhandene Wasser- oder Sauerstoffmolekül oder bei einem Wirtschaftsmodell jeden an der Volkswirtschaft des Landes Beteiligten – was bedeuten würde, das Gehirn jedes Beteiligten. Die Arbeit mit Modellen basiert auf der Annahme, daß es möglich ist, auf einer höheren Abstraktionsebene zu arbeiten, wo die zahlreichen trivialen Details auf überschaubare Strukturen reduziert werden. In einem Wirtschaftsmodell können wir jeden Menschen wie eine Black box behandeln, als einen Produzenten und Konsumenten von Gütern und Vermögen. Die Volkswirtschaftler arbeiten sogar auf einer noch höheren Abstraktionsebene. Bei ihnen ist das ganze Land die Black box – das, was die Ingenieure als eine Eingabe-Ausgabe-Einheit bezeichnen. Geld, Energie und Rohstoffe werden auf der einen Seite eingegeben, und auf der anderen Seite kommen Güter und Dienstleistungen heraus.

Wenn man ein Neuron mit all seinen Funktionen und Enzymen naturgetreu simulieren wollte, bräuchte man einen Supercomputer. Es ist aber gar nicht nötig, mit einer solchen Präzision zu arbeiten. Die Neurowissenschaftler hatten schon seit mehreren Jahren vermutet, daß man letztendlich davon ausgehen kann, daß das Neuron wie ein ziemlich einfacher kleiner Computer funktioniert. Es empfängt Signale von anderen Neuronen, von denen einige erregend, andere hemmend sind. Sie summieren sich oder heben sich gegenseitig auf, und wenn die Summe den Schwellenwert des Neurons übersteigt, feuert es und übermittelt sein Signal an andere Neuronen.

Wenn man alle biologischen Einzelheiten außer acht läßt, kann man ein Neuron als eine Black box betrachten – als einfache Eingabe-Ausgabe-Einheit. Es empfängt Signale, verarbeitet sie nach bestimmten Regeln und legt in codierter Form einen Bericht über die gewonnenen Erkenntnisse ab. Es empfängt das Eingangssignal und verarbeitet es zu einem Ausgangssignal. Wenn man die Neuronen als Kreise und die Synapsen als Striche darstellen würde, könnte man sie auf einem Bildschirm simulieren. Jedem Strich könnte eine Zahl beigefügt werden, die die Art der Synapse angibt (plus für erregend, minus für hemmend). Dieses System ließe sich mit irgendeiner Version der Hebbschen Lernregel programmieren. Bei der Simulation gäbe es keine Natrium- und Kalium-pumpen, keine Rezeptoren, kein Calpain und kein zyklisches AMP. Aber mit Hilfe des Systems der Kreise und Striche – dieser einfachen, abstrakten Neuronen und Synapsen – könnte die ganze biochemische Maschinerie erklärt werden.

So also sieht in etwa die Theorie aus. Was konnte für die durch die vielen Möglichkeiten der Interpretation zellulären Verhaltens frustrierten Wissenschaftler auch verlockender sein als die Aussicht, mit simuliertem Nervengewebe herum-zuprobieren? Wie Computer-Hacker, die mit ihrem ersten eigenen künstlichen Universum spielen, glaubten auch diese Wissenschaftler, alles fest im Griff zu haben. Mit einem Tastendruck konnten sie ein Netzwerk neu gestalten, die Neuronenzahl, die Menge der Verbindungen, die Schwellenwerte für das Feuern verändern. Vor langer Zeit machten Hunderte von Neurobiologen Experimente mit Quarzsand, die am lebenden Objekt oder im Reagenzglas nicht durch-geführt werden konnten. Einige meinten sogar, sie hätten einfache Netzwerke entwickelt, die wie das menschliche Gedächtnis arbeiteten – die nicht nur Informationen speichern, sondern diese auch in bestimmte Kategorien einord-nen, verallgemeinern und auf Erfahrungen zurückgreifen konnten, um Übereinstimmungen mit der Welt festzustel-len. Das Ziel dieser Kampagne war jedoch nicht, eine neue Art von künstlicher Intelligenz zu schaffen. Wenn die Wissenschaftler erst einmal herausfinden würden, wie man ein neurales Netzwerk aufbaut, das wie das menschliche Gedächtnis funktioniert, könnten sie die Blaupausen mit in ihre Labors nehmen und nach Beweisen dafür suchen, daß ähnliche Strukturen auch im menschlichen Gehirn zu finden sind. Die Computermodelle würden als Wegweiser bei der Erforschung der neuralen Wildnis dienen.

Einer der ersten, der auf dieser Welle schwamm, war Gary Lynch. Seit Mitte der achtziger Jahre hatte er zunehmend öfter Marathonunterhaltungen mit dem jungen Informatiker Richard Granger geführt. Granger war von der Yale-Universität, wo er bei Robert Schank, einem der prominenten Theoretiker auf dem Gebiet der künstlichen Intelligenz – dem Versuch, Computer so zu programmieren, daß sie wie ein Mensch denken –, Informatik und Psychologie studiert hatte, nach Irvine gekommen.

Die meisten K.-I.-Forscher interessierten sich nicht für Neuronen, auch nicht für simulierte. Sie schrieben statt dessen lieber Programme, die den Computer in die Lage versetzten, zum Beispiel Fragen zu einem Absatz langen Text zu beantworten oder aus einem Bildergewirr bestimmte Objekte herauszupicken und zu benennen. Dem lag die Annahme zugrunde, daß es bestimmte Regeln für das Denken gibt, mit denen ein Computer programmiert werden kann. Um die Sätze »Hans wurde von einem Wolf gebissen« und »Hans drehte das Fleisch durch den Wolf« richtig zu verstehen, benötigt der Computer die entsprechenden syntaktischen und semantischen Regeln. »Hans« ist im ersten Satz das Subjekt, »gebissen« das Partizip Perfekt des Verbs »beißen«. »Gebissen« wird man normalerweise von anderen Lebewesen, so daß es sich bei dem »Wolf« um ein Tier handeln muß. Wie kann aber im zweiten Satz Fleisch durch dieses Tier gedreht werden? Um die verschiedenen Bedeutungen dieses Wortes als Textbausteine richtig zu verstehen, müßte es ein Visionsprogramm etwa mit folgenden Regeln geben: Drei Linien, die sich zu einem Pfeil verbinden, bilden die Spitze einer Pyramide oder, von unten gesehen, die Ecke eines Blocks.

Die blitzschnelle Präzision, das stufenweise Arbeiten eines Computers weisen nur wenig Ähnlichkeit mit der Funktionsweise des Gehirns auf. Doch den für die künstliche Intelligenz entwickelten Grundsätzen gemäß sind solche Unterschiede irrelevant. Man meinte, Intelligenz könne jeder Art von informationsverarbeitender Einheit eingepflanzt werden, solange diese genug Energie besitze. Die Art des Substrats – Hardware oder Feuchtware, die feuchte, graue Gehirnmasse – sei dabei nicht von Bedeutung. Die Intelligenz, so wurde behauptet, lasse sich besser verstehen, wenn man sie von oben nach unten betrachte *(top down)* als von unten nach oben *(bottom up)*. Auf die Software komme es an, nicht auf die Hardware.

»Die K.-I.-Leute haben fast alle keine Ahnung von Neurobiologie«, klagte Granger 1984, kurz nachdem er nach Südkalifornien gegangen war. Für die K.-I.-Leute war der Geist ein Haufen von Programmen, und ein Programm kann auf jeder informationsverarbeitenden Einheit laufen, gleichgültig, ob diese elektronischer oder biologischer Art ist. »Vor ein paar Jahren hätte ich noch ebenso geredet, heute weiß ich, daß es sich anders verhält.«

Um solche Dinge wie das Gedächtnis und die Wahrnehmung zu verstehen, kann es durchaus hilfreich sein, einen Schritt zurückzugehen und das Gehirn aus der Distanz zu betrachten. Doch Granger erkannte, daß seine K.-I.-Kollegen sich zu weit von der wirklich interessanten Frage wegbewegt hatten, nämlich der, wie so etwas wie das Nervengewebe lernen und sich erinnern kann. Er interessierte sich immer noch mehr dafür, Computer zu programmieren, als mit Mikroelektroden zu arbeiten. Aber er bemerkte, daß die Simulation von Nervennetzwerken einen Mittelweg darstellte. Er wollte mit seinen Programmen Neuronen simulieren und nicht die Regeln, nach denen wir Subjekte von Objekten oder Dreiecke von Quadraten unterscheiden. Doch um solche Netzwerke richtig wiedergeben zu können, mußte er sich mit den Leuten zusammentun, die mit der feuchten grauen Materie arbeiteten.

Schon die Psychologen und die Informatiker gingen sich gern aus dem Weg, doch zwischen den Neurobiologen und den Informatikern gab es fast überhaupt keine Gemeinsamkeiten. Beide bewegten sich in ihrer eigenen, hermetisch abgeriegelten Welt. Doch nach etlichen Gesprächen bemerkten Granger und Lynch, daß mit den Nervennetzen ein gemeinsames Interessengebiet existierte. Sie strebten das gleiche Ziel an, nämlich, das Gedächtnis zu verstehen. Sie waren lediglich aus verschiedenen Richtungen darauf zugesteuert. Durch die Verbindung ihrer beiden Ansätze konnten sie vielleicht eine Gedächtnistheorie entwickeln, die nicht nur erklärte, wie sich die Synapsen verändern, sondern auch, wie aus Neuronenlabyrinthen Landkarten für die Welt entstehen.

Ihr erster Gedanke war, den Hippokampus zu simulieren. Seit Lynch angefangen hatte, mit dem LTP-Effekt zu arbeiten, war der Hippokampus ein Tummelplatz für Gedächtnisforscher geworden, und ganze Sitzungen bei den jährlichen Treffen der Gesellschaft für Neurowissenschaft beschäftigten sich ausschließlich mit ihm. Aus der hieraus resultierenden Datenflut ließ sich bestimmt ein Modell entwickeln. Doch der Hippokampus war trotz seines schönen schichtenförmigen Aufbaus schwer zu simulieren. Zum einen lag er tief im Gehirninneren. In einem immer noch unergründlichen Code sandte und empfing er Nachrichten zur und von der Vorderhirnrinde, zum und vom Septum und anderen Orten. Doch er empfing keine direkten Signale von der Außenwelt. Wenn ein Signal bei ihm ankam, war es schon zum größten Teil verarbeitet worden. Man wußte nicht, wie man die Funktionsweise des Hippokampus studieren und nachahmen sollte. Was für Nachrichten sollte er senden? Was für Antworten erwartete man?

Granger und Lynch entschieden, statt dessen gemeinsam an einem Programm zu arbeiten, bei dem die Riechrinde, ein anderer Teil des Gehirns, simuliert wurde. In der Riechrinde werden Informationen über Gerüche verarbeitet und für eine gewisse Zeit gespeichert. Im Unterschied zum Hippokampus hat die Riechrinde eine enge Verbindung zur Außenwelt. Sie empfängt Signale von den Riechrezeptoren, den Zellen in der Nasenregion, die auf eintreffende Gerüche reagieren. Es war ziemlich klar, was ein Computermodell dieser Rindenregion zu tun hatte – Informationen über Gerüche aufnehmen und einordnen. Nach entsprechender Übung sollte das Netzwerk[3] in der Lage sein, Käse und Wasser und vielleicht sogar Gouda und Tilsiter auseinanderzuhalten. Dieser kleine Gehirnbereich bot noch einen weiteren Vorteil. Andere Rindenregionen sind unglaublich komplex aufgebaut, die Riechrinde dagegen recht einfach; dies gilt besonders, wenn man von bestimmten Details absieht.

Für eine Ratte sind Gerüche ein wichtiger Faktor bei der Erfassung der Welt. Lynch und Ursula Staubli hatten Gerüche benutzt, um den Weg in einem Labyrinth zu markieren, in dem die Belohnung versteckt war, und festgestellt, daß sie den Ratten beibringen konnten, eine Reihe von komplexen Gerüchen zu unterscheiden. Die Gerüche stellten sie mit Hilfe von Grundstoffen aus der Parfümindustrie her. Die Ratten verhielten sich äußerst geschickt. Sie lernten, aus drei Grundstoffen bestehende Gerüche zu erkennen und voneinander zu unterscheiden – zum Beispiel einen aus den Grundstoffen A, B und C hergestellten von einem aus A, B und D bestehenden. Die Schaltungen für ABC in der Riechrinde mußten also irgendwie anders sein als die für die Stoffe ABD.

Wie alle sensorischen Informationen werden auch Gerüche in Form von elektrischen Signalen zum Gehirn übermittelt. Mit Elektroden, die sie in die Riechrindenschaltungen der Ratten einsetzten, stellten Lynch und Ursula Staubli fest, daß sie die eigentlichen Gerüche vollkommen auslöschen und den Tieren beibringen konnten, elektrische Stimulationsmuster voneinander zu unterscheiden, also das Signal ABC von ABD. Wie sich zeigte, war dieses Training mit »elektrischen Gerüchen« besonders erfolgreich, wenn die

Signale mit der Frequenz des Theta-Rhythmus, mit dem sich auch der LTP-Effekt am besten erzielen läßt, übertragen wurden.

Lynch meinte, der LTP-Effekt müsse auch in der Riechrinde auftreten, in der Neuronen zu Strukturen verbunden werden, die bestimmte Gerüche repräsentieren. Die Riechrinde gleicht einer Maschine, einem kleinen Computer, der in elektrochemische Impulse umgewandelte Informationen verarbeitet. Doch welche Art von Verarbeitung fand da statt? Wenn es Lynch und Granger gelänge, ein künstliches Nervennetz herzustellen, mit dem sie die Riechrinde simulieren konnten, würde dieses vielleicht wie eine einfache Gedächtniseinheit funktionieren.

Um die Sache möglichst unkompliziert zu gestalten, wollten sie ein winziges Stückchen nur einer der drei Schichten der Rinde simulieren – lediglich hundert von den Hunderttausenden oder gar Millionen Neuronen, die eine Ratte zur Verarbeitung von Gerüchen benutzt. Zu den Dendriten dieses Netzwerks führte ein dickes Bündel von Axonen, die Signale transportierten, die nach Lynchs Meinung den von der Nase kommenden ähnelten. Die Neuronen des Netzwerks waren mehr oder weniger zufällig miteinander verbunden, wie das auch in der Riechrinde der Fall zu sein schien. Einige Verbindungen waren erregend, andere hemmend. Manche Zellen hatten Ausgänge, die wie in einer Schleife zurückliefen und wieder am Eingang ankamen, so daß diese Zellen sich selbst zu stimulieren vermochten. In diesem Neuronengewirr konnte sich die Stärke der Synapsen den LTP-Regeln entsprechend verändern, die Lynch bei seinen Experimenten mit Hippokampus-Gewebescheibchen ermittelt hatte. Durch die Eingabe von Befehlen über eine Tastatur waren Granger und er in der Lage, die Schwelle, bei der ein Neuron feuerte, und die Dichte der Verbindungen untereinander zu verändern – sie konnten mit unterschiedlichen Konfigurationen herumprobieren.

Verschiedene Experimente haben gezeigt, daß es in einer realen Nase Zellen gibt, die als Detektoren für primäre Gerüche fungieren. Diese Zellen sind mit dem Riechkolben verbunden, der die Signale über ein Bündel von Axonen an die Riechrinde weitergibt. Einfachheitshalber ordneten Lynch und Granger jedem einfachen Geruch A, B, C oder D nur fünf dieser Eingangsaxone zu. Je mehr Axone aktiv waren, desto stärker war der Geruch. Ein komplexer Geruch wie ABD könnte z. B. so aussehen: 10011 11001 01100. Das erste Axon feuert, die nächsten beiden nicht, die beiden folgenden feuern wieder usw. Mit anderen Worten, die Gerüche A und B sind etwa gleich stark, D ist ein bißchen schwächer.

Wenn ein neuer Geruch am Netzwerk ankäme, würde es diesen verarbeiten. Die Signale würden von einem Neuron zum nächsten fließen und einige Neuronen stimulieren, andere dagegen hemmen. Die Stärke der Synapsen würde sich verändern, neue Verbindungen würden entstehen. Wenn der Geruch überall vorhanden wäre, würde sich eine Konstellation von miteinander verbundenen Neuronen von den zufälligen Verbindungen abheben, eine Struktur, die einen bestimmten Geruch repräsentieren würde.

Um sich ein Bild davon machen zu können, wie das im einzelnen abläuft, stellt man sich diesen Prozeß am besten in Zeitlupe vor. Und der Einfachheit halber sollte man sich dabei auf ein einziges Neuron konzentrieren. Dieses eine Neuron empfängt zahlreiche Impulse von einem der aktiven Axone des Axonenbündels, das die Signale von der Nase transportiert. Durch die ankommenden Signale wird der Schwellenwert des Neurons überschritten, es feuert und gibt Signale an andere Neuronen weiter. Diese empfangen nun auch noch Signale – erregende und hemmende – von anderen Stellen des Netzwerks, die ihrerseits weitere Neuronen zum Feuern bringen, wodurch sich die Zahl der Signale ständig vergrößert. Durch die Tatsache, daß die

Verbindungen zwischen den Neuronen verschieden stark sind und sich die Stärke gemäß den von Hebb konzipierten und von Lynch und Larson durch LTP-Experimente weiterentwickelten Regeln permanent verändert, kompliziert sich die Angelegenheit zusätzlich.

Diese Kettenreaktion von Neuronen, die andere Neuronen zum Feuern bringen, wodurch wieder andere feuern, endet schließlich in einer stabilen Konstellation aus einigen eingeschalteten und einigen ausgeschalteten Zellen. Das Aktivitätsmuster repräsentiert den Geruch. Wenn dieser das nächstemal auftritt, sieht das Muster vielleicht schon etwas anders aus. Bei mehrmaligem Auftreten jedoch bildet sich eine bleibende Struktur, ein Engramm, das für diesen Geruch steht.

Eines Nachmittags, nach einer am Computer verbrachten Nacht, beschrieb Lynch ein typisches Experiment.

»Sagen wir, das Netz besteht aus hundert Neuronen mit Axonen, die die Signale aus der Außenwelt herantragen. Und nun beschließen Sie, daß ein Reiz erfolgen soll. Nehmen wir einmal an, diese fünf Axone sind aktiv, und diese fünf, und diese zwei. Das Ganze repräsentiert einen Geruch aus der Umgebung oder etwas Ähnliches. Den lassen Sie durch das Netz laufen und beobachten, was passiert, wenn Sie den Vorgang wiederholen.«

Nach einer Reihe von Versuchen lernt das Netzwerk, den Geruch wiederzuerkennen und mit einem charakteristischen Muster von aktiven Neuronen darauf zu antworten, mit einem Symbol, das man willkürlich zum Beispiel »Schweizer Käse« nennen könnte.

»Dann nehmen Sie noch ein paar andere Gerüche hinzu und fangen an, Fragen zu stellen.«

Wie viele Gerüche kann das Netzwerk wiedererkennen, ehe eine Sättigung eintritt und es zu Verwechslungen kommt? Wie verschieden müssen zwei Gerüche sein, damit man sie auseinanderzuhalten vermag? Es war, als hätte man ein primitives kleines Gehirn, mit dem man spielen konnte.

»Das, was die Ratte macht, läßt sich mit dem vergleichen, was das Netzwerk tut, und wir können dieselben Experimente an uns selbst durchführen. Wir können zum Beispiel einen bekannten Geruch, der aus vier Komponenten besteht, nehmen und eine dieser Komponenten daraus entfernen. Rieche ich dann noch das gleiche, und wie ist das bei der Ratte? Was sagt das Netzwerk? Wenn ich einen Geruch, der aus vier Komponenten besteht, mit einem anderen Geruch mixe, der ebenfalls vier Komponenten enthält, was rieche ich dann, was riecht die Ratte, was riecht das Netzwerk?«

Eines Tages stellten Lynch und Granger zu ihrer Überraschung fest, daß ihr Netzwerk auch zu assoziativem Lernen fähig war, zum Einordnen von verschiedenen ähnlichen Gerüchen in dieselbe Kategorie. Wenn man das Netzwerk mit dem Geruch ABC trainiert, reagiert es darauf mit der Bildung eines charakteristischen Musters. Wenn man es mit ABD trainiert, ist das Muster anders. Doch wenn dann noch der Geruch ABE hinzukommt, erfolgt eine interne Anpassung. Da die Gerüche ABC, ABD und ABE alle etwas gemeinsam haben, ordnet das Netzwerk sie als zusammengehörig ein und reagiert auf jeden der drei gleich. Irgendwo in seinen Verbindungskonstellationen hat es ein Konzept entwickelt.

Geradezu unheimlich war, daß Lynch und Granger dies bei der Konstruktion ihres Riechapparats keineswegs eingeplant hatten. Diese einfache Form des Verallgemeinerns schien eine Folge des Netzwerkaufbaus zu sein. Und dieser Aufbau war der Struktur eines Säugetiergehirns abgeschaut. Als Lynch dies beschrieb, konnte er seiner Aufregung fast nicht mehr Herr werden. »Er sieht etwas und reagiert darauf mit: Oh, das ist aber schön, und lernt, und dann sieht er etwas anderes, das mit dem ersten etwas gemeinsam hat, und reagiert darauf mit: Das habe ich gelernt. Dann sieht er noch etwas, das mit den beiden ersten Dingen etwas gemeinsam hat, und bildet daraus fast magisch eine Kategorie

– rückwirkend sozusagen, rückwirkend! Und daraus entwikkelt sich dann eine Kategorie, die es vorher noch nicht gegeben hat.«

»Niemand hat ihm gesagt, er solle eine Kategorie bilden – es existiert keine solche Anweisung. Es gibt kein Programm, das sagt, bilde Kategorien, wenn du drei ähnliche Sachen siehst. Das tut er einfach so, induktiv. Ist das nicht toll?«

Noch verblüffender war, daß ein trainiertes Netzwerk einen Geruch sowohl der entsprechenden Kategorie (Käse) zuordnen als auch – als Tilsiter – benennen konnte. Nehmen wir einmal an, ABC stünde für den Duft einer Rose. Beim ersten Auftreten des Geruchs (dem ersten »Hochziehen«, wie Lynch es nannte) würde das Netzwerk diesen der Kategorie Blume zuordnen. Beim zweitenmal würde eine spezifischere Einordnung erfolgen: gut duftende Blume. Und beim drittenmal würde es noch einen Schritt weiter gehen: Rose.

Natürlich können die Eingangs- und die Ausgangssignale, die Folgen von Nullen und Einsen, alles repräsentieren – zum Beispiel auch Farben statt Gerüche. Lynch glaubt, daß die Riechrinde aus primitiven Schaltungen besteht, denen es die Fähigkeit verdankt, alle möglichen Informationen speichern und Assoziationen vornehmen zu können. »Das ist eine unglaublich alte Form der Schaltung«, erklärte er, »so eine, wie sie im Gehirn von Reptilen vorkommt, die die ersten waren, die eine Rinde besaßen.«

Vielleicht entstanden die ersten Konzepte dadurch, daß dieses primitive Nervennetzwerk Gerüche in Kategorien einordnete, die für das Überleben wichtig waren. Dann entwickelte sich das Gehirn weiter und arbeitete mit abstrakteren Kategorien: »rot«, »blau«, »laut«, »sanft«, bis hin zu »Wahrheit« und »Schönheit«. »Das ist wirklich außergewöhnlich angesichts der doch sehr primitiven Art der Verarbeitung von Gerüchen, die schon existierte, als es noch nicht einmal das Großhirn gab«, meinte Lynch.

Die Riechrinde ist natürlich nicht isoliert zu betrachten. In einem wirklichen Gehirn übermittelt sie auch Signale an den Hippokampus. Durch das Läsionieren von Rattengehirnen haben Lynch und Staubli gezeigt, daß ohne den Hippokampus die Erinnerungen in der Riechrinde schnell verlorengehen. Lynch nimmt an, daß der Hippokampus an der Langzeitspeicherung und am Assoziieren von Gerüchen mit visuellen Eindrücken zur Bildung von komplexen Repräsentationsmustern beteiligt ist – zum Beispiel der Assoziation von Apfelgeruch mit der Form und Farbe eines Apfels. Doch er hofft, daß diese ersten vergänglichen, primitiven Engramme in der Riechrinde von grundlegender Bedeutung sind, daß sie ein Fenster darstellen, durch das man beobachten kann, wie der Rest der komplexen Maschinerie arbeitet.

»Ihr Hippokampus ist nur drei Synapsen von den Geruchsrezeptoren entfernt«, sagte er eines Tages. »Denken Sie einmal darüber nach! Drei Synapsen von der frischen Luft! Die Crux ist, daß wir so visuell orientiert sind und von dieser Warte das Gedächtnis erforschen. Glauben Sie mir, wenn Sie ein Hund wären und wissen wollten, was es mit dem Gedächtnis auf sich hat – es würde Ihnen niemals in den Sinn kommen, visuell vorzugehen.«

Auch heute noch, Anfang der neunziger Jahre, ist Lynch die beherrschende Figur der Labors am Center for the Neurobiology of Learning and Memory. Er ist weiterhin damit beschäftigt, eine Strategie auszuarbeiten und Experimente zu entwickeln, die, so hofft er, seine Kollegen von der Richtigkeit der Calpain-Hypothese überzeugen werden. Doch er hat auch schon über neue Möglichkeiten nachgedacht. So verbrachte er immer mehr Zeit an einem Computer und gab, über die Tastatur gebeugt, Instruktionen ein, veränderte die Schwellenwerte für das Feuern eines Neurons und modifizierte LTP-Kurven. Lynch hat sich nie damit zufriedengegeben, auf der niedrigsten Abstraktionsebene herumzuexperimentieren. Er bewegte sich stets ein oder zwei Stufen darüber und versuchte, den Details eine Theorie abzugewinnen. Hier nun hatte er die Möglichkeit, Theorien zu entwickeln, die nicht einfach nur aus Worten bestanden. Und auch nicht allein aus Mathematik. Es handelte sich um eine Theorie über das Denken bei Ratten, die, in einem gewissen Sinn, denken konnte.

Ein seltsames Gefühl war das. Es war Nacht. Die Sonne war schon längst hinter den Hügeln verschwunden, die den Campus vom Pazifik trennten. Lynch starrte gebannt auf den Bildschirm seines Computers.

II. Die Gedächtnismaschine

Warum – als das Singen aufhörte und wir uns auf
die Stadt zubewegten, sag, warum die gläsernen Lichter,
die Lichter in den dort ankernden Fischerbooten,
die durch die Luft glitten, als die Nacht zu Ende ging,
die die Nacht besiegten und das Meer teilten,
die herrliche Landstriche und brennende Pole fixierten,
die verzauberte Nacht arrangierten, vertieften.

WALLACE STEVENS, *The Idea of Order at Key West*

Theoretisieren über das Theoretisieren

Leon Cooper saß, an einem Whiskey nippend, in seinem Büro hoch über dem Campus der Brown-Universität und spekulierte darüber, ob es die Welt, die er durch sein Fenster sah, auch wirklich gab.

»Für einen echten Solipsisten ist die Außenwelt nicht mehr als eine Hypothese«, sagte er und betrachtete dabei die zweifellos reizvolle Ansicht von Providence in Rhode Island. Über die Jahre hinweg war dies ein vertrauter Anblick für ihn geworden – so vertraut, daß er sich nur noch selten die Zeit nahm, ihn zu genießen. Ausgenommen in der Nacht. Das Sonnenlicht verschwand, es wurde dunkel, und es blieben nur noch die künstlichen Lichter übrig, die anzeigten, daß das menschliche Gehirn arbeitete und der Welt seine Ordnung aufzuzwingen versuchte, wogegen sich diese zur Wehr setzte, so gut sie es vermochte.

Cooper war sicherlich kein Solipsist, aber im Laufe seiner Karriere als Physiker – als ein Physiker, der sich gerade bemühte, ein Modell des menschlichen Gedächtnisses zu entwerfen – hatte er schon oft über das undefinierbare Verhältnis einer Theorie zu der Welt, die sie beschreibt, nachgedacht.

»Die Leute tun so, als würden wir uns einen unterirdischen Gang graben, der schon existiert«, sagte er.

»Vielleicht ist die Welt von jemandem geschaffen worden, der einen exatenSpielplan dafür hatte, und wir entdecken jetzt diesen Spielplan. Aber bis zu einem gewissen Grad sind wir es, die all diese wunderbaren Ordnungen *erfinden*.«

Zu den »wunderbaren Ordnungen«, an deren Schaffung Leon Cooper beteiligt gewesen war, gehört die BCS-Theorie der Supraleitung, für die er zusammen mit Robert Schrieffer und John Bardeen 1972 den Physik-Nobelpreis bekommen hatte. Seine Kollegen und er hatten gezeigt, daß sich Elektronen bei Temperaturen nahe dem absoluten Nullpunkt komplex anordnen und daß dann kein Widerstand mehr vorhanden ist, und damit die Erklärung für ein Phänomen geliefert, das den physikalischen Gesetzen zuwiderzulaufen schien. In einer suprakalten, supraleitenden Schleife würde der Elektronenfluß niemals aufhören.

Danach hatte sich Cooper der Neurowissenschaft zugewandt und war zu einem der führenden Theoretiker auf dem Gebiet der Nervennetzwerkstheorie geworden, die versucht zu erklären, wie durch die Interaktion von vielen Milliarden Neuronen der Geist entsteht. Er hatte auch ein Unternehmen ins Leben gerufen, Nestor Inc., um seine Ideen in die Praxis umzusetzen. Einige seiner Vorstellungen darüber, wie Neuronengruppen lernen, die Welt zu begreifen, dienten als Grundlage für die Erstellung einer Software, mit der ein Computer handgeschriebene Zeichen und gesprochene Laute erkennen konnte. Wie die meisten anderen Wissenschaftler, ging auch Cooper von der Annahme aus, daß es ein von unserem Bewußtsein unabhängiges Universum gibt, über das wir Theorien entwickeln. Aber welche von den Strukturen, die sich dabei ergeben, existieren tatsächlich und nicht nur in unserem Kopf?

»Das ist eine dieser tiefgründigen philosophischen Fragen, über die ich nur diskutiere, wenn ich Whiskey trinke und dabei beobachte, wie die Sonne untergeht«, gab er einen seiner Lieblingssätze zum besten. »Existiert da draußen überhaupt so etwas wie objektive ›Naturgesetze‹? Das läßt sich nicht so einfach beantworten.«

In Wahrheit war dies genau die Art von philosophischen Rätseln, die Leon Cooper, diesem Theoretiker, der lange

Zeit darüber theoretisierte, was es bedeutet zu theoretisieren, gefiel. Ist die Mathematik erfunden oder entdeckt worden? Und wie steht es mit Begriffen wie »Baum«, »Hund«, »Boden«, »Neurotransmitter«, »Ionenkanal«, »Elektron«, »Quark« oder »Zeit«? Existieren sie in einem Platonschen Ideenhimmel und warten darauf, eines Tages von dem für das Erkennen von Strukturen geeignetsten Werkzeug, dem menschlichen Gehirn, entdeckt zu werden? Oder erfindet das Gehirn solche Begriffe im Zuge seiner höchst unvollkommenen Versuche zu begreifen, wie die Welt funktioniert?

In der Kernphysik, Coopers früherem Spezialgebiet, ist die Trennungslinie zwischen dem Subjektiven und dem Objektiven besonders unscharf. Schon auf dem Gymnasium werden die Schüler mit dem verwirrenden Faktum konfrontiert, daß der Quantentheorie zufolge das Licht ebenso als Teilchen wie als Welle angesehen werden kann. Es kommt nur darauf an, wie man es betrachtet. Noch seltsamer ist, daß man von einem Elektron nie sagen kann, es nähme zu einem bestimmten Zeitpunkt einen bestimmten Platz ein. Wenn wir es nicht gerade dazu bringen, mit einem unserer Meßinstrumente zu kollidieren, existiert es nur in einem Stadium reiner Potentialität, das man auch als Wahrscheinlichkeitswelle bezeichnet. Selbst wenn wir das Elektron messen – wenn wir »die Wellenfunktionen kollabieren lassen«, wie die Physiker sagen –, müssen wir uns entscheiden, ob wir seine Position oder seine Geschwindigkeit feststellen wollen. Es ist nämlich nicht nur unmöglich, beide Faktoren gleichzeitig zu messen, sondern auch sinnlos, davon zu sprechen, daß ein Elektron gleichzeitig eine Position und eine Geschwindigkeit besitzt. Position und Geschwindigkeit sind abhängig von demjenigen, der das Experiment durchführt; der Beobachter ist ein integraler Bestandteil des Versuchs. Es scheint, als müßten wir der Hoffnung abschwören, die Konzepte, die unser Gehirn entwickelt hat, um auf einem feindlichen Planeten überleben zu können, ließen sich auf das submikroskopische Gebiet des Atoms übertragen.

Die Auffassung, die Realität sei bis zu einem gewissen Grade im Geist des Beobachters verankert, hat ziemlich viel pseudowissenschaftlichen Unsinn nach sich gezogen. Die Regale der Buchläden sind heute voll mit Werken, die vorgeben, mit Hilfe der Quantentheorie alles erklären zu können, von der ganzheitlichen Medizin bis hin zu ASW und Zen. Sogar einige Physiker machen sich stark für eine radikale Interpretation der Quantentheorie, das sogenannte anthropische Prinzip, das besagt, das Universum existiere nur, damit wir es beobachten können.

Die meisten Physiker – darunter auch Cooper – halten das für absurd. »Manche Leute vertreten Auffassungen, die ich nie teilen könnte – zum Beispiel, daß die Lösung von Problemen der Quantentheorie etwas mit dem Bewußtsein zu tun hat. Alles, was ich geschrieben habe, widerspricht dem«, sagte er. »Für mich ist das reine Verschleierung – die Erklärung eines Mysteriums durch die Einführung eines anderen.«

Eine Möglichkeit, dieser Quantenmystik den Boden zu entziehen, wäre, klarzustellen, was wir eigentlich unter einem Beobachter verstehen.[1] Und um zu begreifen, was ein Beobachter ist, wäre es sicherlich hilfreich, etwas über die physikalischen Grundlagen des Geistes zu wissen. Wo wir die Trennungslinie zwischen dem Subjektiven und dem Objektiven auch immer ziehen, klar ist, daß wir nicht wie Gott außerhalb der Schöpfung stehen und die Macht haben, die Welt wirklich objektiv zu beschreiben. Wir beeinflussen das Beobachtete nicht nur dadurch, daß wir es beobachten, wir filtern die Welt auch mit unseren Sinnen, verarbeiten die dadurch gewonnenen Daten, und unser Gehirn ordnet sie zu Strukturen. Wir können Licht nur in einem kleinen Bereich seines vollen elektromagnetischen Spektrums sehen. Wir nehmen lediglich das wahr, was unser Nervensystem uns wahrzunehmen erlaubt. Für ein Lebewesen mit einem nach einer anderen Blaupause aufgebauten Gehirn wäre das Universum ein völlig anderer Ort, und es stünden ihm Türen offen, von denen wir nur träumen können.

Die Naturwissenschaft ist somit nicht eine Beschreibung der physischen Welt, sondern eine Beschreibung der Interaktion zwischen Welt und Geist – also auch des Prozesses, in dem Erfahrungen in Erinnerungen umgesetzt werden.

So gesehen ergibt es durchaus einen Sinn, wenn ein gerade aus Stockholm von einer Audienz beim schwedischen König kommender Nobelpreisträger von dem engen, geraden Weg der theoretischen Physik abweicht und sich auf einen zwanzig Jahre dauernden Ausflug in die Wildnis der Neurowissenschaft begibt. Um die Quantentheorie – und damit die Physik selbst – zu verstehen, müßte man die Rolle des Beobachters verstehen, und um den Beobachter zu verstehen, müßte man den Geist verstehen. So jedenfalls lautete die Theorie, die einige Kollegen Coopers anführten, um sein Umschwenken auf dem Höhepunkt seiner Karriere zu erklären. So bereitwillig er sich über abstrakte Themen ausläßt, wenn es um persönliche Dinge geht – um seine Gefühle, Hoffnungen und Ambitionen –, ist Leon Cooper ein sehr verschlossener Mensch.

»Aus irgendeinem Grund spricht er nicht gern über solche Sachen«, sagte Jim Anderson, Professor für Psychologie an der Brown-Universität in Neuengland und ebenfalls ein Pionier der Nervennetzwerktheorie. Selbst nach vielen Jahren der Zusammenarbeit hatte Anderson nicht das Gefühl, seinen Kollegen besonders gut zu kennen.

Cooper, ein eleganter, gutgekleideter Endfünfziger, gibt nur sehr zögernd etwas von sich preis. Es ist daher kaum verwunderlich, daß über ihn und seine bahnbrechenden Arbeiten in der Neurowissenschaft so wenig geschrieben wurde. »Ich habe stundenlange Interviews gegeben«, erklärt er, »aber ich scheine nicht das Richtige zu sagen.« Wenn man ihm eine Frage stellt, auf die er nur ungern antwortet, zieht er seine Nase kraus und fragt zurück: »Muß ich mich *dazu* wirklich äußern?«

»Er ist ein Geheimniskrämer«, meinte Anderson. »In dieser Beziehung ist er wirklich ein bißchen merkwürdig. Teilweise liegt es daran, daß er gern ein wenig auf Show macht. Mit Vorliebe arbeitet er heimlich, still und leise an einer Sache und kommt dann ganz am Ende damit an und sagt: Schaut mal, was ich da in letzter Zeit gemacht habe. Und dann ist es eine ausgeklügelte Theorie.«

Vor kurzem hat Cooper etwas Zeit von seiner Arbeit an Nervennetzwerken abgezwackt, um Überlegungen zum Immunsystem anzustellen, das in bezug auf die Fähigkeit, sich an bestimmte Muster zu erinnern und sie wiederzuerkennen – in diesem Falle mikroskopisch kleine Eindringlinge – in direkter Konkurrenz zum Gehirn steht. Er hat sogar eine AIDS-Theorie entwickelt, über die er mit Robert Gallo, dem Mitentdecker des AIDS-Virus, diskutierte.[2] Zeitweilig befaßte er sich damit, eine überzeugende theoretische Erklärung für die kalte Fusion zu finden – falls diese überhaupt existieren sollte.

Am besten betrachtet man Leon Cooper als einen professionellen Theoretiker, der es meisterhaft versteht, aus Fakten und Vermutungen Theorien zu entwickeln, und das auf den verschiedensten Wissensgebieten. Coopers Beitrag zur Erklärung der Supraleitfähigkeit zeigt, daß er ein feines Gespür für wissenschaftliche Ästhetik hat, eine Fähigkeit, die für die Ausarbeitung einer guten, gleichzeitig eleganten und überlebensfähigen Theorie erforderlich ist.

»Eine Theorie ist eine gutdefinierte Struktur, die hoffentlich mit dem, was wir beobachten, in Einklang steht«, sagte er an jenem Nachmittag in seinem Büro. Als die Unterhaltung sich nicht mehr um persönliche, sondern um abstrakte Dinge drehte, wurde er redseliger. »Sie ist wie ein architektonisches Werk, wie eine Kathedrale. Der Mensch strebt schon seit Urzeiten danach, der chaotischen Welt eine rationale Ordnung überzustülpen. Genau dies tut ein Detektiv, und auch ein Zauberer. Darum sind die Menschen so fasziniert von Leuten wie Sherlock Holmes. Die Wissenschaft ist aus der Zauberei hervorgegangen. Sie ist eine moderne Form dessen, was früher die Magier machten. Die Welt ist ein Wirrwarr, und die Menschen wollen sie in eine Ordnung bringen.«

Cooper meint, ein Theoretiker sei eine Art Künstler, ein Mensch, der ein Talent dafür besitzt, Wichtiges von Unwichtigem zu scheiden und wunderbare Ordnungen zu schaffen.

»Bei einem Maler ist das Auge entscheidend, bei einem Musiker das Ohr. Sind die einzelnen Elemente erst einmal vorhanden, ist das Herstellen einer Struktur lediglich eine Frage der Technik, wie beim Kontrapunkt. Für einen Außenstehenden mag das wie Schwarze Magie wirken, für denjenigen, der sich damit befaßt, ist es aber etwas ganz Alltägliches.«

Daß sich die Theorien über das Universum mathematischer Formeln bedienen, hat etwas mit deren Nützlichkeit zu tun. Der Theoretiker wird dadurch gezwungen, klar zu denken.

»Die Mathematik ist eine Art Sprache«, meinte Cooper. »Wie Galilei erklärte, bedeutet Mathematik, daß das, was ich sage, aus dem folgt, was ich vorher gesagt habe. Unter diesen Umständen sind Fehler leichter zu lokalisieren und auszumerzen. Während einer langen politischen Rede können sich unbemerkt ungeprüfte Annahmen oder ein Widerspruch einschleichen. Dadurch entsteht sehr oft Verwirrung, und man kann zu jedem gewünschten Ergebnis gelangen.«

Die Mathematik sorgt dafür, daß man bei der Wahrheit bleibt. Die Physik, die Chemie und auch die Biologie haben ihren Beitrag zur Erweiterung der quantitativen Fähigkeiten des Menschen geleistet. Cooper sah jedoch keinen Grund, weshalb man solch »weiche« Wissenschaften wie Philosophie und Psychologie nicht durch eine gutstrukturierte Theorie des Geistes ersetzen sollte.

Im Jahre 1972, zu der Zeit, als er den Nobelpreis erhielt, arbeitete er gerade an seiner ersten Veröffentlichung über das Gedächtnis. Die mit diesem Thema zusammenhängenden Probleme haben ihn seither immer beschäftigt. Er war nicht an der passiven Seite des Erinnerns, am einfachen Aufzeichnen von Informationen interessiert. Cooper ging vielmehr der Frage nach, wie das Gehirn bestimmte Strukturen erkennt, sie speichert, in Kategorien einordnet, auf Befehl abruft – kurz, wie die Theorien über die Welt erzeugt werden.

Dies war eine aufregende Perspektive, der es zu jener Zeit freilich an Wertschätzung durchaus mangelte. Da gab es nun also einen Physiker der Spitzenklasse mit einem Hang zur Philosophie, und der orientierte sich nach innen. Wenn es gelang, das Gedächtnis wissenschaftlich in den Griff zu bekommen, konnte daraus sogar eine Theorie über die Theoretiker entstehen – eine Erklärung dessen, was es mit der Materie in unserem Kopf auf sich hat, wie es kommt, daß wir uns mit ihrer Hilfe in der Welt zurechtfinden.

»Ich bin wirklich nicht dumm und recht unkonventionell«, meinte Cooper, und gab damit Spekulationen über sein eigenes Inneres Raum. »Mein Verstand arbeitet auf eine ganz spezifische Art und Weise. Ich kenne viele Leute, die eigentlich viel intelligenter sind als ich, aber ich habe es geschafft. Ich habe sehr viel Vertrauen zu meinem Denkvermögen. Darum kann ich auch jahrelang Sachen machen, die der allgemeinen Richtung zuwiderlaufen, eben weil ich über ein so starkes Selbstvertrauen verfüge. Ich bin sehr hartnäckig, was meine Ideen angeht.

Mißverstehen Sie mich jetzt bitte nicht – das heißt keineswegs, daß alle funktionieren. Niemand trifft ständig ins Schwarze. Aber man muß es versuchen. Sonst könnte man sein Geld genausogut mit etwas anderem verdienen. Das

Wichtigste bei dieser Sache ist die Möglichkeit, sich auf einem sehr hohen intellektuellen Niveau zu betätigen.«

Zu vorgerückter Stunde kam Cooper dann darauf zu sprechen, wohin all diese Forschungen führen könnten. Seine Bemühungen, das Gehirn zu verstehen, beschränkten sich schließlich nicht auf die Arbeit mit dem Computer, sondern er versuchte auch, etwas zu konstruieren, das die Fähigkeit hatte, Dinge wahrzunehmen und sich an sie zu erinnern.

»Demnächst werden wir über Maschinen verfügen, von denen man tatsächlich behaupten kann, daß sie in der Lage sind zu denken«, sagte er. »Das hat zweifellos etwas Erschreckendes. Aber man muß sie als das betrachten, was sie sind – Apparate, die die Fähigkeit besitzen, Dinge, die wir auch selber tun könnten, besser zu machen. Diese Maschinen werden den Menschen nicht ersetzen, sie werden mit ihm zusammenarbeiten, und ich denke, daß die Leute, die heute eine Bedrohung in ihnen sehen, sich schon bald fragen werden: Wie sind wir eigentlich jemals ohne diese Dinger ausgekommen?«

»Wir brauchen zum Beispiel Verfahren für die Entscheidungsfindung bei besonders vielschichtigen Problemen. Zahlreiche von Menschen geschaffene Systeme brechen zusammen, weil sie nicht in der Lage sind, alle in sehr komplexen Situationen auftretenden Variablen zu verarbeiten – man sieht das bei unseren Schwierigkeiten mit der Umwelt oder bei verschiedensten Problemen, die mit einer Datenflut verbunden sind und für die man höchstwahrscheinlich rationale Lösungen finden könnte, wenn man nur genügend Zeit hätte. Aber diese Zeit hat man eben nicht.«

Cooper machte eine Pause, so, als mahne ihn eine innere Stimme; es schien, als wolle er sich von seinem Enthusiasmus nicht zu sehr mitreißen lassen.

»Wenn Sie meinen, daß es niemand schaffen wird, ein Ding in einem würfelförmigen Behälter zu konstruieren, das all das macht, was wir auch machen, dann sage ich Ihnen, daß

Sie damit wahrscheinlich für absehbare Zeit recht haben. Es wird vermutlich noch lange dauern, ehe es jemandem gelingt, ein Dialysegerät zu bauen, das so klein ist wie eine Niere. Man muß klar unterscheiden zwischen wirklichen Vorgängen und unserer Fähigkeit, diese nachzuahmen.

Anders verhält es sich mit der Frage, *wie* das Nervensystem lernt, wie es Erinnerungen speichert, wie es sich selbst organisiert, wie die verschiedenen Subsysteme zumindest im Prinzip interagieren, auf welcher Grundlage Bewußtsein und Selbstbewußtsein funktionieren. Diese Probleme sind lösbar. Ich glaube, daß letzteres – das Vorhandensein von Bewußtsein und Selbstbewußtsein – eine wesentliche Eigenschaft des Systems darstellt, ohne daß dies etwas besonders Geheimnisvolles sein müßte. An solchen Themen sind wir alle interessiert, aber ich persönlich beschäftige mich damit nur abends, wenn ich, um mit Kafka zu reden, am Fenster sitze und zusehe, wie die Sonne untergeht.

Ich denke, daß wir diese Dinge eines Tages verstehen werden, und zwar schon recht bald. Und dann wird alles plötzlich ganz einfach sein. Probleme, die uns heute noch unlösbar erscheinen, sind morgen vielleicht schon trivial.«

Choreographie der Atome

Als John Bardeen 1955 nach einem intelligenten jungen Kollegen Ausschau hielt, der an der Lösung des Problems der Supraleitfähigkeit mitwirken sollte, arbeitete Leon Cooper gerade am Institute for Advanced Study in Princeton im Bundesstaat New Jersey. Zu jener Zeit stellte dieses Institut, an dem sich bereits Einstein, Gödel, Oppenheimer und von Neumann gern aufgehalten hatten, eine der besten »theoretischen« Denkfabriken der Welt dar. Chen Ning Yang, der sich, zum Andenken an Benjamin Franklin, selbst den Namen Frank gegeben hatte, würde bald zusammen mit T.D. Lee eine Theorie entwickeln, die zum Einsturz brachte, was die meisten Wissenschaftler für ein unanfechtbares Gesetz des Universums gehalten hatten – die Erhaltung der Parität. Diesem Prinzip zufolge unterliegen ein Teilchen und sein Gegengewicht den gleichen physikalischen Gesetzen. Yang und Lee zeigten, daß dies nicht immer der Fall ist. Für ihre Arbeit, die zu erklären half, warum das Universum mehr Materie- als Antimaterieteilchen enthält, wurde ihnen der Nobelpreis zuerkannt.

Während viele Physiker das Innere des Atomkerns studierten, hatte Bardeen eine höhere Abstraktionsebene gewählt. Als Festkörperphysiker untersuchte er das Verhalten von großen Atomverbänden und die dabei auftretenden ungeheuren Komplikationen. Auch er sollte – für die Mitarbeit an der Erfindung des Transistors – den Nobelpreis erhalten. Nun suchte er jemanden, der ihm zu ergründen half, warum auf Temperaturen nahe dem absoluten Nullpunkt heruntergekühlte Metalle keinen elektrischen Widerstand mehr aufweisen.

»Er hatte an Frank Yang geschrieben«, erinnert sich Cooper, »wahrscheinlich um anzufragen, ob dieser nicht einen jungen Kollegen an seinem Institut empfehlen könne, der sich mit den modernsten theoretischen Methoden auskannte und ob es ihm nicht möglich sei, diesen von der wahrhaft wichtigen Arbeit an Problemen der Hochenergiephysik (wie man sie damals verstand) freizustellen und ihn davon zu überzeugen, daß auch auf dem Gebiet der Festkörperphysik interessante Aufgaben zu bewältigen seien.«

Damals, so Cooper, hörte er zum erstenmal das Wort Supraleitung.[1]

Nach seinem Abschluß an der Bronx High School of Science konnte sich Cooper zunächst nicht entscheiden, ob er Biologie oder Physik studieren sollte. Er gab der Physik den Vorzug, und bereits mit fünfundzwanzig Jahren machte er seinen Doktor an der Columbia-Universität. In seiner Dissertation hatte er eine Reihe von kernphysikalischen Problemen bearbeitet, wovon das interessanteste die Myonen waren. Durch die Verwendung von Deuterium – einer schweren Variante des Wasserstoffs –, bei dem das einzige Elektron durch ein wesentlich schwereres, als Myon bezeichnetes Partikel ersetzt wurde, waren die Physiker in der Lage, ein ganz spezielles Atom herzustellen, dessen Radius so klein war, daß es leicht mit einem anderen fusionieren konnte. Einige Wissenschaftler entwickelten diesen Prozeß, die sogenannte Myon-Katalyse, sogar noch weiter zu einem Vorläufer der kalten Fusion. Doch es war sehr schwer, diese Reaktion in Gang zu setzen, so daß sie für die Erzeugung von Energie nie wirklich interessant wurde. Das Myon selbst freilich stellte ein aufregendes theoretisches Problem dar, genauso wie die Arbeit Coopers auf dem Gebiet der Quantenfeldtheorie. Der Wechsel von der Kern- zur Festkörperphysik war der erste radikale Bruch in seiner Karriere.

»Obwohl sich John zweifellos alle Mühe gab, mir zu erklären, worum es ging, habe ich wohl nicht allzuviel kapiert«, erinnert sich Cooper. »Da die Aussichten auf Fortschritte in der Feldtheorie damals jedoch recht gering waren, beschloß ich, den Schritt zu wagen.«

Und so wechselte er an die Universität von Illinois in Champaign-Urbana, um dort mit Bardeen und dem Doktoranden Bob Schrieffer zusammenzuarbeiten, der sich mit dem Thema Supraleitung in seiner Dissertation beschäftigte. An der Tür zu Schrieffers Büro hing ein Schild mit der Aufschrift: »Institute for Retarded Studies« (Institut für Anfängerstudien). Als Cooper sich durch die fruchtlosen Versuche, eine Erklärung für die Supraleitung zu finden, hindurchlas, verstand er, wie sehr einen dieses Problem verunsichern konnte.

»Sie müssen sich vor Augen führen, daß man es nicht nur für schwierig, sondern für schlichtweg unlösbar hielt«, sagte er.

»Fünfzig Jahre lang waren alle daran gescheitert, obwohl sich, glaube ich, die meisten bedeutenden Physiker daran versucht haben.«

Heisenberg selbst hatte daran gearbeitet und keinen Erfolg gehabt. Und auch der große Richard Feynman kapitulierte vor diesem Problem. 1956 erfuhr Cooper von einer Vorlesung, die Feynman wenig früher vor einer Gruppe von Physikern gehalten hatte. Er hatte mit den Worten geschlossen: »Und sollte sich jemand daranwagen – ich möchte Sie bereits jetzt warnen, bevor Sie damit anfangen –, dann erfolgt irgendwann einmal der große Schock; man stellt fest, daß man einfach zu dumm ist, um mit diesem Problem zu Rande zu kommen.« Derjenige, dem die Lösung dieses Rätsels gelang, würde mit Sicherheit einen der großen theoretischen Coups dieses Jahrhunderts landen.

Ein normales Metall, wie zum Beispiel Kupfer oder Aluminium, hat eine Kristallgitterstruktur – eine große, submikroskopische Ionenstruktur aus Atomen, deren Außenelektronen abgetrennt worden sind. Die von ihren Atomrümpfen losgelösten Elektronen bilden, wie die Physiker es zu pflegen, nennen eine Fermi-Fläche, und dieses Elektronengas fließt zwischen den Metallionen hindurch und ist Träger der Elektrizität.

Wenn das Gitter eine perfekte, unbewegliche Struktur hätte, hätte das Metall keinen Widerstand. Das Elektronenband könnte dann ohne Reibungsverluste durch das Ionengitter fließen. Doch dieser Idealzustand tritt nur dann ein, wenn die Temperatur den absoluten Nullpunkt erreicht und wenn alle Kristalle intakt sind. Unter normalen Bedingungen verursacht selbst die kleinste Wärmezufuhr Gitterschwingungen, und diese Schwingungen wirken sich negativ auf den Elektronenfluß aus. Wie ist es dann aber möglich, daß einige Metalle – sicherlich auf sehr niedrige Temperaturen, jedoch nicht auf den absoluten Nullpunkt heruntergekühlt – diesen scheinbar unvermeidlichen Widerstand überwinden und so ein ungehinderter Elektronenfluß ermöglicht wird?

»Wir brauchten eine Weile, um alle Teile zusammenzusetzen, und als wir erst einmal richtig angefangen hatten, uns mit dieser Theorie zu beschäftigen, wurden sechs Monate daraus«, berichtete Cooper. »Ich habe oft sehr hart gearbeitet, aber nie zuvor über einen so langen Zeitraum und mit so konstanten Ergebnissen. Jeder Tag brachte ein neues Resultat. Es war ganz erstaunlich, und es war einfach toll, das mitzuerleben.«

Bardeen, Cooper und Schrieffer nahmen an, daß Elektronen unter bestimmten Bedingungen in der Lage waren, ihre Kräfte zu vereinen und sich in der Masse so zu bewegen, daß sie den Widerstand überwinden konnten. Auf das ganze Gitter übertragen, bedeutete dies, daß ein Elektron durch eine Schwingung oder einen Fehler in der Kristallstruktur nicht einfach verlorengehen konnte, da die anderen Elektronen bemüht waren, in gemeinsamer Anstrengung die Störung zu beheben.

Doch damit diese Theorie funktionierte, mußte noch eine andere Hürde überwunden werden. Man nimmt an, daß das Universum sich aus zwei großen Teilchenfamilien zusammensetzt: zum einen aus den Fermionen, worunter die Elektronen, die Protonen und die Neutronen, also die Bausteine der Materie, fallen, und zum anderen aus den Bosonen, die als Träger der elektromagnetischen Kraft, der Schwerkraft sowie der starken und der schwachen Kernkraft dienen. Photonen zum Beispiel sind Bosonen, die als Träger elektromagnetischer Kräfte fungieren. Das Problem dabei war, daß die Fermionen einem als Paulisches Ausschließungsprinzip bekannten physikalischen Gesetz gehorchen mußten. Wie jedes Fermion wird auch ein Elektron durch eine Reihe von Quantenzahlen charakterisiert, die seine Position, seine Geschwindigkeit und seine Spinrichtung (im Uhrzeigersinn = Spin oben, entgegen dem Uhrzeigersinn

= Spin unten) angeben. Nach Pauli kann es keine zwei Fermionen geben, die die gleichen Quantenzahlen aufweisen – es können keine zwei Elektronen existieren, die zur gleichen Zeit das gleiche machen. Doch wie konnten sich die Elektronen dann in einer Massenbewegung vereinen, die zur Supraleitfähigkeit führte?

Um diesem scheinbaren Widerspruch auf die Spur zu kommen, machten sich die drei Wissenschaftler eine Lücke in Paulis Gesetz zunutze. Wenn sich zwei Elektronen mit entgegengesetztem Spin irgendwie zusammenschließen könnten, würden sie wie ein Boson wirken. Und Bosonen unterliegen nicht dem Pauli-Prinzip. Doch dadurch entstand wieder ein neues Problem. Zwei Elektronen gleicher Ladung haben die natürliche Neigung, sich gegenseitig abzustoßen. Die BCS-Theorie lieferte unter anderem auch die Erklärung dafür, wie die Elektronen die gegenseitige Abstoßung durch Wechselwirkung mit den Gitterschwankungen umgehen konnten.

Die Schwingungen, die normalerweise den Widerstand in einem Kristallgitter hervorrufen, lassen sich zur Aufhebung der Abstoßungskräfte zwischen den Elektronen benutzen. Zu Paaren zusammengeschlossen, können die Elektronen dann auf so gut koordinierte Weise fließen, daß der Widerstand umgangen wird. Das Ergebnis ist eine Art atomares Jiu-Jitsu, bei dem die Kraft des Gegners – die Widerstand erzeugenden Schwingungen – gegen diesen selbst eingesetzt wird. Auf diese Weise löste sich auch ein scheinbares Paradoxon auf. Die schlechtesten Leiter – zum Beispiel Blei – sind die besten Supraleiter. Kupfer ist kein Supraleiter. Die Schwingungen, die den Widerstand hervorrufen, werden gleichzeitig zu dessen Überwindung genutzt.

1957 sollten Robert Schrieffer und Leon Cooper ihre neue Theorie bei einem Treffen der American Physical Society in Philadelphia vorstellen. Doch Schrieffer war aufgrund eines abgesagten Fluges verhindert, und so hielt Cooper beide Vorträge. Er war damals siebenundzwanzig Jahre alt.

»Es war ein aufwühlendes Erlebnis«, berichtete er. »Es war wirklich unglaublich. Alle liefen hinter mir her, der Saal war überfüllt. Ich war zu jung, um richtig wahrzunehmen, was da eigentlich geschah. Es war wie ein Traum. Aber ich war noch in dem Alter, in dem man glaubt, so etwas passiert jeden Tag.«

Noch heute wundert er sich darüber, wie schnell alles ging. In einem Alter, in dem viele noch hart an ihrer Karriere arbeiten, hatte er sich schon einen Platz in der Geschichte gesichert – als das C in der BCS-Theorie.

»Wenn ich zurückblicke, glaube ich, das waren heroische Zeiten, und es war ein heroisches Gefühl. Ich kann nicht sagen, daß es ein schlechthin großartiges Gefühl war. Es war sehr schmerzhaft – großartig und schmerzhaft zugleich. So wie ein Marathonlauf eine schmerzhafte Erfahrung ist – auch wenn man als erster ins Ziel kommt.«

»Wir drei schufen ein Werk, das wahrscheinlich zu den bedeutenderen theoretischen Errungenschaften des 20. Jahrhunderts zählt«, meinte er. »Ich denke, daß unsere Theorie, wenn man ihre Komplexität, das Problem, das es zu lösen galt, sowie die daraus resultierenden Folgen betrachtet, gleich hinter den allergrößten Leistungen wie der Allgemeinen Relativitätstheorie und der Quantenelektrodynamik rangiert – direkt dahinter.

Wenn auch nur einer von uns gefehlt hätte, wären wir gescheitert. Zu dritt haben wir es geschafft, und zwar auf eine recht merkwürdige Art und Weise.«

Als seine Frau und er siebenundzwanzig Jahre später eine im Jahre 1957 hergestellte Whiskeysorte entdeckten, kaufte er gleich eine ganze Kiste davon. »Kein Wintertag in Neuengland kann so kalt sein«, erklärte er, »daß ein Glas von diesem Elixier mich nicht sofort wieder aufwärmt.«

Erfahrungsstrukturen

Die Supraleitung war unzweifelhaft eine harte Nuß.
»Ich glaube, das einzig richtige war, nicht zu versuchen, die Sache zu verstehen, sondern einfach daran zu arbeiten«, sagte Cooper.
Im Laufe der nächsten fünfzehn Jahre entwickelte er seine Ideen über die Supraleitung und die Festkörperphysik ständig weiter. Er verfaßte einen Aufsatz über die Rolle des Beobachters in der Quantentheorie. Nebenbei beschäftigte er sich mit allen möglichen Dingen. »Ich war nicht mit der Festkörperphysik verheiratet«, erklärte er. »Ich war überhaupt kein echter Festkörperphysiker. Ich neige dazu, von einem Gebiet zum anderen zu springen. Mitte bis Ende der sechziger Jahre erwachte mein Interesse für die Biologie wieder – für diese schwierigen, tiefgründigen Fragen, die mich stets fasziniert haben, an denen man aber nicht jeden Tag arbeiten kann.«
Als Bardeen, Schrieffer und er 1972 nach Stockholm fuhren, um den Nobelpreis in Empfang zu nehmen, war die BCS-Theorie für die Physiker schon nichts Neues mehr, für die breitere Öffentlichkeit aber stellte sie eine Offenbarung dar. »Es waren so viele Reporter da, es gab so viele Vorträge, so viele Pressekonferenzen – Limousinen fuhren vor und brachten einen von einem Ort zum andern, und man hatte immer etwas zu tun. Ich hetzte von einem Vortrag zum Königspalast und von dort zum nächsten Empfang. Aber ich glaube, mir gefiel das nicht so richtig«, sagte Cooper. »Ich kann mich nicht einmal mehr genau daran erinnern. Mir ist nur noch der ständige Trubel gegenwärtig.«
Coopers Interesse galt damals bereits der Frage, was das Besondere am Gehirn ist, was es ist, das uns nach einer Ordnung für die Welt suchen läßt, uns geradezu zwingt, eine solche zu suchen. Er begann, die Physik quasi von innen

zu betrachten, sich weniger auf das zu konzentrieren, was in der Außenwelt passiert, als vielmehr darauf, wie das alles, was uns begegnet, in unseren Köpfen zu Erinnerungsstrukturen geordnet wird.

Ende der sechziger Jahre verfaßte er in der Gewißheit, daß Studienanfänger im Fach Physik aus seinen Einsichten Nutzen ziehen konnten, ein ungewöhnliches College-Lehrbuch: *An Introduction to the Meaning and Structure of Physics,* ein Werk, das mit historischen und literarischen Anspielungen gewürzt war. Beginnend mit Aristoteles und endend beim »Vater« der Quarks, Murray Gell-Mann, stellte Cooper die Physik als einen Versuch der Menschheit dar, mit Hilfe des Verstandes und des Gedächtnisses Erfahrungen zu ordnen.

Stellen Sie sich vor, Sie hätten sich an einem College für ein Physikstudium eingeschrieben, in der Erwartung, es würden die normalen Probleme mit Hunden, die einen Blumentopf von einer Fensterbank fallen sehen, oder mit Geschossen, die von einem Zug aus einer Kanone abgefeuert werden, abgehandelt, und statt dessen würden Sie nun mit folgendem konfrontiert:

»Der Mensch kommt mit einem Schrei auf die Welt: ein hereinbrechendes Licht oder ein Klaps eröffnen ihm die Welt der sinnlichen Wahrnehmung. Der Verstand ordnet diese erste Erfahrung, und diese Ordnung ist die Grundlage der Wissenschaft. ... Vielleicht ist sich ein neugeborenes Baby noch nicht bewußt, daß das Licht, die Geräusche, die Berührungen, der Geruch und der Geschmack, die es wahrnimmt, von Objekten herrühren, die außerhalb seines Verstandes liegen. Es weiß vielleicht nicht, wo es selbst aufhört und wo etwas anderes anfängt. Wenn es sich dann zum erstenmal bewußt wird, daß ein häufig wiederkehrendes Wahrnehmungsmuster ein anderer Mensch ist – die Mutter –, dann ist das eine Erfahrung von solcher Wichtigkeit, wie sie ihm nie wieder in seinem Leben begegnen wird, eine

Erfahrung, die wir alle, die wir erwachsen geworden sind und leben, gemacht haben.«[1]

Auf dem Lehrbuchmarkt, auf dem es von Titeln mit Standardeinleitungen wimmelt, die die Physik mit einem Haufen von Gleichungen beschreiben, als wären sie auf einem goldenen Tablett serviert worden oder dem Etikett einer vom Himmel gefallenen Colaflasche entnommen, war Coopers Buch etwas vollkommen Ungewöhnliches. Er stellt darin Dinge in Frage, die andere Autoren als gegeben hinnehmen: daß wir in einer Welt leben, die gut genug geordnet ist, um durch kompakte Theorien erfaßt werden zu können.

»Ein unorganisiertes Sammeln von Fakten würde zu einem total durcheinandergewürfelten Aktenschrank führen, zu einem Zufallslexikon, zu jenem langweiligen, nutzlosen Katalog, der manchmal mit Wissenschaft verwechselt wird. Doch was in der Erfahrung selbst läßt darauf schließen, daß eine Ordnung existiert? ... Es gibt keine Garantie dafür – eine eher überraschende Feststellung –, daß wir solche Beziehungen entdecken könnten wie die zwischen der Umlaufbahn des Mondes und der Flugbahn eines Geschosses in der Nähe der Erdoberfläche. Was bringt uns dazu, zu glauben, daß eine von uns geschaffene Ordnung weniger komplex ist als das, was in der Realität abläuft, daß die Symbole, die wir auf ein Stück Papier schreiben, uns irgendwie in die Lage versetzen, nicht nur etwas zu wissen, sondern auch die Welt zu beeinflussen?«[2]

Der Verstand betreibt Physik, indem er komplexe Dinge auf einfache, leicht zu beschreibende Prinzipien reduziert. Das gilt für das Gehirn ebenso wie für das gesamte übrige Universum.

Coopers Buch wurde nie recht populär. Vielleicht gereichte es ihm zum Nachteil, daß es zu einer Zeit erschien, als die Anhänger einer Bewegung, die eine andere, »tiefere« Sicht der Wissenschaft anstrebte, sich Werken wie *Zen und die*

Kunst, ein Motorrad zu warten oder *Das Tao der Physik* zuwandten. Die Anspielungen in Coopers Buch entstammen eindeutig der Hauptströmung der *westlichen* Kultur. Vielleicht wollen die meisten Studenten aber auch, daß ihnen die Wissenschaft in Form eines sauber verschweißten Pakets, dessen Inhalt eine Offenbarung der Wahrheit ist, dargeboten wird. Einige wenige Professoren schätzten Coopers scharfsinnigen Ansatz sehr. Das Buch ist auch heute noch, zwei Jahrzehnte später, in so manchem Klassenzimmer zu finden, da Cooper es in eigener Regie druckte, nachdem es beim Verlag vergriffen war.

Magnet und Gehirnzelle

Während des gesamten 20. Jahrhunderts haben Psychologen und Philosophen großartige Theorien über das Gehirn und den Verstand entwickelt, und gelegentlich war da auch ein Autodidakt, der nach Jahren der Isolation geradezu fanatisch die Überzeugung vertrat, das alles habe etwas mit der Quantentheorie zu tun, mit einer neuen Art von multidimensionaler Mathematik oder mit einem bisher unentdeckt gebliebenen Energiefeld. Vielleicht ist das der Grund dafür, daß so viele Neurowissenschaftler diesen grandiosen, alles umfassenden Theorien über das Gehirn mit Spott und Verachtung gegenüberstehen, besonders, wenn sie von Menschen erdacht worden sind, die die ungeheure Komplexität des Nervengewebes nicht aus eigener Anschauung kennen. Die Neurowissenschaft hat Theorien gegenüber immer Zurückhaltung gezeigt – sie ist nur attraktiv und lohnend für Menschen, die sich lieber mit Details als mit allgemeinen Prinzipien beschäftigen. Wie David Hubel, ein mit dem Nobelpreis ausgezeichneter Neurobiologe, einmal schrieb, sind die Neuroanatomen »eine besondere Sorte

Mensch, oft zwanghaft und manchmal sogar halb paranoid veranlagt«[1]. Sie sind von der Präzision besessen. Einige Neurowissenschaftler, wie zum Beispiel John Eccles, einer der großen Männer auf diesem Gebiet, waren sogar derart von der Vielfalt des Gehirns fasziniert, daß sie schließlich nur noch reinen Mystizismus betrieben. Man könne, so meinte Eccles, mit der Zeit zwar eine Theorie darüber ausarbeiten, wie das Gehirn funktioniert, aber in bezug auf den Geist war er einer Meinung mit Descartes: Dieser sei ein immaterieller Stoff, der im Körper wohne, das berühmte »Gespenst in der Maschine«. Cooper hingegen war in einem völlig anderen intellektuellen Milieu aufgewachsen. Für einen theoretischen Physiker war es nur von untergeordneter Bedeutung, aus größerer Distanz zu betrachten, so daß sich aus den Details Strukturen ergaben, wie bei einem Zeitungsfoto, wo die einzelnen Punkte sich miteinander vermischen und so ein Bild entsteht. Doch um die verborgenen Ordnungen zu entdecken, waren manchmal bessere Werkzeuge erforderlich als nur der gesunde Menschenverstand. Um dem Geheimnis der Supraleitung auf die Spur zu kommen, hatte Cooper eine Mischung aus Statistik und Quantentheorie benutzt – die von den Physikern als Mehrkörpertheorie bezeichnet wurde – und damit beschrieben, wie Milliarden von Elektronen in einer Massenbewegung den elektrischen Widerstand umgehen können. Also fragte er sich, warum er die Mehrkörpertheorie nicht auch verwenden sollte, um zu erklären, wie sich durch die Zusammenarbeit von vielen Milliarden Neuronen der Verstand bildet.

»Eines der Dinge, die mich störten, war, daß man in jedem Lehrbuch etwas über die Eigenschaften eines einzelnen Neurons nachlesen konnte – sie waren sehr genau bekannt –, doch wenn man etwas über die Eigenschaften von Neuronenverbänden wissen wollte, über die Eigenschaften, die mit dem Gedächtnis, dem Lernen etc. zusammenhingen, herrschte Funkstille. Niemand konnte einem erklären, wie oder wo Erinnerungen gespeichert werden. Das war ein unhaltbarer Zustand. Und so kam mir die Idee, daß sich die Mehrkörpermethoden vielleicht auch auf Neuronensysteme anwenden ließen. Es stellte sich zwar heraus, daß das eine Illusion war, aber immerhin kam ich auf diese Weise mit dem Thema in Berührung.

Zudem hatte ich die Gelegenheit, über alle möglichen tiefgründigen Probleme wie das Wesen der Intelligenz, des Gedächtnisses, des Lernens, des Bewußtseins und des Selbstbewußtseins nachzudenken.«

Als man das Gehirn-Verstand-Problem von allen störenden Details befreit hatte, zeigten sich einige erstaunliche Parallelen zwischen der Interaktion von vielen Milliarden Atomen in einem Stück Materie und der Interaktion von vielen Milliarden Neuronen im Gehirn. In beiden Fällen existiert eine Population von winzigen Elementen, die einen von zwei möglichen Zuständen einnehmen können. Neuronen können entweder feuern oder nicht feuern, und bei Atomen kann – wie bei einem Magneten – entweder der Nordpol nach oben und der Südpol nach unten zeigen oder umgekehrt. (Die Polarität hängt vom Spin der Elektronen des jeweiligen Atoms ab.)

In einem Metall sind Atome beider Polaritäten zufällig und ohne erkennbare Ordnung verteilt; manche zeigen nach oben, manche nach unten. Wenn sich die Atome jedoch so aufreihen, daß sie alle in die gleiche Richtung weisen, erfolgt eine gegenseitige Verstärkung und das Metall wird zum Magneten. Die Physiker bezeichnen das als Ferromagnetismus. Wenn die kleinen Magnete im Atom allerdings – den Farben auf einem Schachbrett vergleichbar – abwechselnd nach unten und nach oben zeigen, ist das Metall ein Antiferromagnet – ein Isolator wie auch das Porzellan, das keiner magnetischen Anziehung unterliegt.

Bereits Mitte der fünfziger Jahre hatte man vermutet, daß das Verhalten einer großen Masse von Neuronen eine Analogie zu der Magnetisierbarkeit der Atome darstellt.[2] Dieses Konzept wurde seitdem immer wieder aufgegriffen, ist es doch plausibler, als es auf den ersten Blick scheinen mag. Die Physiker haben entdeckt, daß der Ferromagnetismus und der Antiferromagnetismus auftreten, weil einige Atome dazu neigen, eine Ausrichtung ihrer Nachbaratome in die gleiche Richtung zu bewirken, während andere Atome eine Ausrichtung ihrer Nachbarn in die entgegengesetzte Richtung auslösen. Im Gehirn kann ein feuerndes Neuron sein Nachbarneuron entweder stimulieren (wenn die zwischen den beiden liegende Synapse erregend ist) oder hemmen (wenn die Synapse hemmend ist). Ein Neuron, das ein anderes hemmt, wäre demnach mit einem Atom vergleichbar, das eine Ausrichtung seines Nachbarn in die entgegengesetzte Richtung, also eine Unterdrückung des »Signals«, bewirkt. Und ein Neuron, das ein anderes stimuliert, würde zwei Atomen entsprechen, die in die gleiche Richtung zeigen, und damit eine doppelt so starke Wirkung auf andere Atome ausüben.

Stellen wir uns einmal vor, viele Milliarden winziger Magnete seien in einem mit leichtem Öl gefüllten Behälter aufgehängt. Und gehen wir um der Analogie willen davon aus, daß einige der Magnete wie Atome eine ferromagnetische Reaktion zeigen und andere eine antiferromagnetische. Wenn man den Behälter nun schüttelt, drehen sich die Magnete in alle Richtungen und ziehen sich entweder gegenseitig an oder stoßen sich ab. Nach einer Weile ist ein Gleichgewichtszustand erreicht, und sie sind mehr oder weniger zufällig verteilt, mit Ausnahme von einigen geordneten Bereichen. In manchen Regionen wechseln sich Nord-Süd-Magnete und Süd-Nord-Magnete ab und heben sich gegenseitig auf. In anderen Bereichen ist eine parallele Ausrichtung der Magnete in die gleiche Richtung anzutreffen. Diese Areale wirken wie Mega-Magnete, die einen Einfluß auf andere Regionen ausüben. Die vielen Millionen lokaler Interaktionen legen die Gesamtstruktur innerhalb des Behälters fest. Es gibt, wie man in der Festkörperphysik sagt, eine Ordnung, die über eine kurze Entfernung wirkt (Magnete, die andere Magnete beeinflussen), und eine Ordnung, die über eine lange Entfernung wirkt (Bereiche, die andere Bereiche beeinflussen).

Wenn wir nun von außen gegen den Behälter klopfen, laufen Vibrationswellen durch das Medium. Geschieht dies wiederholt, könnte vielleicht eine dauerhafte Veränderung der inneren Struktur eintreten. Das Klopfen hätte dann sein Muster hinterlassen. Eine Erinnerungsstruktur wäre entstanden.

Damit aus all dem eine überzeugende Theorie wird, müßte man natürlich noch eine Vielzahl von Details herausarbeiten. Bei dieser Analogie ist die Massenreaktion der Neuronen weniger mit den Schaltungen in einem Computer vergleichbar als mit dem Wetter. Mit Hilfe von Statistiken könnten die Wissenschaftler das Gedächtnis und das Bewußtsein auf die gleiche Weise untersuchen wie ein Physiker die Temperatur, den Druck und andere kompliziertere atmosphärische Phänomene. Die auf dem einen Wissenschaftsgebiet verwendeten Werkzeuge ließen sich auch für ein anderes nutzen.

Durch die Parallelen zwischen der Festkörperphysik und der Neurowissenschaft wurde im Laufe des nächsten Jahrzehnts auch noch manch anderer Physiker animiert. Einige Wissenschaftler fingen an, seltsame synthetische Materialien, die sogenannten Spingläser[3], zu analysieren, deren innere Struktur genauso komplex ist wie die des imaginären Magnetenbehälters. In ferromagnetische Bereiche (die aus Atomen bestehen, die die Ausrichtung anderer Atome in die gleiche Richtung bewirken) sind antiferromagnetische Bereiche (in denen sich nach oben und nach unten zeigende Atome abwechseln) eingefügt. War es möglich, daß diese intern geordneten Bereiche den Strukturen ähneln, die von Erinnerungen in unserem Gehirn hinterlassen werden?

Cooper selbst gab diese Konzeption schließlich auf und schlug einen anderen Weg ein. Seine Suche nach Parallelen zwischen der Physik und der Neurowissenschaft hatte ihn jedoch davon überzeugt, daß aus der Tatsache, daß das Gehirn eine biologische Maschine ist, noch lange nicht gefolgert werden kann, daß auch der Verstand ein biologisches Problem darstellt. Er war sicher, daß man nicht alle neuroanatomischen und neurophysiologischen Einzelheiten verstehen muß, um herauszufinden, wie das Gedächtnis funktioniert. Die Leute, die sich mit diesem ganzen Zeug auskannten, waren womöglich vor lauter Detailwissen blind für den Gesamtzusammenhang. Vielleicht brauchten sie ja gerade einen professionellen Theoretiker, jemanden, der alle Nebensächlichkeiten beiseite fegen und dem Phänomen auf den Grund gehen konnte.

»Man muß ein Gefühl dafür haben, was man genauer untersuchen und was man vernachlässigen sollte«, erklärte Cooper. »Die Welt ist viel zu kompliziert, als daß man sie als Ganzes betrachten könnte. Einstein sagte einmal, man solle ein Problem so einfach wie möglich fassen – aber auch nicht einfacher.«

Beschäftigt sich ein Physiker mit den Newtonschen Gesetzen, so wird er einige Vereinfachungen vornehmen, zum Beispiel die Reibung vernachlässigen. Wenn er die bereinigte Situation erst einmal richtig versteht, kann er langsam, aber sicher auch auf die in der realen Welt auftretenden Schwierigkeiten eingehen.

Also fragte sich Cooper, was wohl passieren würde, wenn er die meisten in einem Neuron ablaufenden Vorgänge ignorieren und es als eine einfache, computerähnliche Einheit betrachten würde, die Signale von anderen Neuronen empfängt, sie verarbeitet und ihre eigenen Signale am anderen Ende ausgibt. Wenn man diese einfachen Einheiten als Bausteine benutzte, konnte man einfache Netzwerke aufbauen und versuchen, sie dazu zu bringen, gehirnähnliche Funktionen zu übernehmen.

»Ein Neuron naturgetreu reproduzieren zu wollen ist reine Zeitverschwendung«, erklärte Cooper, »denn fünfundneunzig Prozent von dem, was ein Neuron treibt, hat wahrscheinlich überhaupt nichts mit Informationsverarbeitung oder -speicherung zu tun. Es ist mit ganz alltäglichen Problemen beschäftigt, insbesondere damit, sich am Leben zu erhalten. Es geht also nicht darum, das Neuron naturgetreu zu reproduzieren, sondern zu verstehen, was von dem, was das Neuron macht, irgend etwas mit Informationsverarbeitung zu tun hat. Wenn man das festgestellt hat, kann man versuchen, es zu reproduzieren. Und dann ist das biologische System auch in der Lage, einem zahlreiche Hinweise zu liefern.«

Einige Biologen fanden diese Vorstellung gelinde gesagt unangenehm. Von einem Menschen, der viele Jahre damit zugebracht hat, in liebevoller Kleinarbeit einen bestimmten Ionenkanal oder einen bestimmten Rezeptor zu studieren, kann man schließlich nicht erwarten, daß er sich freut, wenn man ihm sagt, daß das von ihm so sorgsam umhegte Objekt irrelevant für den Gesamtzusammenhang sein könnte.

»Die Reaktion der meisten Biologen war: Er mag ja ein guter Physiker sein, aber ... Dinge wie synaptische Veränderungen und die über ein ganzes Netzwerk verteilte Speicherung von Erinnerungen waren ihrer Meinung nach irgendwo zwischen Phantasterei und kompletter Selbsttäuschung angesiedelt«, sagte Cooper.

Auch einige seiner Physikerfreunde standen seinen Vorstellungen skeptisch gegenüber. Seit der Blütezeit der Kybernetik in der Zeit nach dem Zweiten Weltkrieg war eine kleine Gruppe von Forschern von der Idee fasziniert gewesen, mit Hilfe künstlicher Neuronennetzwerke das Gehirn besser verstehen zu können. Während einige dann tatsächlich aus

Röhren und Transistoren Maschinen bauten, simulierten andere solche Netzwerke mit einem Computer. Doch Anfang der siebziger Jahre waren die Nervennetzwerke aufgrund jahrzehntelanger Mißerfolge in Verruf geraten. Cooper hätte genausogut ankündigen können, er plane, die biologischen Grundlagen des Jungschen Unbewußten oder die Beziehung zwischen Gravitonen und ASW zu erforschen. Doch er war davon überzeugt, daß ihm gelingen würde, was die anderen nicht geschafft hatten. Hat sich erst einmal eine Idee in ihm festgesetzt, ist es schwer, ihn davon abzubringen.

»Als ich das erstemal darüber sprach, schlug mir hauptsächlich Skepsis entgegen«, sagte er. »Ich glaube, die meisten Leute – etwa die Physiker – meinten, daß der Versuch, das Gehirn zu erforschen, zwar interessant sei, daß er aber zu früh komme, daß das vielleicht erst in tausend Jahren möglich sei. Ein guter Freund bedachte mich einmal mit dem Kommentar: ›Na dann viel Glück.‹ Außerdem gehörte das, was ich vorhatte, nicht zur Physik – und das ist für Physiker von allergrößter Wichtigkeit. Hinzu kam, daß die Leute, die Maschinen bauten, die praktische Dinge mit dem Computer machten, Netzwerke für eine äußerst zweifelhafte Angelegenheit hielten. Man war also allgemein der Meinung, das, was ich beabsichtigte, sei so ziemlich das letzte, was man tun sollte.

Nun könnte man fragen, warum ein rational denkender Mensch dann dennoch so etwas macht. Ich glaube, ich bin kein ganz und gar rational denkender Mensch. Das ist wahrscheinlich eine Art Charakterschwäche. Ich bin ein hartnäckiger Individualist, besonders wenn es um intellektuelle Dinge geht. Wenn ich von einer Idee überzeugt bin, ist mir vollkommen egal, was die anderen davon halten. Das ist vermutlich eine arrogante Haltung. Aber wenn die Welt schon ein paarmal zu der eigenen Denkweise übergeschwenkt ist, läßt es sich damit leben.«

Und so machte sich Cooper ganz allein daran, ein intellektuell unterentwickeltes Gebiet zu erschließen.

»Man steht in einem Bereich an der Spitze, und dann fängt man plötzlich wieder ganz von vorne an wie ein Student. Okay, ich habe nicht direkt als Student begonnen, aber selbst das hätte mich nicht sehr gestört. Der Lernprozeß als solcher ist ungeheuer aufregend. Das ist mir wahrscheinlich wichtiger als alles andere. Man hat das Gefühl, daß man sich unheimlich schnell vorwärts bewegt. Man entdeckt zwar nur Dinge noch einmal, die die anderen schon längst wissen, aber es ist ein großer intellektueller Anreiz. Und wenn man erst einmal in so einer Sache drinsteckt, muß man einfach weitermachen.

In vieler Hinsicht waren wir uns keineswegs sicher, aber mir schien klar zutage zu liegen, daß es möglich war, diesen Weg zu beschreiten und zu interessanten und fruchtbringenden Ergebnissen zu kommen. Natürlich wußte ich nicht, wie lange das dauern würde, das kann man nie sagen. Aber ich hoffte die ganze Zeit, daß ich Resultate sehen würde. Ich hatte nie das Gefühl, das müsse schon im nächsten Jahr sein. Das ist nicht meine Art zu arbeiten. In einer solchen Situation ist es natürlich hilfreich, eine Professorenstelle auf Lebenszeit zu haben. Aber da ist auch noch die Frage der finanziellen Unterstützung, und eine Zeitlang sah es in dieser Beziehung schlecht aus. Jetzt ist es viel leichter. Mittlerweile ist dieses Forschungsgebiet regelrecht in Mode gekommen. Sie sehen, Probleme dieser Art lösen sich manchmal fast von allein.«

Die Universalmaschine

Als Cooper anfing, sich in die neurowissenschaftliche Literatur einzulesen, stellte er fest, daß es eine bunte und reichhaltige Kollektion von Leuten gab, die die Auffassung vertreten hatten, die beste Möglichkeit, das Gehirn zu verstehen, sei dessen Simulation durch eine Maschine. Einer der ersten, und wahrscheinlich auch der bedeutendste, war der britische Mathematiker Alan Turing, der 1936 eine Rechenmaschine konzipierte, die als Turingmaschine bekannt wurde.[1] Dieses imaginäre Gerät war unglaublich einfach konstruiert und zeigte dabei ein erstaunlich kompliziertes Verhalten. Es war aus zwei einfachen Komponenten aufgebaut: einem Abtastkopf, der Zeichen auf einen endlos langen Papierstreifen schreiben und lesen konnte, und einem Zifferblatt, das dem einer Uhr ähnlich war. Um ein Problem zu lösen, gab der Mensch es in einer Sprache aus X und Nullen auf das Band ein und fütterte damit die Maschine. Diese bewegte das Band nach links, nach rechts, las die Zeichen, schrieb Zeichen, löschte Zeichen, bis sie endlich die Antwort gefunden hatte: eine neue Folge von X und Nullen, die der Mensch nun wieder entziffern mußte.

Die Maschine konnte auf das Eingegebene antworten, weil sie bestimmten Regeln wie zum Beispiel der folgenden gehorchte: Wenn in dem Quadrat, das du gerade liest, ein X steht und sich das Zifferblatt auf der Position 5 befindet, dann bewege das Band drei Quadrate nach rechts und setze das Zifferblatt auf die Position 2. Die Maschine las das Zeichen, führte den Befehl aus und machte so lange weiter, bis sie den Befehl bekam: Aufhören. Sie verarbeitete Schritt für Schritt das Eingabesignal zu einem Ausgabesignal.

Mit Hilfe der richtigen Befehle war es möglich, eine Maschine zu konstruieren, die in der Lage war, zu addieren (bei Eingabe von XXX XX würde sie XXXXX ausgeben), zu subtrahieren oder anzuzeigen, ob es sich um eine Primzahl handelte (X konnte dabei ja, 0 nein bedeuten). Für komplexe Rechnungen ließ sich ein Teil des Bandes als Träger – als Gedächtnis – der temporären Speicherung von Symbolen benutzen. Wenn man genug Band und Verarbeitungszeit zur Verfügung hätte, könnte man eine Maschine bauen, die jede Aufgabe auszuführen in der Lage wäre, die sich als eine Folge von präzisen, Schritt für Schritt aufeinander aufbauenden Operationen, die die Mathematiker als Algorithmen bezeichnen, definieren läßt. Für jede Folge von X und Nullen gab es eine Turingmaschine, die so programmiert werden konnte, daß sie jede andere Folge produzieren konnte.

Das Interessante aber war Turings Erkenntnis, daß die Befehle, die der Maschine ihren besonderen Charakter verliehen, nicht in der Maschine selbst verankert sein mußten; man konnte sie ebensogut in Form von X und Nullen aufschreiben und zusammen mit den zu verarbeitenden Daten in die Maschine eingeben. Es war nicht nötig, zum Addieren, Subtrahieren und Multiplizieren verschiedene Maschinen zu benutzen. Mit Hilfe des richtigen Bandes konnte eine einzige Maschine alle möglichen Funktionen ausüben. Turing nannte ein solches Allroundgerät eine Universalmaschine.

Wir ziehen heute eine prosaischere Bezeichnung vor – Computer. Man verwendet jetzt die Universalmaschinen, über die Turing vor fünfzig Jahren nachdachte, um Worte, Töne, Bilder und Zahlen zu verarbeiten – einfach alles, was in einen Code aus X und Nullen, oder, wie man heute sagt, aus Nullen und Einsen, umgesetzt werden kann. Mit dem richtigen Band – bzw. mit einer Diskette, die magnetisch gespeicherte Befehle enthält – kann ein Personalcomputer so programmiert werden, daß er eine Schreibmaschine, einen Karteikasten oder ein Bilanzblatt zu simulieren und alle möglichen Videospiele zu spielen vermag. Ein IBM-PC läßt sich zum Beispiel auch so programmieren, daß er in der

Lage ist, einen MacIntosh zu imitieren; und wenn genug Zeit und Geld zur Verfügung stehen, kann er theoretisch auch sämtliche Funktionen eines Cray-Supercomputers übernehmen. Ein Informatiker würde sagen, all diese Maschinen seien rechnungstechnisch äquivalent, wenn irgendeines dieser Programme auf ihnen läuft; jede könnte von einer Turingmaschine, die ihre Liste von einfachen Regeln befolgt, imitiert werden.

Für Turing war es ganz natürlich, darüber zu spekulieren, ob eine seiner Maschinen, wenn man die entsprechenden Befehle eingab, imstande wäre, einen Menschen so gut nachzuahmen, daß sich kein Unterschied feststellen ließ. Im Jahre 1950 entwickelte er einen Test, der heute von den Künstliche-Intelligenz-Forschern als Turing-Test bezeichnet wird.[2] Dabei befand sich in einem Raum ein Mensch und in einem anderen eine Maschine, und beiden wurden mittels eines Fernschreibers Fragen gestellt. Wenn man aufgrund der Antworten nicht erkennen konnte, welches der Mensch und welches die Maschine war, dann, so Turing, ließ sich nicht mehr behaupten, daß der Mensch denken könne, die Maschine aber nicht. Turing war noch weit davon entfernt, sich auszumalen, daß wir vielleicht schon bald in der Lage sein könnten, die Regeln für das menschliche Verhalten zu dechiffrieren. Und er wußte, daß die Computer erst noch viel schneller werden mußten, um alle Regeln rasch genug anwenden zu können. Interessant aber war seine Auffassung, das Gehirn selbst sei eine Art Computer. Ob unsere Ingenieurkünste und Technologien es uns nun ermöglichen, das Gehirn zu simulieren oder nicht, die Prinzipien eines Computers sollten uns zumindest in die Lage versetzen, zu verstehen, wie es funktioniert.

Neurowissenschaftler lesen keine mathematischen Fachzeitschriften, daher wissen sie auch nicht viel über die Turingmaschine. Doch in den Jahren, die auf die Entwicklung von Turings Ideen folgten, entdeckten sie immer mehr Hinweise darauf, daß das Gehirn tatsächlich eine Art informationsverarbeitende Einheit ist. Wenn sie Turings Vorstellung gekannt hätten, wären sie vielleicht versucht gewesen, das Neuron als eine winzige Turingmaschine zu betrachten: Es wandelt Eingabesignale, die wahrscheinlich in irgendeinem Code abgefaßt sind, in Ausgabesignale um. Im höheren Sinne könnte man das ganze Gehirn als eine Turingmaschine auffassen. Das Gehirn empfängt codierte Eingabesignale, verarbeitet sie gemäß den Befehlen in seinen Programmen und sendet Ausgabesignale aus, die von den Muskeln und Drüsen in Sprache und Aktionen – in menschliches Verhalten – umgesetzt werden. Den Verstand könnte man dann als die Software, als die Befehls»bänder« ansehen, die auf diesem neurologischen Computer laufen. Das Gehirn verfüge anscheinend auch über Bänder, die es ermöglichen, auf bestimmte Eingabesignale durch das Schreiben völlig neuer Programme zu reagieren. Mit anderen Worten, es besitzt die Fähigkeit zu lernen.

Neurophysiologie und Informatik liefen weiterhin nebeneinander her, bis Anfang der vierziger Jahre ein Universalgelehrter namens Warren McCulloch eine Möglichkeit sah, beide miteinander zu verbinden. McCulloch war eigentlich Neurologe und hatte sich auf Probleme des Nervensystems spezialisiert, doch daneben hatte er auch eine gründliche Ausbildung in Mathematik, Philosophie, symbolischer Logik und Psychologie genossen, brachte also alles mit, was nötig war, um Turings Ideen auf das Gehirn übertragen zu können. Nachdem er Ende der zwanziger und Anfang der dreißiger Jahre als Arzt am Bellevue-Krankenhaus in New York gearbeitet hatte, ging er ans Rockland State Hospital for the Insane in Illinois und später an die Universität von Illinois. Als er 1952 ans Massachusetts Institute of Technology (MIT) kam, um im elektronischen Forschungslabor zu arbeiten, hatte er bereits den Grundstein für die Theorie der Nervennetzwerke gelegt.

McCulloch betrachtete sich als eine Art Philosophen. Er bezeichnete sich selbst gern als einen experimentellen Epistemologen. Die Epistemologie beschäftigt sich mit der philosophischen Fragestellung, wie der Verstand Wissen über die Welt erlangt. Nur wenige Philosophen glaubten, daß man mit Experimenten etwas wesentlich Neues zu diesem alten Thema beitragen konnte. McCulloch suchte, wie er später einmal sagte, nach nichts Geringerem als »einer befriedigenden Erklärung dafür, wie wir wissen, was wir wissen, und das mit den Mitteln der Chemie und der Physik, der Anatomie und der Physiologie des biologischen Systems«. Oder anders ausgedrückt: »Was ist eine Zahl, daß ein Mensch sie kennt, und was ist der Mensch, daß er eine Zahl kennt?« Er ging an diese Frage heran, indem er Denkmaschinen konstruierte.

In den letzten Jahren ist McCulloch beinahe zu so etwas wie dem Schutzheiligen der Nervennetzwerkforscher geworden. Zu seinen Lebzeiten brachten ihm seine gelehrten Essays[3] und anderen Schriften den Ruf ein, eine Art Universalgenie zu sein: ein Neurologe, der sich zugleich gut in Mathematik und Philosophie auskannte und der sich nicht damit begnügte, mit elektronischen Schaltkreisen zu spielen, sondern auch Geisteskranke behandelte. Heute kennen ihn die meisten nur von einem Foto auf einer Sammlung von Aufsätzen mit dem Titel *Embodiments of Mind.* Mit seinem langen weißen Bart, seinen buschigen Augenbrauen und seinem stechenden Blick sieht er aus wie die Hollywoodversion eines biblischen Propheten.

Als McCulloch mit seinen Forschungen begann, war er Professor für Psychiatrie an der Universität von Illinois und arbeitete mit einem mathematischen Wunderknaben namens Walter Pitts zusammen. Genau wie McCulloch ist auch Pitts für die Gemeinschaft der Nervennetzwerktheoretiker zu einer Legende geworden. 1930, gerade fünfzehn Jahre alt, lief er von zu Hause weg und ging an die Universität Chicago, um dort mit einer Leidenschaft Logik zu studieren, die seine Kommilitonen in Erstaunen versetzte. Einer seiner engsten Freunde war der Student Jerome Lettvin, der ein bekannter Neurophysiologe und einer der Pioniere der Erforschung der Schaltungen des visuellen Systems werden sollte. Pitts erzählte Lettvin, auf welch ungewöhnliche Art und Weise er seine Berufung einige Jahre zuvor erkannt hatte.

»Walter lief vor einer Bande von Schlägern davon und versteckte sich in einer Detroiter Bibliothek«, erinnerte sich Lettvin. »Er war zufällig in die mathematische Abteilung geraten und griff sich dort den ersten Band der *Principia mathematica* von Russell und Whitehead.« Die beiden Philosophen Bertrand Russell und Alfred North Whitehead hatten darin versucht, der Mathematik eine solide Grundlage zu verschaffen, indem sie sie von der Logik ableiteten. »Aus irgendeinem Grunde war er davon fasziniert, und in den nächsten Tagen ging er regelmäßig in die Bibliothek, um sich in das Werk zu vertiefen. Nach einer Woche war er damit durch. Danach schrieb er Russell nach England einen Brief, in dem er auf Fragen und Probleme hinwies, die der erste Band der *Principia mathematica* aufwarf. Russell lud Walter im Gegenzug ein, bei ihm zu studieren, ohne zu wissen, daß dieser damals erst zwölf oder dreizehn Jahre alt war.«

Einige Jahre später hielt Russell Vorlesungen an der Universität Chicago, die auch Pitts und Lettvin besuchten. Doch Pitts war viel zu schüchtern, um zu dem Philosophen zu gehen und sich als derjenige zu erkennen zu geben, der Russell brieflich seine Kritik unterbreitet hatte. »Walter war in dieser Beziehung komisch«, erklärte Lettvin. »Er mochte es einfach nicht, wenn jemand ihn anschaute.« Lettvin erzählte, daß Pitts bei einer anderen Gelegenheit einen Kommentar zu einem Buch des großen Logikers Rudolf Carnap verfaßt und darin auf einige Probleme hingewiesen hatte. Obwohl Carnap in der Zeit in Chicago war, legte Pitts seinen Kommentar ohne Unterschrift in Carnaps Büro.

»Walter war der Meinung, die Welt lasse sich mittels der Logik erklären«, sagte Lettvin. »Und die Logik verlangt die Unterdrückung des Ego – man müsse sich vollständig von sich selbst befreien, um sie richtig betreiben zu können. Also lebte er getrennt von seiner Familie. Er hatte eine Abneigung dagegen, mit seinem Namen zu unterschreiben. Man konnte den Eindruck gewinnen, er sei reiner Geist. Dabei war er nett, ein angenehmer Mensch, den die anderen auf Anhieb mochten. Er redete jedoch nie über sich selbst oder seine Familie. Einmal im Jahr, zu Weihnachten, bekamen seine Angehörigen enorme Geschenke von ihm.«

Als Lettvin Anfang der vierziger Jahre an der Universität von Illinois Medizin studierte, traf er dort McCulloch. »Warren war ein sehr interessanter Zeitgenosse«, berichtete Lettvin. »Er sah aus wie ein Adliger aus der Restaurationszeit und redete auch so. Man konnte ihn sich gut mit einem Rapier an der Seite vorstellen, bereit, es mit jedem aufzunehmen. Er schrieb Gedichte und neigte zur Geheimniskrämerei. Es machte Spaß, mit ihm zusammenzusein.«

Lettvin machte McCulloch und Pitts miteinander bekannt. »Wir wurden schnell Freunde«, erzählte Lettvin. »Damals hatte Walter gerade kein Dach über dem Kopf – er lebte mehr oder weniger von der Hand in den Mund –, und ich wollte unbedingt weg von zu Hause. So wohnten wir sechs Monate bei McCulloch und seiner Frau.«

Offenbar gelang es McCulloch, einer Autorität in Sachen psychische Problemfälle, dafür zu sorgen, daß Walter Pitts Boden unter die Füße bekam. In diesen sechs Monaten legten sie all ihr Wissen zusammen und zeigten, daß es möglich war, aus künstlichen, elektronischen Neuronen eine Maschine zu konstruieren, die ähnlich wie ein Gehirn arbeitete.

Wie alle guten Theoretiker, befreiten auch Pitts und McCulloch das Problem von allem unnötigen Ballast. Sie stellten sich vor, ein Neuron sei ein einfaches Gerät, das bei jedem Takt die ankommenden Eingangssignale, sowohl die erregenden als auch die hemmenden, aufaddierte, und das feuerte, sobald sein Schwellenwert überschritten war. Ansonsten tat es nichts. Es gab keinen ersichtlichen Grund, der sie gehindert hätte, ein solches Gerät mit ein paar elektrischen Schaltern oder Vakuumröhren nachzubauen. Sie wußten, daß ein echtes Neuron viel komplizierter aufgebaut war. Aber mit Hilfe dieses einfachen Gerätes waren sie in der Lage, die Dynamik der Nerven zu untersuchen. Wenn sie erst einmal die Grundprinzipien verstanden hatten, konnten sie sich auch an komplexere Probleme heranwagen.

Im Jahre 1943 veröffentlichten sie kurz entschlossen einen Aufsatz mit dem Titel *A Logical Calculus of the Ideas Immanent in Nervous Activity*[4], in dem sie zeigten, daß man mit ihren künstlichen Neuronen Netzwerke aufbauen konnte, die jegliche Eingabefolge – Turings X und Nullen – zu jeglicher Ausgabe zu verarbeiten imstande war. McCulloch formulierte das später so: »Pitts und ich wiesen nach, daß das Gehirn eine Turingmaschine ist und daß es möglich ist, aus Neuronen eine Turingmaschine zu konstruieren.«[5] Ein Nervennetz konnte wie ein Computer mit jedem erdenklichen Algorithmus arbeiten. Die Programme waren nicht binär codiert auf Band geschrieben, sondern implizit in den Schaltungen des Netzwerks enthalten. Der Mathematiker John von Neumann charakterisierte diese Entdeckung später folgendermaßen: »Alles, was man ausführlich und eindeutig beschreiben kann, alles, was sich vollkommen und eindeutig mit Worten ausdrücken läßt, ist *ipso facto* mit einem entsprechend abgestimmten Netzwerk realisierbar.«[6]

Diejenigen, die die Vorstellung, das Gehirn sei eine Maschine, nie besonders ernst genommen hatten, wandten ein, der

Aufsatz enthalte zu viele Implikationen. Die Eingabefolge für ein Nervennetz könne eine Frage, die Ausgabe die Antwort sein. Oder auf den Befehl – »Nimm das Buch!« – könne das Netzwerk mit an die Muskeln und Drüsen ausgesandten Signalen antworten, die schließlich die entsprechende Verhaltensweise auslösen würden.

Wenn man die Eingabe in das Netzwerk als das Gewünschte betrachtet, entspricht die Ausgabe der Strategie, mit der man dies erreicht. Stellen wir uns einmal vor, ein Netz empfängt von einer Drüse die Nachricht, der Körper brauche mehr Wasser. Dann würde vom Auge mitgeteilt, auf dem Tisch stehe Wasser. Wenn nichts in Sichtweite ist, könnte vom Gedächtnis die Nachricht kommen, daß im Kühlschrank noch Wasser ist. Wenn man aus diesen Quellen ein komplexes Nervennetz erstellen würde – oder mehrere zusammenhängende Nervennetze –, würde das einen Plan ergeben, wie der Unterschied zwischen dem augenblicklichen Zustand des Systems (durstig) und dem gewünschten Zustand (Durst gestillt) beseitigt werden könnte. Eine Maschine, die imstande wäre, den Unterschied zwischen diesen beiden Zuständen aufzuheben, würde ein zweckbestimmtes Verhalten zeigen.

Von dieser Warte aus betrachtet, könnte man das Lernen einfach als die Fähigkeit einer Maschine ansehen, sich zu verändern, neue Verhaltensweisen und Regeln aufzunehmen. Während eine Turingmaschine vielleicht durch das Ausgeben eines Codes in seinen Programmfolgen lernen würde, könnte ein Nervennetzwerk seine internen Schaltungen durch die Anpassung der Stärke seiner Synapsen verändern.

McCulloch und Pitts hatten all diese Möglichkeiten nicht explizit aufgezeigt; sie waren implizit in ihrem Aufsatz enthalten und wurden im Verlauf von Jahren von ihnen und ihren Anhängern ausgereizt. Es schien nur wenige Bereiche des kognitiven Verhaltens zu geben, auf die sich ihr Modell nicht übertragen ließ. In einem vier Jahre später veröffentlichten Aufsatz[7] zeigten sie, wie man Netzwerke herstellen kann, die in der Lage sind, Töne oder Melodien unabhängig von ihrer Tonhöhe oder eine Gestalt unabhängig von ihrer Größe zu erkennen. Das war nichts Geringeres als die Fähigkeit zur Abstraktion. a-Moll ist a-Moll, ganz gleich, ob es in der Tonart C oder G gespielt wird; einem großen Kreis liegt dasselbe Konzept zugrunde wie einem kleinen. Aus neuroanatomischer Sicht betrachtet, hält man die Spezifikation dieser künstlichen Netzwerke heute für falsch, aber durch den Aufsatz wurde demonstriert, daß eine gehirnähnliche Maschine in der Lage ist, Regelmäßigkeiten in der Welt zu entdecken. McCulloch und Pitts fragten sich, ob wir vielleicht auf diese Art und Weise zu universellen Wahrheiten und Konzepten kommen, zu so etwas wie den Platonischen Ideen.

Der eigentliche Zweck von Wissenschaft und Philosophie ist es, universelle Wahrheiten ausfindig zu machen. McCulloch sagte später einmal, dies sei es, was wir unter »eine Idee haben« verstehen. Wenn ein Nervennetzwerk irgendwo Regelmäßigkeiten zu entdecken vermag – zum Beispiel: Alle Monde sind rund –, ist es auch in der Lage, die Regelmäßigkeiten an den Regelmäßigkeiten zu bemerken: Alle runden Objekte haben den Umfang $2\pi r$.

Ein Gehirn müßte höchstwahrscheinlich aus einer Vielzahl von Netzwerken aufgebaut sein, die alle verschiedene Aufgaben erfüllen. Ein McCulloch-Pitts-Netzwerk bräuchte nicht unbedingt nur mit Informationen zu arbeiten, die über die Sinne hereinkommen. Es könnte auch mit anderen Netzwerken kommunizieren und *deren* Ausgabeinformationen auf Regelmäßigkeiten hin untersuchen. Es könnte sein eigenes Inneres nach Strukturen absuchen. Es könnte sich darüber klarwerden, was es weiß. Dann würde, wie McCulloch schrieb, die Nervenmaschinerie »eine Vorstellung von den Ideen haben – das, was Spinoza als Bewußtsein bezeichnet – und weit über die bloße Sinneswahrnehmung hinausgehen.«[8]

Das Streben nach
einer ungenaueren Maschine

Die mit Beschreibungen von Computern und Gehirnen ge-
fütterten Nervennetze in McCullochs Kopf schienen eine
Ähnlichkeit nach der anderen zu entdecken. Es blieb ihm
nur die Schlußfolgerung, diese beiden seltenen Geräte seien
Beispiele für ein und dasselbe Prinzip – die Turingmaschine.
Doch auch wenn er glaubte, daß das Gehirn und der Computer grundsätzlich derselben Gattung angehörten, übersah
er doch keineswegs die zwischen den beiden bestehenden
Unterschiede. Wie bei fast allen modernen Computern erfolgte die Informationsverarbeitung bei den in der vierziger
und fünfziger Jahren aufkommenden Maschinen seriell.
Ganz gleich, wie komplex das Problem war, es wurde in
kleine Einzelteile zerlegt und von einem zentralen Prozessor
Stück für Stück bearbeitet. Man kann sich das nach dem
Muster einer Menschenmenge vorstellen, die sich in einer
U-Bahn-Station auf die einzige Drehtür am Ausgang zube-
wegt.
Da die einzelnen Bauelemente des Computers – die mikroskopisch kleinen Transistoren auf einem Siliziumchip –
heute mit Geschwindigkeiten von Millionstelsekunden arbeiten, gereicht die seriell erfolgende Informationsverarbeitung dem Computer kaum zum Nachteil. Bei den Neuronen
dagegen ist die Schaltgeschwindigkeit unglaublich langsam.
Um ein Signal empfangen und durch Feuern darauf antworten zu können, benötigt ein Neuron mehrere Tausendstel-
sekunden. Mit anderen Worten: Ein Neuron ist tausendmal
langsamer als ein Transistor.

Die Reaktionszeit eines Menschen ist noch länger; sie beträgt normalerweise mehrere Zehntelsekunden. In dieser Zeit könnten lediglich einige hundert Neuronen feuern. Wenn das Gehirn seriell arbeiten würde, könnten seine Programme, zum Beispiel das Wiedererkennen eines Gesichtes oder der Anfangstöne eines Liedes im Radio, nur aus wenigen hundert Einzelschritten bestehen, was für eine komplexe Informationsverarbeitung nicht im entferntesten ausreichen würde.

Das Gehirn scheint dieses Defizit der Trägheit seiner Bestandteile durch eine parallele Verarbeitung von Informationen auszugleichen. Es hat keinen zentralen Prozessor. Viele Millionen Neuronen können gleichzeitig Informationen verarbeiten. Während ein auf die Verarbeitung von visuellen Eindrücken programmierter serieller Computer eine Szene durch zeilenweises Abtasten analysieren, das Ergebnis in lange Reihen von Nullen und Einsen umsetzen und an einen einzelnen Prozessor weiterleiten würde, würde sich eine parallel arbeitende Maschine das Bild in einem Stück vornehmen. Mit einer Phalanx aus Tausenden oder gar Millionen von Prozessoren, wovon jeder einem einzelnen Punkt des Bildes zugeordnet wäre, könnte sie die gesamte Szene auf einmal analysieren.

Die Neuronen arbeiten auch zeitlich nicht so exakt zusammen wie die Mikrochips. In einem Computer muß nämlich jedes Bit – 1 oder 0 – genau in der richtigen Mikrosekunde an einem Transistor ankommen. Das Gehirn dagegen hat keinen internen Taktgeber, der ein auf den Bruchteil einer Sekunde genaues Timing vornehmen kann. Hinzu kommt, daß ein stimuliertes Neuron, das seinen Schwellenwert erreicht hat, nicht grundsätzlich feuert, nur die Wahrscheinlichkeit, daß es dies tut, ist größer.

Doch das Gehirn hat auch seine Vorteile. Es verfügt über eine besondere Eigenschaft, die man als »Graceful Degradation« (würdevolle Degradation) bezeichnet. Wenn man in einem Personalcomputer irgendeine Verbindung unterbricht – der auf Ihrem Schreibtisch ist gemeint, nicht der in Ihrem Kopf –, dann funktioniert er höchstwahrscheinlich nicht mehr. Wenn jedoch ein paar Neuronen funktionsuntüchtig werden, arbeitet das Gehirn noch genauso gut wie vorher.

In das System scheint ein gewisses Maß an Redundanz eingebaut zu sein. Das Absterben von vielen Millionen unersetzlicher Neuronen über viele Jahre hinweg führt zu einem langsameren Arbeiten des Gehirns. Es benötigt dann manchmal Stunden, um einen Namen aus dem Gedächtnis abzurufen, wofür es früher nur wenige Minuten gebraucht hat. Doch die Verschlechterung erfolgt nur langsam, es bricht nicht zusammen wie ein Computerprogramm, bei dem ein Bit falsch plaziert ist.

Die Informationsverarbeitung in unserem Kopf ist irgendwie ungenau – sie eignet sich nicht dazu, π bis auf 17 Stellen nach dem Komma auszurechnen oder Telefonnummern auf Kommando zu reproduzieren. Doch es gibt andere Aufgaben – zum Beispiel das Wiedererkennen eines Gesichts, nachdem man den Menschen zehn Jahre lang nicht gesehen hat, das Lesen eines Graffito, das Verstehen von in verschiedenen Dialekten ausgesprochenen Worten oder in diversen Stimmlagen gesungenen Liedern –, für die diese Ungenauigkeit von Vorteil ist. Das Gehirn ist es gewohnt, mit Lärm umzugehen, und es ist sehr tolerant gegenüber Dingen, die viele verschiedene Formen annehmen können.

Für diejenigen, die glaubten, die beste Möglichkeit, das Gehirn zu verstehen, sei, ein solches zu konstruieren, stellte der Entwurf einer ungenauer arbeitenden Maschine, die die biologischen Stärken und Schwächen des Gehirns teilte, eine Herausforderung dar. McCulloch und Pitts hatten mit ihren einfachen Netzwerken die Veraussetzungen dafür geschaffen. Die Frage war nun, ob sich die dabei entwickelten

Prinzipien übernehmen und für die Konstruktion komplexer Netzwerke verwenden ließen.

War der Mensch intelligent genug, um sein eigenes Gehirn gut genug verstehen und es nachbauen zu können? Es war schon schwer genug, sich vorzustellen, wie die Natur dieses Mammutprojekt verwirklicht hatte. McCulloch verwies gerne darauf, daß selbst die gesamten in den Genen eines Menschen verfügbaren Informationen nicht annähernd ausreichten, um die vielen Billionen Verbindungen im menschlichen Nervengeflecht zu beschreiben. Deshalb meinte er, der genetische Code enthalte nur eine grobe Anleitung für die allgemeine Zusammensetzung des Gehirns. Die Anordnung der Schaltungen sei anfangs zum größten Teil zufällig. Wenn nach der Geburt über die Sinnesorgane Informationen hereinfließen, erfolge eine Organisation der Informationen. Donald Hebb hatte im Jahre 1949 eine Vermutung geäußert, wie aus dem Chaos Ordnung entstehen könnte: Durch das Lernen, so meinte er, würde sich die Stärke der Synapsen verändern, und auf diese Weise würden Schaltungen entstehen. Gleichzeitig könnten brachliegende Verbindungen durch eine Art von neurologischer plastischer Chirurgie verschwinden.

Vielleicht war es ja möglich, daß die Menschen auf die gleiche Art Gehirne konstruieren konnten, wie es die Natur tat, nämlich, indem sie mit einer Babymaschine starteten und diese sich durch Lernprozesse weiterentwickeln ließen. Dann würden, wie im Kopf eines Menschen, Erfahrungen in Gedächtnisstrukturen umgesetzt.

Der erste Mensch, der diesen Ansatz wirklich verfolgte, war Marvin Minsky, der als einer der Urväter der künstlichen Intelligenz gilt. Anfang der fünfziger Jahre studierte Minsky unter McCulloch am MIT. Er nahm Hebbs Metapher wörtlich und stellte aus zufällig verteilten und wie bei einem Radio durch Volumenbegrenzer miteinander verbundenen Vakuumröhren ein Netzwerk her. Minsky beschrieb dieses elektronische Monster im Rahmen eines Porträts[1] von ihm im *New Yorker*.

»Es bestand aus dreihundert Röhren und vielen Motoren«, erinnerte er sich. »Wir brauchten dafür einige automatische elektrische Schalthebel, die wir selbst bastelten. Das Gedächtnis der Maschine war in der Position ihrer vierzig Steuerknöpfe gespeichert, und wenn sie etwas lernte, verstellte sie ihre Knöpfe mit den Schalthebeln. Wir benutzten ein überzähliges automatisches Steuersystem aus einem B-24-Bomber, um die Schalthebel zu bewegen.«

Das Experiment war, gelinde gesagt, wenig aufschlußreich. Bei einer solchen Vielzahl von unzuverlässigen Bestandteilen wußte man nie genau, was die Maschine gerade tat.

»Aufgrund der Zufallsanordnung hatte sie eine Art eingebauten Fehlermechanismus«, sagte Minsky. »Wenn ein Neuron einmal nicht arbeitete, machte das auch keinen großen Unterschied, und bei den dreihundert Röhren und vielen tausend Verbindungen, die wir hergestellt hatten, lief immer irgendwo etwas falsch. ... Ich glaube, wir haben die Maschine nie richtig ausgetestet, aber das spielte gar keine Rolle. Durch diese verrückte Zufallsanordnung funktionierte sie mit beinahe tödlicher Sicherheit immer und unter allen Umständen.«

Dieser 1951 fertiggestellten Maschine gab man den Namen SNARC, eine Abkürzung für Stochastic Neural Analog Reinforcement Calculator (Stochastischer Nerven-Analog-Verstärkungs-Rechner; »stochastisch« deshalb, weil die Synapsen die Wahrscheinlichkeit bestimmten, mit der das Neuron feuerte, nicht aber die Stärke des Signals). Das Netzwerk sollte Ratten simulieren, die lernten, sich in einem Labyrinth zurechtzufinden.

Für Minsky war SNARC nur eine von vielen Spielereien während seiner Collegezeit. Für Frank Rosenblatt hingegen, einen Klassenkameraden Minskys an der Bronx High School of Science, wurden solche Lernmaschinen zum Lebensinhalt. Rosenblatt versuchte in seiner Zeit als Professor an der Cornell-Universität Ende der fünfziger und Anfang der sechziger Jahre eine Maschine zu bauen, die die Buchstaben des Alphabets lesen konnte. Eine Möglichkeit wäre hier natürlich gewesen, Regeln zum Erkennen der charakteristischen Merkmale eines jeden Buchstaben aufzustellen, zum Beispiel: Das große A ist oben spitz oder gebogen und hat zwei Füße und einen Querbalken. Dann hätte man die Maschine mit diesen Regeln programmieren können. Doch Rosenblatt wollte eine Maschine, die imstande war, ihre eigenen Regeln aufzustellen. Also erfand er das Perceptron.[2] Ausgehend von einem zufälligen Anfangsstadium, sollte es sich zu einer Maschine entwickeln, die bald sogar Buchstaben erkennen konnte.

Jahrelang probierte er es mit einer Vielzahl verschiedener Konfigurationen. Normalerweise bestand das Perceptron jedoch aus drei Schichten. Das Auge der Maschine war die Linse einer Kamera, die das Bild eines Buchstabens auf eine Anordnung von 20 mal 20 Photozellen projizierte, die mit einer 1 oder einer 0 antworteten, je nachdem, ob Licht oder Dunkelheit auf sie einwirkte. Die Zellen dieser künstlichen Netzhaut gaben die Signale an die nächste Schicht der Maschine weiter, ein Netzwerk bestehend aus 512 Neuronen, die denen ähnlich waren, die McCulloch und Pitts verwendet hatten. Rosenblatt bezeichnete sie als Akkumulatoren. Jeder Akkumulator war mit vierzig Netzhautteilen verbunden. Einige Verbindungen waren erregend und stimulierten den Akkumulator bis zur Reizschwelle, andere dagegen hemmend. Wenn ein Akkumulator von der elektronischen Netzhaut ausreichend stimuliert wurde, feuerte er und gab sein Signal an die dritte, aus acht Ausgabeneuronen bestehende Schicht weiter. Die Verbindungen zwischen den beiden Schichten waren zufälliger Art. Und sie waren, wie richtige Synapsen, anpassungsfähig. Ihre Stärke

konnte mit Hilfe von mit Motoren ausgestatteten Volumen-
begrenzern größer und kleiner gestellt werden.

Rosenblatt trainierte das Perceptron, indem er ihm große
Standardbuchstaben in Blockschrift vorlegte. Nehmen wir
einmal an, er hätte mit dem A angefangen. Da die Verkabelung der Maschine am Anfang zufälliger Art war, ließ sich
ihre erste Antwort nicht vorhersagen. Eines der acht Ausgabeneuronen mußte aufleuchten. Diesem Signal konnte man
willkürlich das A zuordnen. Die Motoren würden einsetzen
und die Verbindungen, die an dieser Antwort beteiligt gewesen waren, würden verstärkt, die anderen zurückgestellt.
Wenn das Perceptron das nächstemal ein A sähe, würde es
stärker antworten, das heißt stärkere Signale an die entsprechende Ausgabeeinheit aussenden. Dann würde die Maschine mit einem anderen Buchstaben trainiert, so daß sie
mit der Aktivierung eines anderen Ausgabeneurons antworten würde.

Wenn man statt einer zwei Ausgabeeinheiten für einen
Buchstaben benutzte, könnte die Maschine auf alle sechsundzwanzig Buchstaben des Alphabets antworten. (Es wäre
übrigens genausogut möglich, eine Maschine mit sechsundzwanzig statt mit acht Ausgabeneuronen zu bauen). Immer
dann, wenn ein Buchstabe gezeigt würde und die Maschine
korrekt antwortete, wäre alles in Ordnung. Nichts würde
verändert. Wenn jedoch die falschen Ausgabeeinheiten antworteten, würde ein Mensch eingreifen und der Maschine
mitteilen, daß sie einen Fehler gemacht hatte. Dann würden
die Synapsen automatisch verändert. Die Synapsen, die an
der falschen Antwort beteiligt gewesen waren, würden zurückgestellt, und die, die eigentlich hätten feuern müssen,
verstärkt. Nachdem die Maschine jeden Buchstaben fünf-
zehnmal gesehen hätte, hätte sie das ganze Alphabet gelernt.

Doch wo in der Maschine wären die Engramme für die
Buchstaben gespeichert? Wenn sie ein A sähe, würde eine

bestimmte Anzahl von Akkumulatoren aktiviert, die ihr Signal an die Antworteinheiten weitergäben. Das Gedächtnis wäre über das ganze Netzwerk verteilt. Doch es wäre keine leichte Aufgabe, das Verhalten der Maschine zu analysieren und zu sagen, welche Eigenschaften eines A sie wiederzuerkennen gelernt hat. Jeder Akkumulator wäre in gewissem Sinne ein Merkmalsdetektor. Aufgrund der zufälligen Vernetzung aber könnte er solch offensichtliche Charakteristika wie den Winkel der Spitze des A oder die untere Schleife des B nicht wiedererkennen.

Für das »Merkmal«, das ein Akkumulator identifizieren würde – das Vorhandensein oder Nichtvorhandensein von Licht an einer Anzahl von zufällig ausgewählten Punkten – gab es keinen Namen.

Das führte genau zu der Art von unscharfer Struktur, die Rosenblatt haben wollte. Nicht der einzelne Akkumulator war für die Wiedergabe entscheidend. Er konnte aus dem Netzwerk entfernt werden – ein Neuron konnte absterben – und das System würde trotzdem weiterarbeiten, vielleicht wäre alles ein bißchen verschwommen, aber es würde doch noch die Buchstaben, die es einmal gelernt hatte, wiedererkennen. Die Maschine besaß die Eigenschaft der »Graceful Degradation«.

Das für das Erkennen von Buchstaben bestimmte Perceptron lernte durch Versuch und Irrtum, und es war ein Mensch als Lehrer nötig, der es belohnte oder bestrafte. Irgend jemand mußte ihm mitteilen, daß es B und A miteinander verwechselt hatte, so daß es seine Synapsen wieder neu anpassen konnte. Im Laufe späterer Experimente entwarf Rosenblatt ein Netzwerk, das imstande war, ohne menschliches Eingreifen zu lernen. Wenn man ihm zufällige Strichmuster sukzessive vorgab, würde es diese den von ihm selbst entdeckten Regeln gemäß in zwei Gruppen einordnen. Rosenblatt versäumte es nicht, die Qualitäten seines neuen Geräts herauszustreichen: »Erstmals«, so ließ er sich vernehmen, »haben

208

wir es mit einer Maschine zu tun, die in der Lage ist, eigene
Ideen zu produzieren.«[3]

Die Exorzisten

Rosenblatt war bekannt dafür, daß er seine Kollegen gern
mit extravaganten Thesen schockte. Doch in den sechziger
Jahren herrschte zumeist eine optimistische Atmosphäre,
man hatte das Gefühl, diese »Babymaschinen« trainieren
und zu intelligenten »Erwachsenen« heranbilden zu können.
Von einer Maschine, die Blockbuchstaben las, sollte der
Übergang zu einer Maschine erfolgen, die in anderen
Schriftarten oder sogar von Hand geschriebene Buchstaben
erkennen konnte. Es schien nur ein kleiner Sprung zu sein
von einem Perceptron, das ein A zu identifizieren vermochte, zu einem, das in der Lage war, ganze Wörter zu erkennen, und schließlich zu einem Perceptron, das imstande
war, ein Buch zu lesen. In seinen Schriften legte Rosenblatt
dar, er sähe keinen Grund, warum einem Perceptron nicht
beigebracht werden könne – oder besser noch, warum es
sich nicht selbst beibringen könne –, bestimmte Objekte zu
erkennen und Sprache zu verstehen. Nervennetze würden
dann nicht nur dazu dienen, das Gehirn besser zu verstehen,
sondern auch dazu, intelligentere Computer zu konstruieren. Dies war der beste Weg, um sicherzustellen, daß die
Regierung und die Wirtschaft Geld für die Grundlagenforschung lockermachten.
Wie sich allerdings zeigte, waren die Möglichkeiten des
Perceptrons begrenzter, als Rosenblatt dies erwartet hatte.
So sehr er und alle anderen, die sich mit Nervennetzen
beschäftigten, sich auch bemühten, es gelang ihnen nicht,
über das primitive Anfangsstadium hinauszugelangen. Der
Todesstoß erfolgte, als Minsky, der inzwischen nicht mehr

allzu viel von diesen Maschinen hielt, beschloß, seine bemerkenswerten analytischen Fähigkeiten der Frage zu widmen, was genau ein Perceptron eigentlich tat, wenn es lernte.

Das Perceptron konnte einige Probleme gut, andere dagegen nur schlecht lösen. Niemand wußte, woran das lag. Wenn ein Perceptron es nicht schaffte, ein bestimmtes Muster zu erkennen, hieß das dann, daß die gestellte Aufgabe die Fähigkeiten der Maschine überstieg? Vielleicht waren dazu einige zusätzliche Schichten erforderlich, oder mehr Neuronen, oder eine größere Dichte der Zufallsverbindungen. Womöglich würde das Netzwerk mit ein bißchen mehr Training, etwa nach einer Billion Versuchen, doch noch den richtigen Dreh finden.

Frank Rosenblatt stellte ein für die gesamte Nervennetzwerktheorie grundlegendes Theorem auf: Ein Perceptron ist imstande, alles zu lernen, was man ihm einprogrammieren kann.

Mit anderen Worten, wenn es eine Möglichkeit gäbe, ein Nervennetzwerk so zu verkabeln, daß es eine bestimmte Aufgabe auszuführen vermochte – zum Beispiel Dreiecke von Kreisen unterscheiden –, dann ließe sich dies einem zufällig verkabelten Babynetzwerk auch beibringen. Freilich müßte der Lehrer dabei jede mögliche Kombination synaptischer Verbindungen ausprobieren, bis er endlich die richtige fand. Und selbst bei einem ziemlich einfach aufgebauten Perceptron gab es eine astronomisch große Zahl möglicher Kombinationen. Schon bei einem einzelnen Neuron mit fünf Synapsen, die sich auf die Werte 1 bis 10 einstellen lassen, ergaben sich 5^{10} mögliche Zustände, die das System einnehmen konnte. Wenn man noch ein paar Neuronen hinzufügen würde, würde das System eine, wie die Mathematiker sich auszudrücken pflegen, kombinatorische Explosion erleiden. Und von einer Ratte, die durch das Ausprobieren aller möglichen Gänge den richtigen Weg durch ein Labyrinth gefunden hat, kann man schließlich auch nicht behaupten, sie habe etwas gelernt.

An diesen Maschinen ließen sich bestimmt einige interessante Verhaltensweisen feststellen, aber Minsky befürchtete, daß sie bereits von einer Aura romantischer Mystik umgeben waren, daß sie dem Glauben Vorschub leisteten, es sei nicht nötig, im Detail zu verstehen, wie aus dem nervlichen Substrat die Intelligenz hervorgeht. Nehmen wir einmal an, man würde ein Zufallsnetzwerk konstruieren und es sich zu einer Denkmaschine weiterentwickeln lassen. Selbst wenn sich auf diese Weise ein künstliches Gehirn herstellen ließe – alle Anzeichen sprachen dagegen, daß das klappte –, erfuhr man noch lange nichts darüber, wie ein wirkliches Gehirn funktioniert.

Auf einer Konferenz in England im Jahre 1961 traf Minsky jemanden, der all dem genauso skeptisch gegenüberstand wie er selbst: Seymour Papert, einen jungen südafrikanischen Mathematiker und Psychologen, der bei Piaget studiert hatte.

Papert ging später zu Minsky ans MIT, wo die beiden zusammen an einem Buch arbeiteten, das ihnen den Ruf einbringen sollte, die Erzfeinde der Nervennetzwerke, mehr noch, die Leute zu sein, die es allein mit ihren mathematischen Fähigkeiten geschafft hatten, einem vielversprechenden Forschungsgebiet den Garaus zu machen.

In ihrem 1969 veröffentlichten Buch *Perceptrons* führten sie unzweifelhafte Beweise dafür an, daß Rosenblatts Maschine nicht in der Lage war, eine Vielzahl von wichtigen Aufgaben auszuführen. Ziel des Buches war, wie die Autoren ausführten, »dem zu begegnen, was wir als die ersten Anzeichen für eine ›ganzheitliche‹ oder ›Gestalt‹-Fehlkonzeption ansahen, die drohte, sich in den Ingenieurwissenschaften und auf dem Gebiet der künstlichen Intelligenz breitzumachen, wie sie es zuvor schon in der Biologie und in der Psychologie getan hatte«[1].

211

Das waren starke Worte. Einem Gehirnforscher ganzheitliche Absichten zu unterstellen war ungefähr das gleiche, wie einem Astronomen vorzuhalten, er glaube an die Voraussagekraft von Tierkreiszeichen. Das erklärte Ziel der Perceptron-Forschung war es, die mystische Vorstellung auszuräumen, es gebe eine erhabene geistige Substanz, der Verstand spuke als Gespenst in der Maschinerie des Gehirns herum. Aber Minsky und Papert ließen keinen Zweifel daran, wie wenig sie sich aus der Meinung der Nervennetz-Enthusiasten machten. Das meiste, was über Perceptrons veröffentlicht worden sei, so schrieben sie, habe »keinen wissenschaftlichen Wert«.[2] Wie selbsternannte Propheten stiegen Minsky und Papert aus ihren Höhen herab, um ihren unwissenden Kollegen zu zeigen, was diese falsch gemacht hatten.

So jedenfalls faßte man das Buch auf, und ein bitterer Nachgeschmack ist auch heute noch vorhanden. »Es hatte eine dramatische Wirkung«, sagte Leon Cooper zwanzig Jahre später. »Es versetzte der ganzen Richtung einen vernichtenden Schlag.« Sein Kollege Jim Anderson teilt diese Meinung: »Sie wurde regelrecht torpediert.«

Jahrelang hat man *Perceptrons* analysiert, mit dem Eifer von Theologen, die einen ketzerischen Traktat auseinandernehmen. Wenn man manche Leute reden hört, könnte man meinen, bei diesem Buch handele es sich eher um eine Verschwörungstheorie als um eine wissenschaftliche Abhandlung. Doch ungeachtet seines arroganten Tons ist *Perceptrons* weniger eine Schmähschrift als vielmehr ein mathematischer Kraftakt.

Minsky und Papert weisen darin zum Beispiel nach, daß ein Perceptron nicht in der Lage ist, die Beziehung zwischen verschiedenen Dingen zu berechnen – das heißt, es kann nicht lernen festzustellen, welche dieser Figuren aus einem einzigen und welche aus zwei miteinander verbundenen Objekten besteht:

Ein Perceptron kann auch nicht zwischen verschiedenen Ansichten einer Figur differenzieren. Es sieht keinen Unterschied zwischen] [und oder [. Und es ist auch nicht imstande, Übereinstimmungen festzustellen: Wenn man ihm eine große Menge von Objekten vorführt, kann es nicht sagen, ob es sich um eine gerade oder um eine ungerade Menge handelt.

Die von Minsky und Papert durchgeführte Analyse bezog sich nur auf einschichtige Maschinen, auf solche, die lediglich über eine Lage veränderbarer Synapsen verfügten. Rosenblatt und andere Wissenschaftler experimentierten jedoch auch mit mehrschichtigen Netzwerken, in der Annahme, daß diese zu komplexerem Verhalten fähig seien. Ein Netzwerk war durch die erste Schicht anpassungsfähiger Synapsen mit einem anderen Netzwerk verbunden. Dieses Netzwerk wiederum war über eine zweite Synapsenschicht mit den Ausgabeneuronen verknüpft. Doch bei diesen sogenannten verborgenen Schichten konnte man nicht mehr sehen, welche Synapsen an einer richtigen und welche an einer falschen Antwort beteiligt gewesen waren. Wie ließ sich dann ermitteln, welche man belohnen und welche man bestrafen mußte? Für Minsky und Papert stellte das ein unüberwindliches Problem dar.

Zu guter Letzt war es diese Unzuverlässigkeit, die die Anhänger der Nervennetzwerktheorie am meisten irritierte. Nach vielen Seiten, auf denen sie peinlich genau dargelegt hatten, wozu einschichtige Perceptrons fähig und wozu sie nicht fähig waren, schienen die Autoren verbindlich zu erklären, daß bei mehrschichtigen Maschinen dieselben, ja noch weit größere Einschränkungen zu machen seien. Ihren

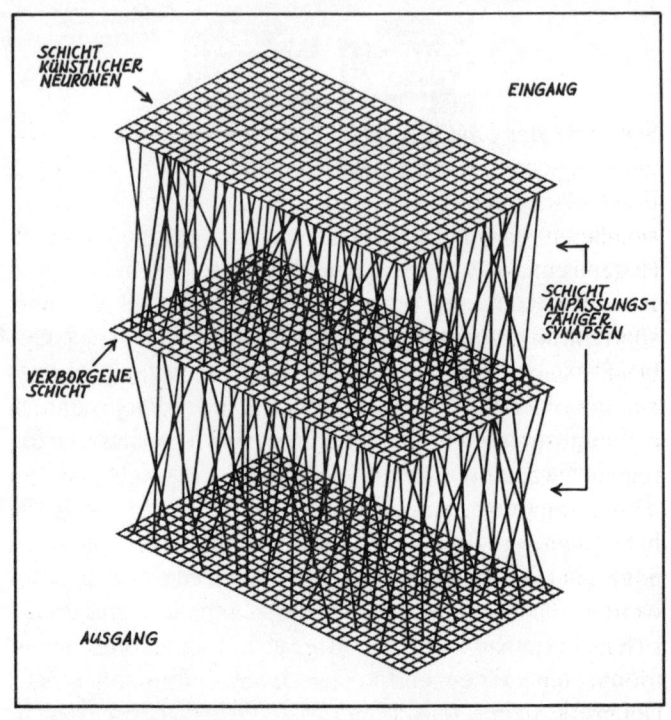

Künstliches Neuronennetzwerk
Drei Schichten von Neuronen sind durch zwei Schichten von anpassungsfähigen Synapsen willkürlich miteinander verbunden.

Kritikern erschien dies als Zeichen dafür, daß Minsky und Papert nicht einfach nur einige interessante Theoreme zur Diskussion stellten, sondern daß sie die Mathematik zur Untermauerung eines ganz bestimmten Standpunktes benutzten. Diejenigen, die sich mit ihrem Buch beschäftigten, wußten, daß sie einen ganz anderen Weg vorschlugen, mit Hilfe des Computers das Verhältnis von Gehirn und Verstand zu enträtseln. Dieser Ansatz trug den Namen »Künstliche Intelligenz« und stellte den Versuch dar, die Psychologie und nicht die Biologie des Gehirns zu simulieren.

Symbolsysteme

Seit Ende der fünfziger Jahre hatten die Künstliche-Intelligenz-Forscher[1] argumentiert, der Versuch, die Intelligenz durch Nachahmung des Neuronenwirrwarrs im Gehirn zu simulieren, sei ungefähr genauso aussichtsreich wie der, ein Flugzeug mit schlagenden, gefiederten Flügeln konstruieren zu wollen. Es war nicht wichtig, *wie* das Gehirn arbeitete, sondern, so betonten sie, *was* es tat. Die neurobiologischen Details seien nicht von Bedeutung – sie stellten lediglich einen evolutionären Unfall dar. Die Intelligenz lasse sich von einem abstrakteren Standpunkt aus betrachten, als Denkregeln, die aus ihrem nervlichen Substrat herausgefiltert und einem Computer einprogrammiert werden könnten. Turing hatte demonstriert, daß alle Computer rechnungstechnisch äquivalent waren. Jeder Computer konnte so programmiert werden, daß er einen anderen simulierte. Warum sollte man sich nicht statt auf die Feuchtware auf die Software konzentrieren, um ein Sichverlieren in all diesen anatomischen Details zu vermeiden. Minsky und seine Anhänger sahen nicht ein, warum die Programme des Verstandes nicht so manipuliert werden konnten, daß sie auf jedem Computer liefen, in etwa wie WordPerfect oder Lotus 123, die sich ebenso für einen MacIntosh- wie für einen IBM-PC eignen. Es spielte keine Rolle, wie komplex der Verstand war, ob er Programme enthielt, die in andere Programme eingebettet waren, die ihrerseits wieder Bestandteile anderer Programme waren. Wenn seine Programme in eine endliche Anzahl schrittweise aufeinanderfolgender Prozesse – die die Mathematiker als Algorithmen bezeichnen – aufgeschlüsselt werden könnten, müßte es prinzipiell möglich sein, ihn mit Hilfe eines Computers mit sehr großer Kapazität zu simulieren. Wie bei einem Computerprogramm wäre es erforderlich, daß alle geistigen Vorgänge aus

Symbolen und Algorithmen bestehen, um sie manipulieren zu können. So gesehen, könnte man nicht nur die Art von Intelligenz, die zum Lösen von Rätseln und Schachaufgaben eingesetzt wird, in Algorithmen fassen. Auch die Intuition – das, was wir als »so eine Ahnung haben« bezeichnen – ließe sich als unbewußte Verarbeitung von Informationen betrachten, der wir uns erst bewußt werden, wenn die Ergebnisse schon vorliegen.

Das zieht natürlich die Frage nach sich, was das Bewußtsein eigentlich ist. Die Künstliche-Intelligenz-Forscher wußten auch darauf eine Antwort. Das Bewußtsein, sagten sie, sei das Wissen des Gehirns um sein eigenes Funktionieren. So wie ein Computer mit einem Modell dafür programmiert werden könne, wie, beispielsweise, der Instanzenweg in einem bestimmten Unternehmen verläuft, ließe sich ihm auch ein Modell über das Verhalten eines Hundes eingeben. Wenn man noch komplexere Programme hätte, könnte er vermutlich sogar mit einem Modell des Menschen programmiert werden, der ihn bedient. Warum sollte also nicht auch ein Modell von ihm selbst möglich sein – eine Theorie darüber, warum er sich so verhält, wie er sich verhält? Dann würde er nicht nur einfach denken, sondern auch wissen, daß er denkt.

Es ist natürlich ein Unterschied, ob man behauptet, mit Hilfe von Computerprogrammen die Natur der menschlichen Intelligenz verstehen zu können, oder ob man sagt, ein simulierter Verstand sei tatsächlich imstande zu denken. Oder wie der Philosoph John Searle sich ausdrückt: Wenn man mit einem Computer die Funktionsweise eines Magens simuliert und alle Vorgänge naturgetreu auf einem Bildschirm nachvollzieht, bedeutet das trotzdem nicht, daß wirkliche Nahrung verdaut wird. Und weiter: Bei der Simulation eines Regenschauers wird niemand naß. Warum sollte man also schlußfolgern, daß bei der Simulation des Denkens echte Denkprozesse stattfinden?

Die Verfechter der Künstlichen Intelligenz räumen bereitwillig ein, daß ein simulierter Magen nur simulierte Nahrung verdauen kann. Sie weisen jedoch auf einen bedeutenden Unterschied hin: Anders als im Magen werden im Gehirn Informationen verarbeitet. Und wenn man mit Hilfe der informationsverarbeitenden Einheit Computer eine andere informationsverarbeitende Einheit – das Gehirn – simuliert, warum sollte man dann davon ausgehen, die eine dieser Einheiten könne denken, die andere aber nicht. Schließlich bestünden sowohl simulierte als auch echte Gedanken aus der gleichen Substanz: aus Informationen.

Als Professor am MIT hatte Minsky einige besonders befähigte Studenten angeregt, sich dieser Herausforderung zu stellen. Die Ergebnisse waren anfangs zwar keineswegs weltbewegend, aber dennoch in vielerlei Hinsicht beeindruckender als alles, was Rosenblatt je gemacht hatte.[2]

Nehmen wir zum Beispiel Daniel Bobrows Programm »Student«, das Algebra-Textaufgaben lösen konnte: »Wenn die Anzahl der Kunden, die Tom hat, zweimal so groß ist wie das Quadrat von zwanzig Prozent der Zahl der Werbeanzeigen, die er aufgibt, und die Anzahl der von ihm aufgegebenen Werbeanzeigen fünfundvierzig beträgt, wie viele Kunden hat Tom dann?« Das ist nicht so trivial, wie es klingt. Um diesen Satz zu gliedern und herauszufinden, welche Bedeutung er hat, mußte das Programm viele Strukturen erkennen: »Die Anzahl der Kunden, die Tom hat« ist eine Einheit – die Variable X, nach der gesucht wird; »ist« entspricht dem Gleichheitszeichen. Um andere Aufgaben verstehen zu können, mußte das Programm wissen, daß »Leute« eine Pluralform von »Mensch« ist, daß ein Vater ein Mensch ist und was ein Kreisumfang ist.

Das Programm lernte diese Dinge natürlich nicht selbst. Bobrow stattete es mit allen nötigen Regeln aus. In dieser Hinsicht stellte das Programm einen Rückschritt gegenüber dem Perceptron dar, doch Rosenblatts Maschine konnte solch detailliertes, strukturiertes Wissen nicht erfassen. Es war keine leichte Aufgabe für den Programmierer, zu entscheiden, welches Wissen von Bedeutung war und – was das Schwerste von allem war – wie man es so darstellen konnte, daß die Maschine etwas damit anzufangen vermochte.

Daraus leitete sich der Schluß ab, daß das Gehirn selbst aus vielen derartigen Programmen besteht. Ob bestimmtes Wissen – Tom, Maria, Kunde, Werbeanzeige, Baum, Hund, Auto, Computer – nun in Form von feuernden Nerven im Gehirn oder in Form von Folgen von Nullen und Einsen in Computerregistern repräsentiert war, eines blieb bei beiden Formen gleich: Symbole wurden in Gedanken umgesetzt. Was spielte da die Hardware für eine Rolle? Minsky und seine Anhänger gelangten zu der Auffassung, das Symbol und nicht die Synapse sei das Schlüsselelement der Intelligenz.

Es gab noch eine andere Möglichkeit, die beiden Modelle zu unterscheiden: Ein Perceptron stellte seine eigenen, sich ausbreitenden Symbole – seine Engramme – mit einer Logik her, die seinen Erfindern verborgen blieb. In einem K.-I.-Programm dagegen waren die Symbole säuberlich gemäß den von den Programmierern erdachten psychologischen Theorien strukturiert. Anstatt über die Stärke von Synapsen und über erregende Verbindungen redeten die K.-I.-Theoretiker über Rahmen, Schemata und Skripte. Dies waren die Namen der symbolischen Strukturen, in denen das Wissen in kompakter, zweckmäßiger und sehr rationaler Form organisiert war. Wenn man in ein Restaurant ging, konnte man auf das Restaurant-Skript zurückgreifen, in dem alles gespeichert war, was man über Restaurants wissen mußte: daß man dort gegen Geld Essen erhält, daß man auf einem Stuhl an einem Tisch sitzt und mit Messer, Gabel und Löffel ißt. Und doch war das Skript flexibel genug, um sich neuen Situationen anzupassen: einem argentinischen Steakhouse zum Bei-

spiel, wo das Essen am Tisch zubereitet wird, was ein besonderes Flair vermittelt; oder einer Sushi-Bar, wo man an einer
Theke sitzt und sich aus einem Aquarium irgendeinen lebenden Inhalt auswählt. Es ließe sich denken, daß es einen
großen Wirrwarr von Skripten gibt, die mit anderen Skripten
verflochten sind. Andere Forscher konzentrierten sich auf
die Arbeit mit Suchstrategien – wie konnte man die gesuchte
Information finden, ohne jede Ecke und jeden Winkel des
Gedächtnislabyrinths danach abzusuchen? Wie kann man
wissen, daß man etwas nicht weiß, ohne erst die gesamte
mentale Ablage durchkämmen zu müssen.

Den Geist von dieser Warte aus zu betrachten vermittelte ein
Gefühl der Freiheit. Wenn solche Programme des Verstandes
erst einmal entschlüsselt waren, gab es keinen Grund mehr,
warum man sie nicht mit größeren Speichern ausstatten und
mit schnelleren Maschinen ihre Geschwindigkeit vergrößern
sollte. Das Ziel war, eine übermenschliche Intelligenz zu
schaffen. Wenn erst einmal der Zwang entfiel, über die vielen
neurophysiologischen Möglichkeiten nachzudenken, konnte man sich in viele Richtungen bewegen.

»Zu der Zeit, als sich die Perceptrons auf dem Rückzug
befanden, arbeiteten wir mit Slagles Programm, das recht
gute Noten in Mathematik bekam, und mit dem von Bobrow, das einige Textaufgaben der universitären Algebra
lösen konnte«, verwies Minsky 1988 einmal auf die frühen
Werke einiger seiner Studenten. »Ich glaube, ein junger
Mensch müßte schon etwas komisch veranlagt sein, um sich
mit diesem anderen Kram zu beschäftigen, der nicht funktionierte.« Bereits jahrelang, so meinte er, könnten wir mit
der künstlichen Intelligenz arbeiten, ehe die Geheimnisse
des Gehirns entschlüsselt wären. Vielleicht sei dieses sogar
nötig, um die neuralen Verkabelungen zu entschlüsseln.
Wenn die Gehirne zu dumm waren, um Gehirne zu verstehen, vielleicht war es dann ja möglich, Maschinen zu konstruieren, die dazu in der Lage waren.

Während Rosenblatts Maschinen nie über ihr Anfangsstadium hinausgelangten, konnten die K.-I.-Programme einen kleinen Erfolg nach dem anderen verbuchen. Mit den Theoremen in dem von Minsky und Papert verfaßten Buch bewaffnet, konnten die K.-I.-Forscher argumentieren, eine Veränderung der derzeitigen Situation sei ziemlich unwahrscheinlich. Es gelang ihnen, das Verteidigungsministerium – den wichtigsten Förderer computerwissenschaftlicher Grundlagenforschung in den USA – dazu zu bewegen, das symbolische Programmieren mit Geldmitteln zu unterstützen. Die Nervennetze mochten eine vielversprechende Möglichkeit darstellen, das Gehirn zu verstehen, doch ohne die Aussicht auf praktische Anwendbarkeit ließ sich dieser Forschungszweig nicht am Leben erhalten.

Im Jahre 1972 erschien die zweite Auflage von *Perceptrons.* Auf der ersten Seite war eine handschriftliche Widmung zu finden: »Zum Gedächtnis an Frank Rosenblatt«. Rosenblatt war bei einem Bootsunfall ums Leben gekommen, von dem einige meinten, es sei Selbstmord gewesen. Dieser Nachruf hätte sich ebensogut auf das gesamte, mit dem Namen Rosenblatts verbundene Forschungsgebiet beziehen können. Es sollte mehr als zehn Jahre dauern, ehe sich einige Forscher wieder ernsthaft mit Nervennetzwerken beschäftigten.

Ein Gedächtnismodell

»Ich behaupte manchmal, daß es in der Wissenschaft genauso eine Mode gibt wie bei der Kleidung«, erklärte Leon Cooper. »Im einen Jahr sind breite Krawatten in Mode, im nächsten Jahr schmale. In dieser Saison sind kurze Röcke in, in der darauffolgenden lange. Und wenn alle kurze Röcke tragen, ist man hoffnungslos out, wenn man einen langen

Rock anhat. So scheint es manchmal auch in der Wissenschaft zu laufen. Man ist bestrebt, über das Bescheid zu wissen, worüber alle reden, man will mit dem Strom schwimmen. Und im nächsten Jahr könnte schon etwas ganz anderes in sein.

Ich glaube, der Mensch bleibt immer derselbe, ob er nun Kleider entwirft oder Wissenschaft betreibt«, fuhr er fort. »Man hält die Wissenschaft oft für etwas ganz besonders Kühnes oder für etwas ausgesprochen Rationales. Ich bin mir nicht sicher, ob das stimmt, auf jeden Fall ist es stark übertrieben.«

Zu der Zeit, als Cooper den Nobelpreis bekam und begann, über das Gedächtnis nachzudenken, waren die Nervennetzwerke gerade vollkommen aus der Mode. Projekte wie das Perceptron betrachtete man in weiten Kreisen als die weltfremden Versuche einiger Unwissender, das Gehirn Synapse für Synapse nachzubauen. Doch das störte Cooper nicht. Da er das Problem aus der Sicht des Physikers anging, hatte er nur am Rande etwas von dem Streit zwischen den Vertretern der Künstlichen Intelligenz und den Verfechtern der Nervennetze mitbekommen. Für ihn war klar, daß Minsky und Papert, die zuerst die Grenzen von einschichtigen Perceptrons darlegten und dann verkündeten, das gesamte Konzept der künstlichen Nervennetze sei als im Ansatz verfehlt anzusehen, dem Ganzen zu viel Bedeutung beimaßen.

»Sie begingen einen Kardinalfehler«, sagte Cooper. »Ihre Argumente bezogen sich nur auf ein begrenztes Gebiet, doch die Schlußfolgerungen, die man ihrer Meinung nach daraus zu ziehen hatte, reichten viel, viel weiter.«

Die wenigen, die weiterhin Nervennetzforschung betrieben, hielten viele Argumente in *Perceptrons* für irrelevant. Zwar können Perceptrons keine Übereinstimmungen berechnen, aber dazu sind auch wir nicht in der Lage. Jedenfalls nicht auf Anhieb. Mit unseren vielen Millionen parallel arbeitenden Neuronen sind wir zwar imstande, augenblicklich das Gesicht eines Menschen wiederzuerkennen. Aber versuchen Sie einmal, bei einer Handvoll Streichhölzer, die Sie auf einen Tisch geworfen haben, sofort abzuschätzen, ob deren Anzahl gerade oder ungerade ist. Wir können unser Gehirn nur mit großen Schwierigkeiten dazu bringen, auf den seriellen Modus umzuschalten; wie ein Computer, so zählen auch wir die Streichhölzer Stück für Stück. Minsky und Papert zeigten, daß ein Perceptron keine Verbindungen herstellen kann. Auch dies entspricht der Funktionsweise eines richtigen Gehirns. Um das Rätsel der Abbildung auf Seite 213 zu lösen und herauszubekommen, welches der richtige Weg durch das Labyrinth ist – der Weg, der ohne Unterbrechung von einem Ende zum anderen verläuft –, ist es am besten, mit dem Finger darauf entlangzufahren. Hier muß vom parallelen auf den seriellen Modus umgeschaltet werden. Aufgaben, die im parallelen Modus gelöst werden können – wie das Erkennen eines Gesichtes –, erscheinen uns problemlos. Dagegen ist es manchmal verblüffend zu sehen, welche Schwierigkeiten ansonsten intelligente Menschen haben, wenn sie eine Restaurantrechnung aufgliedern sollen. Die Fähigkeit des Gehirns, ein Problem Schritt für Schritt zu bewältigen, hat sich anscheinend erst recht spät im Laufe der Evolution herausgebildet.

In einer idealen Welt, in der die Wissenschaft wirklich völlig rational wäre, wäre wohl eine Koexistenz der Minskys und der Rosenblatts möglich gewesen, die diese beiden wichtigen Formen der Intelligenz untersucht hätten. Die Nervennetzforscher hätten unsere primitive, gleichzeitig aber stark ausgeprägte Fähigkeit zur parallelen Informationsverarbeitung studiert, und die K.-I.-Forscher hätten untersucht, wie ein Gehirn unter großen Schwierigkeiten eine serielle Maschine simuliert, weshalb es zur Division zweier Zahlen Papier und Bleistift benötigt. Wenn die Wissenschaftler das Gehirn sowohl von der höheren als auch von der niedrigeren Ebene aus betrachtet hätten, hätte das sicherlich zu einer brauchbaren Theorie des Gehirns und des Verstandes geführt.

Statt dessen warfen die Künstliche-Intelligenz-Forscher den Nervennetzforscher weiterhin Ganzheitlichkeitsdenken vor, so, als wollten diese die Intelligenz aus geheimnisvollen synergistischen Interaktionen entstehen lassen. Die Nervennetzforscher ihrerseits bezichtigten die Vertreter der künstlichen Intelligenz – die solch abstrakte Dinge wie Symbole, Regeln, Skripte und Schemata als per se vorhandene Dinge betrachteten, als »geistigen Stoff«, der auch ohne das Gehirn existieren könne – der Kardinalsünde des Dualismus. »Daraus entwickelte sich ein ideologischer Streit«, sagte Cooper. »Die Leute schrien sich gegenseitig an. Doch dieser ideologische Streit hatte wirtschaftliche Wurzeln, denn den Leuten ging es um finanzielle Unterstützungsgelder. Ich habe darin nie einen wirklichen intellektuellen Konflikt gesehen. Aber die Menschen neigen dazu, Partei zu ergreifen, besonders, wenn die Mittel knapp bemessen sind.«

Es sollte noch viele Jahre dauern, bis beide Seiten endlich begriffen, daß ihre beiden Ansätze sich eigentlich nur durch die Wahl ihrer Schwerpunkte unterschieden, daß sie aus verschiedenen Richtungen kommend Beiträge zu ein und demselben Problem leisteten.

Für Cooper war klar, in welche Richtung er sich bewegen würde. Ob diese Richtung in Mode war oder nicht, scherte ihn wenig. Ihm war es gleichgültig, ob der Verstand zu Algorithmen abstrahiert und in irgendeine informationsverarbeitende Einheit eingegeben werden konnte. Er wollte wissen, wie ein echtes Gehirn arbeitet und wie es sich durch Lernen verändert.

Anfang der siebziger Jahre begann Cooper das Problem mit einem seiner Doktoranden an der Brown-Universität, dem aufstrebenden Physiker Menasche Nass, zu diskutieren. Sie hatten einen Aufsatz des Psychologen H. C. Longuet-Higgins gelesen, in dem dieser das Gedächtnis mit einem Hologramm verglich.[1] Daß man diese Laseraufnahmen in zwei, vier, acht oder sechzehn Teile zerschneiden konnte und trotzdem jedes Stück noch die ganze Aufnahme zeigte, erinnerte stark an die »Graceful Degradation« des Gehirns. Doch die Hologramme waren biologisch gesehen nicht sehr überzeugend. »Ich beauftragte Nass, sich während des Sommers ein physiologisch akzeptableres Modell auszudenken, und wie das bei Doktoranden so ist, kam er im Spätsommer zu mir und sagte: ›Ich habe da in der Literatur ein Modell gefunden‹«, berichtete Cooper.

Nass hatte einen erst kürzlich erschienenen Aufsatz des jungen Neurophysiologen James Anderson ausgegraben, der zu den wenigen Getreuen zählte, die sich immer noch mit Nervennetzwerken beschäftigten. 1969 und 1970 hatte er Aufsätze veröffentlicht, in denen er zeigte, daß ein aus künstlichen Neuronen bestehendes Netzwerk wie ein Gedächtnis funktionieren und dabei die gleichen Stärken und Schwächen wie das menschliche Gehirn aufweisen konnte. Nass war derart beeindruckt, daß er nach New York fuhr – wo Anderson als Assistent an der Rockefeller-Universität arbeitete –, um zusätzliche Informationen zu bekommen.

»Er kam eines Tages in mein Büro«, erinnerte sich Anderson, »und sagte, ich solle ihm alles erzählen, was ich über das Gedächtnis wisse.« Er gab ihm einige Aufsätze sowie »viele nicht gut durchdachte Spekulationen«[2] mit auf den Heimweg. Kurze Zeit später trafen sich Cooper und Anderson zum ersten einer ganzen Reihe langer Gespräche. Anderson erinnert sich an eine Konferenz in Neuengland, an der er im Jahre 1972 zusammen mit Cooper teilnahm. »Einige unserer aufregendsten Gespräche führten wir, als wir in Coopers grauem Camaro durch die kurvenreichen Straßen New Hampshires brausten.«

Man kann sich kaum zwei Menschen vorstellen, die verschiedener sind als Cooper und Anderson. Anderson hat einen Bart, trägt lieber Flanellhemden als Anzüge und gibt sich in dem Maße offenherzig und respektlos, wie Cooper zurückhaltend ist. Er hatte in den sechziger Jahren am MIT Neurophysiologie studiert, als noch alle enthusiastisch das Perceptron feierten. »Da war viel Begeisterung zu spüren«, berichtete er, als ich mich eines Nachmittags in seinem Büro an der Brown-Universität mit ihm unterhielt. »Die Leute hatten wirklich das Gefühl, sie seien dem Rätsel auf der Spur, wie das Gehirn rechnete.«

Anfang der fünfziger Jahre waren McCulloch und Pitts zusammen mit ihrem Freund Jerome Lettvin ans MIT gewechselt und hatten dort in der Abteilung gearbeitet, an der auch Claude Shannon, der Erfinder der Informationstheorie, und Norbert Wiener, der Begründer der Kybernetik, tätig waren. Im Laufe der folgenden zwanzig Jahre waren es vor allem diese Wissenschaftler, die der Metapher, das Gehirn sei ein Computer, zum Durchbruch verhalfen. Anderson gehörte der nächsten Generation an, einer Gruppe junger Wissenschaftler, für die die Parallelen zwischen dem Gehirn und dem Computer nur von untergeordneter Bedeutung waren.

»Warren McCulloch ist mir vor meiner Promotion ein paarmal leibhaftig begegnet«, erinnerte sich Anderson. »Er war wirklich ein komischer Typ. Kennen Sie das Bild von ihm mit dem langen weißen Bart auf dem Titelblatt dieses Buches? Er sah darauf fast wie ein Gott aus, wie eines dieser Bilder von Michelangelo. Und ich glaube, das war das Image, welches er pflegte. Das einzige, was nicht dazupaßte, war, daß er ein sehr starker Raucher war und ein gelber Streifen über seinen Bart lief. Abgesehen davon war er ein beeindruckender Mensch.

Ich habe auch Walter Pitts gesehen, der recht geheimniskrämerisch war. Es nahm ein ziemlich trauriges Ende mit ihm. Ich habe gehört, er sei Alkoholiker gewesen und in einem Logierhaus in Cambridge gestorben. McCulloch hat, glaube ich, ziemlich viel für ihn getan und ihn zu seinen großartigen Leistungen animiert. Irgend jemand hat mir erzählt, daß McCulloch die Angewohnheit hatte, brillante, aber irgendwie angeknackste Typen aufzulesen und ihnen den Rücken zu stärken. Und er konnte sie dazu bringen, Bemerkenswertes zu leisten. Ich glaube, Pitts war einer davon.«

Kurz nachdem Pitts und McCulloch ans MIT gegangen waren, hatten sie eine Auseinandersetzung mit Wiener, die nie beigelegt werden konnte. Wiener, bekannt für seine Launenhaftigkeit, war für Pitts eine Art Vaterfigur geworden, und deren Verlust war, wie Lettvin sich erinnert, »für Walter ein Riesenschock. Er hatte in Wiener den Vater gesehen, den er nie gehabt hatte. Von diesem Schlag erholte er sich nie wieder. Von da an ging es bergab mit ihm. Niemand von uns konnte ihm helfen.«

Ende der fünfziger Jahre verbrannte Pitts all seine nicht veröffentlichten Unterlagen zur Logik und Mathematik. Er trank sehr viel und benutzte seine Kenntnisse auf dem Gebiet der Chemie dazu, exotische Verbindungen herzustellen, die er an sich selbst ausprobierte. »Ein paar von uns jagten jede Nacht hinter ihm her, um sicherzugehen, daß er noch am Leben war«, berichtete Lettvin. »Wir suchten alle Kneipen nach ihm ab.«

Anderson erinnert sich, Pitts noch einmal kurz vor dessen Tod bei einer von Lettvin gehaltenen Vorlesungen gesehen zu haben. »Es war die vorletzte Stunde des Semesters«, sagte Anderson. »Und ich entsinne mit, daß Pitts ganz vorn saß und Lettvin darüber sprach, wie schwer es sei, das Nervensystem zu verstehen, auf welch entsetzlich schwieriges Unterfangen man sich da einlasse. Und er sagte: ›Das stimmt doch, Walter?‹ Und Walter antwortete: ›Ja, Jerry, das stimmt.‹ Lettvin sagte noch einige andere Dinge, die sehr bedrükkend waren, und jedesmal: ›Das stimmt doch, Walter?‹ Und Walter antwortete stereotyp: ›Ja, Jerry, das stimmt.‹ Am Ende der Stunde meinte Lettvin: ›Okay, es ist hoffnungslos. Lassen wir die letzte Stunde ausfallen.‹ Damit war das Semester beendet.«

Pitts starb Ende der sechziger Jahre. Zwei seiner Brüder kamen, um seinen Leichnam abzuholen. Lettvin hatte vorher nicht einmal gewußt, daß sie überhaupt existierten.

Nachdem Anderson seinen Doktor in Neurophysiologie mit einer Arbeit über Aplysia gemacht hatte, ging er Ende der sechziger Jahre als Assistent an die Universität von Kalifornien in Los Angeles (UCLA). »Obwohl die Arbeit mit Aplysia interessant war«, bemerkte er, »und sie ein bemerkenswertes Innenleben hatte, war ich der Meinung, es gebe keine unmittelbare Möglichkeit, anhand eines so überaus dummen Tieres wie Aplysia eine Lösung für die meines Erachtens wichtigen Fragen zu finden: Wie funktioniert das menschliche Gehirn, und was genau tut es?«[3]

Also wandte er seine Aufmerksamkeit den Nervennetzwerken zu und arbeitete die zum größten Teil unbeachtet gebliebenen Berge von Literatur durch, die sich seit der Zeit McCullochs und Pitts' aufgetürmt hatten.

»Ich habe mich immer in der Rolle des Zuhörers gefühlt«, sagte er. »Da draußen waren all diese Leute, die Daten produzierten, aber irgend jemand mußte sich einmal hinsetzen und herausfinden, was das alles bedeutete. Das war eine schwierige Aufgabe. Man mußte immer damit rechnen, daß man etwas völlig Falsches gemacht hatte, und dann war die Chance, vielleicht doch einen Job zu bekommen, praktisch gleich Null. Es war also eine sehr riskante Arbeit. Aber damals, Ende der sechziger Jahre, machte sich niemand darüber Gedanken. Man dachte, man könne einfach machen, was man wollte. Die Menschen waren in vielerlei Hinsicht unpraktisch veranlagt, aber das war in Ordnung. Es machte Spaß, rumzusitzen und über solche Dinge zu reden. Weil die damals sehr unpopulär waren. Das war so etwa zu der Zeit, als das Buch von Minsky und Papert herauskam und all diese Nervennetzmodelle schon auf dem Rückzug waren.«

Anderson, der Ende der sechziger Jahre von der Welle kultureller Experimentierfreudigkeit mitgerissen wurde, pflegte sein Image als Bilderstürmer. Während Cooper Anspielungen auf die klassische Philosophie liebte, neigte Anderson dazu, seine Werke mit den Sinnsprüchen asiatischer Weiser einzuleiten:

»Alles, was wir sind, ist ein Ergebnis dessen, was wir gedacht haben: es ist auf unsere Gedanken gegründet, es besteht aus unseren Gedanken.« *(Dhammapada)*

»Der Verstand eines Anfängers sieht viele Möglichkeiten, der eines Experten nur wenige.« *(Shunryu Suzuki, 1970)*[4]

Zu der Zeit, als er Cooper begegnete, hatte Anderson – aufbauend auf Vorarbeiten, auf die er gestoßen war – ein Gedächtnismodell entwickelt, das er den linearen Verknüpfer nannte.[5] So anregend Anderson die frühe Forschung über Nervennetze auch fand, so sehr störte ihn, daß Rosenblatt und McCulloch Neuronen verwendet hatten, die man eher als Transistoren oder Relais bezeichnen konnte denn als richtige Gehirnzellen. Natürlich waren sich die Wissenschaftler bewußt gewesen, daß sie – in dem Bestreben, sich zu den Grundlagen vorzuarbeiten – alles stark vereinfacht dargestellt hatten, doch Anderson war der Meinung, sie hätten es sich *zu* einfach gemacht. Ihre Neuronen funktionierten nach dem Alles-oder-nichts-Prinzip. Sie addierten die ankommenden Signale auf und feuerten, wenn ihre Reizschwelle überschritten war. Ansonsten taten sie nichts.

Echte Neuronen aber schienen, um es in der Sprache der Ingenieure auszudrücken, analoge Bauelemente zu sein –, das heißt, sie verfügten über eine ganze Reihe möglicher Ausgänge. Wenn ein Neuron kein Eingangssignal empfing, feuerte es langsam, lud sich wieder auf und feuerte dann erneut. Das bezeichnete man als seinen Ruherhythmus. Wenn jedoch stärkere Signale ankamen, wurde der Rhythmus schneller. Mit anderen Worten, Neuronen schienen auf eine stärkere Intensität der Signale mit einer erhöhten Frequenz zu antworten. Der Physiologe Vernon Mountcastle hatte gezeigt, daß bei einem Affen einige Gehirnzellen schneller feuerten, wenn mit einer Nadel in einen bestimmten Bereich der Handfläche gepiekt wurde, und die Schnelligkeit sich mit zunehmendem Druck noch vergrößerte. Man glaubte, daß so auch die Helligkeit des Lichts signalisiert wurde: Je mehr Licht einfiel, desto schneller feuerte das Neuron.

Unter Berücksichtigung dieser Faktoren entwarf Anderson ein zweischichtiges Netzwerk, bei dem jedes Neuron der ersten Schicht willkürlich durch Hebb-Synapsen mit mehreren Neuronen der zweiten Schicht verbunden war. Im Gehirn gibt es mehrere Bereiche, in denen eine Neuronengruppe auf diese Weise mit einer anderen verknüpft ist. Anderson zeigte, daß mit dieser Art Struktur eine ziemlich intelligente Informationsverarbeitung möglich war. Wie seine Vorgänger, so glaubte auch er, daß alle in der Welt auftretenden Phänomene – Geräusche, Gerüche, Lichtmuster – im Gehirn in Form von feuernden Neuronenkonstellationen wiedergegeben würden. In den älteren digitalen Netzwerken sahen solche Konstellationen folgendermaßen aus: 1010101010001. Die Neuronen waren entweder ein- oder ausgeschaltet. In Andersons analogem Netzwerk dagegen konnte ein Neuron mehrere Werte haben. 3873846597 repräsentierte eine Gruppe von zehn Neuronen, die alle mit unterschiedlicher Frequenz feuerten. Dieses Signal, das man als Vektor bezeichnete, zeigte zum Beispiel die Intensität des Lichts in einer Reihe von Netzhautzellen oder den Druck auf eine Reihe von Rezeptoren in der Handfläche an. Der Code konnte willkürlich gewählt und mit nahezu beliebigen Bedeutungen versehen sein.

Anderson fand heraus, daß, wenn er seinem einfachen Netzwerk zwei Vektoren präsentierte, einen der ersten und den anderen der zweiten Schicht, das Netzwerk imstande war zu lernen, die beiden zu assoziieren. Hebbs Regel zufolge veränderte sich die Stärke der Synapsen, und so konnten neue Schaltungen entstehen. Wenn dem Netzwerk danach ein Signal präsentiert wurde, antwortete es mit dem anderen. Es könnte zum Beispiel lernen, eine Verbindung zwischen dem Vektor für »Prag« und dem Vektor für »Tschechoslowakei« herzustellen.

Dann ließ er das Netzwerk andere Vektorenpaare lernen. Bei jedem neuen Paar veränderte es die Stärke seiner Synapsen und eignete sich die neue Verbindung an, ohne dabei die zuvor gelernten auszulöschen. Die Maschine, die am Anfang nur ein Signalpaar assoziieren konnte, vergrößerte ihr Wissen erst auf zwei, dann auf drei und schließlich auf vier Vektorenpaare. Es ließe sich eine gigantische Version dieses Netzwerks vorstellen, das Vektoren verarbeiten könnte, die mehrere tausend oder Millionen Stellen lang sind. Einer davon könnte das Gesicht eines Menschen, der zweite den Klang seines Namens repräsentieren. Der eine Vektor würde beinahe schlagartig den zweiten hervorrufen. Damit war diese Maschine einem konventionellen Computer mit seinem einen zentralen Prozessor erheblich überlegen. Bei Andersons Netz bestand nicht mehr die Notwendigkeit, die gesamte Gedächtnisablage Stück für Stück nach Informationen abzusuchen, die vielleicht nicht einmal vorhanden waren. Das Nervennetz antwortete auf bekannte Vektoren und ignorierte unbekannte.

Das Netzwerk war auch in der Lage, etwas wiederzuerkennen. Ein Vektor mußte nicht unbedingt mit einem anderen Vektor assoziiert werden. Wenn man beiden Schichten den gleichen Vektor präsentierte, konnte ein Muster mit sich selbst assoziiert werden. Zukünftig würde das System wissen, daß es das Muster schon einmal gesehen hatte. Auch hierzu wäre kein systematisches Absuchen des Gedächtnisses nötig.

Zu irgendeinem Zeitpunkt wäre das Netzwerk mit Assoziationen gesättigt. Wenn es zuviel lernte, würde das zu Verwechslungen führen. Ähnliche Vektoren würden einander überlagern. Das ist ein Phänomen, das man in Ingenieurkreisen als Kopiereffekt bezeichnet. So wäre es möglich, daß Heike, Eike oder Meike vermengt wird – ein Fehler, der auch dem menschlichen Gehirn unterlaufen könnte. Es schien, als sei ein solches Netzwerk in der Lage, etwa zehn bis zwanzig Prozent mehr Assoziationen zu speichern, als es Neuronen hatte. Jeder über Dreißigjährige weiß, daß sich alte Erinnerungen manchmal vermischen. War dieses Phänomen auf die Sättigung und das Absterben von Nerven zurückzuführen?

Das Netzwerk schien auch über eine der großen Stärken des Gehirns zu verfügen – über eine Toleranz für Vielgestaltigkeit. Es konnte selbst dann einen einmal gelernten Vektor erkennen, wenn dieser verzerrt oder nur bruchstückhaft präsentiert wurde. Hatte es erst einmal die Folge 3572838 gelernt, gab es auf 3572833 oder 35728 ebenfalls die entsprechende Antwort. Auch wir können Gesichter erkennen, die zahlreiche verschiedene mimische Facetten aufweisen.

Anderson stellte auch Spekulationen darüber an, wie sein linearer Verknüpfer Muster sowohl zeitlich als auch räumlich erkennen könnte – eine Melodie zum Beispiel oder eine Folge von winzigen Lochmustern einer Zeile Blindenschrift, über die man mit dem Finger fährt. Hierbei übernahm er eine Idee McCullochs, die sogenannte zeitliche Verzögerung. Stellen wir uns einmal vor, eine aus fünf Tönen bestehende Melodie würde aus einer anderen Gehirnregion zu einem Netzwerk gelangen. Um das ganze Muster zu analysieren, müßte es ein Mittel geben, die ersten Noten festzuhalten, bis auch die letzten angekommen sind. Eine Möglichkeit, dies zu verwirklichen, wäre, jede Note durch einen anderen Eingang zu lenken – mit unterschiedlicher Übertragungsgeschwindigkeit. Der erste Ton müßte am längsten verzögert werden, der zweite schon nicht mehr ganz so lange, und der dritte noch ein bißchen weniger. Der letzte Ton brauchte fast gar nicht mehr verzögert zu werden. Das Ergebnis wäre, daß alle Töne gleichzeitig an der Eingangsschicht ankämen. Die Melodie könnte nun zur Verarbeitung in einen Vektor umgewandelt werden.

In all diesen Fällen war es schwierig, zu bestimmen, wo genau im Netzwerk eine Erinnerung gespeichert war. Jede Assoziation bestand aus einer Konstellation von feuernden Neuronen, die über das Netzwerk verteilt war und sich mit anderen Konstellationen überschnitt. Doch eine solche Konstellation war nur dann erkennbar, wenn die Erinnerung aktiviert wurde: wenn das Netzwerk, dem der Vektor für das Gesicht von Martin oder Ulrike präsentiert wurde, mit dem Klang des jeweiligen Namens antwortete. Ansonsten schlummerte das Engramm, das in der Stärke der Verbindungen zwischen den Synapsen verschlüsselt war, einfach vor sich hin.

Cooper war von Andersons Arbeit so beeindruckt, daß er ihn an die Brown-Universität einlud. »Die Leute, die auf diesem Gebiet arbeiten, haben meist eine komische Karriere hinter sich«, sagte Anderson, »und so steckte man mich zuerst in die Abteilung für angewandte Mathematik. Ich war wirklich kein Mathematiker und deshalb nicht gerade glücklich darüber. Dann wechselte ich zur Psychologie, was viel angenehmer war.« Als Cooper das Center for Neural Science einrichtete, eines der ersten interdisziplinären Institute für Gehirn- und Verstandesstudien, wurde das Andersons neue Wirkungsstätte. Er arbeitet auch heute noch an der Brown-Universität.

Die Logik der Tiere

Anfangs glaubte Cooper, für das Studium der Interaktionen vieler Gehirnzellen seien komplizierte mathematische Verfahren wie zum Beispiel die Mehrkörpertheorie nötig. Der lineare Verknüpfer hatte jedoch den Vorteil, neurologisch realistisch und gleichzeitig leicht analysierbar zu sein. Um ihn zu verstehen, bedurfte es lediglich einiger Kenntnisse in Algebra. Aber auch der lineare Verknüpfer repräsentierte eine noch zu stark vereinfachende Theorie. Neuronen sind nicht so linear, wie Anderson annahm. Sie reagieren auf die Intensität des Eingangssignals durch Veränderung ihrer Ausgangsfrequenz. Immerhin stellte das Modell eine gute Annäherung an die Wirklichkeit dar. Wie ein Tischler, der mit einem neuen Satz Werkzeuge arbeitet, zimmerte sich Cooper fast schon automatisch seine Theorie zurecht. Wie, so fragte er sich, wenn die Menschen ein ungefähres Äquivalent des linearen Verknüpfers im Kopf hätten?

Im linearen Verknüpfer sind biologische Probleme zu Rechenaufgaben reduziert. Die Sprache des Gehirns wird durch Vektoren dargestellt, durch Zahlenfolgen wie zum Beispiel 5543722, die die Frequenzen einer Gruppe feuernder Neuronen repräsentieren. Ein weiterer wichtiger Parameter, die Stärke jeder einzelnen Synapse im Netzwerk, könnte durch eine bestimmte Zahlenanordnung, eine sogenannte Matrix, dargestellt werden. Ein einfaches Nervennetzwerk würde dann folgendermaßen aussehen:

24234234
23432423
41221234
12433432

Solche Systeme sind leicht zu analysieren. Die Regel, die man sich dabei merken muß, lautet: Ein Vektor, der mit einer

Matrix multipliziert wird, ergibt einen anderen Vektor. Das ist nur eine andere Art auszudrücken, daß ein Nervennetz eine Folge von Symbolen (erinnern wir uns an Turings X und Nullen) zu einer anderen Folge verarbeitet. Eine Matrix kann man sich demnach als eine Einheit vorstellen, die einen Vektor über einem anderen abbildet. In Andersons Modell hatte das Netzwerk einen Anfangszustand, bei dem die Gewichtungen der Synapsen – die Zahlen in den senkrechten und waagerechten Kolonnen der Matrix – willkürlich zugeordnet waren. Jedesmal, wenn dem Netzwerk ein Vektorenpaar gezeigt wurde, änderten sich die Werte der Matrix. Am Ende fungierte die Matrix als Multiplikator vieler verschiedener Gleichungen. Wenn irgendein Eingangsvektor mit der Matrix multipliziert wurde, ergab sich daraus der entsprechende Ausgangsvektor.

Vektoren lassen sich auch räumlich, als Gerade, darstellen. Das kann man sich am besten verdeutlichen, wenn man sich einen aus den Komponenten 7 und 6 zusammengesetzten Vektor vorstellt. Wenn man den ersten Vektor auf die x-Achse und den zweiten auf die y-Achse aufträgt, ergibt sich folgende Gerade:

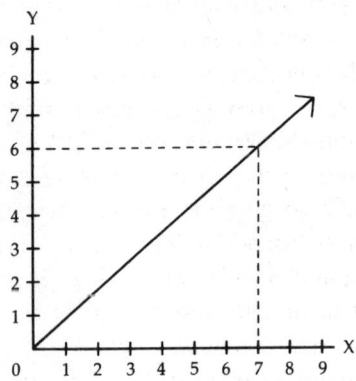

Ein aus drei Komponenten bestehender Vektor müßte dreidimensional gezeichnet werden. Noch umfangreichere Vektoren könnten nur multidimensional dargestellt werden – die Mathematiker würden sagen, im Hyperraum. Doch für alle praktischen Anwendungen kann man sie sich als Geraden vorstellen. Unabhängig davon, wie groß oder unfaßbar die Dimension auch ist, bezeichnen die Mathematiker Vektoren, die in einem rechten Winkel zueinander stehen, als »orthogonal«. Cooper nahm an, das Gehirn würde ähnliche Vektoren zur Codierung ähnlicher Dinge benutzen. Der Vektor für »weiße Katze« müßte mehr oder weniger parallel zu dem für »graue Katze« verlaufen und der Vektor für Dreirad demzufolge orthogonal zu den Vektoren für die Katzen stehen.[1]

Normalerweise ist es um so wahrscheinlicher, daß ein Netzwerk zwei Vektoren miteinander verwechselt, je kleiner der Winkel zwischen diesen Vektoren ist – das heißt, je exakter sie parallel verlaufen. Je größer der Winkel – je genauer sie orthogonal verlaufen –, desto einfacher ist es, sie auseinanderzuhalten. In welchem Maße ein Netzwerk zu unterscheiden vermag, hängt von mehreren Faktoren ab: von der Zahl der Neuronen, der Dichte der Verbindungen, der Breite der Palette von Frequenzen beim Feuern. Es ist offensichtlich nützlich, über einige Netzwerke zu verfügen, die weiße und graue Katzen oder Renaults und Audis in einen Topf werfen, und über andere, die diese Dinge auseinanderhalten können. Wenn wir eine Straße überqueren, ist es für uns notwendig, allen Autos auszuweichen, aber auf dem Parkplatz möchten wir nicht so gerne in das falsche einsteigen. Im Gehirn mancher Menschen mögen die Vektoren für Bach und Beethoven parallel verlaufen – sie schätzen klassische Musik vielleicht nicht sehr und bemerken keinen großen Unterschied zwischen den beiden Komponisten. Im Gehirn anderer Leute hingegen könnten die Vektoren völlig orthogonal verlaufen. Ein Biologe würde niemals die Vektoren für

Aminosäure und Nukleinsäure verwechseln, einem unter Zeitdruck stehenden Journalisten aber könnte es passieren, daß er das eine Wort meint und das andere schreibt.

Im Jahre 1973 entwickelte Cooper einige seiner Ideen in einem Aufsatz, der den Titel *A Possible Organization of Animal Memory and Learning* trug. In seinem Lehrbuch für Physik hatte er beschrieben, auf welch geheimnisvolle Weise ein Baby lernt, wiederkehrende sensorische Erfahrungen – die Kombination aus Licht, Geräusch, Berührung und Geschmack, die es später als seine Mutter identifiziert – zu erkennen. Durch seine Gespräche mit Anderson gelangte er zu der Überzeugung, daß sich dieser Induktionsprozeß durch das Modell des linearen Verknüpfers erklären lasse. Vektoren könnten sich mit Vektoren verbinden und einen Komplex bilden, der irgendwie die Mutter repräsentiert. Es war unklar, wie das mit einem einzelnen Netzwerk funktionieren sollte. Wahrscheinlich war dazu eine ganze Reihe von Netzwerken nötig, die alle zum Erkennen verschiedener Merkmale dienten und das Gespeicherte miteinander verglichen.

Cooper war auch der Meinung, die Tendenz des Netzwerks, dem Kopiereffekt zu erliegen und ähnliche, parallele Vektoren zu verwechseln – auf 3457677 die gleiche Antwort zu geben wie auf 3457777 –, sei die Grundlage der Fähigkeit zur Abstraktion. Das Baby zum Beispiel könnte andere Frauen als Mutter akzeptieren, auch wenn sie nicht genauso aussahen wie die eigene. Wenn bei einem Computer der Kopiereffekt auftreten würde, wäre er ein schlechter Computer. Wir möchten schließlich nicht so gerne, daß die Sozialversicherungsnummern 585 64 1361 und 585 64 1331 verwechselt werden. Doch von einem Netzwerk, das verschiedenfarbige Katzen derselben Kategorie zuordnet, läßt sich sagen, daß es eine Abstraktion vorgenommen hat. Mochten die Philosophen darüber debattieren, in welcher

Sphäre sich die Platonischen Ideen befanden; was Cooper anging, so war er der Meinung, daß man von einem Netzwerk, das etwas über graue Katzen gelernt hatte und dies dann auf schwarze oder weiße Katzen übertrug, behaupten konnte, daß es die Idee »Katze« begriffen hatte. Der Vektor für »graue Katze« konnte zum Beispiel genausogut mit dem Vektor für »Miau« assoziiert sein. Aufgrund des Kopiereffektes wüßte das Netzwerk jedoch, daß auch weiße und gestreifte Katzen miauen. Dem nachteiligen Effekt des voreiligen Schlußfolgerns und der Stärke der logischen Induktion schien dasselbe Prinzip zugrunde zu liegen.

»Wenn die Welt vernünftig eingerichtet wäre, könnte ein System des ›voreiligen Schlußfolgerns‹ bei einem Tier … dieses in die Lage versetzen, besser auf zufällige Ereignisse in seiner Umgebung zu reagieren, sich ihnen anzupassen und so zu überleben«, schrieb Cooper. »Der Philosoph unter den Tieren, der intelligent genug ist, sich zu sagen, ›Der Tiger hat meinen Freund gefressen, aber das heißt noch lange nicht, daß er auch mich fressen will‹, könnte dann eine neue Entwicklungsstufe darstellen, deren Überleben von weniger intelligenten Tieren abhängt, die voreilig schlußfolgern.«[2] Die meisten Lebewesen würden die Gesetze der Logik ohne zu zögern außer acht lassen und schon aufgrund sehr magerer Beweise alle Tiger als potentielle Killer ansehen. Als der evolutionäre Überlebenskampf an Heftigkeit verlor, konnten die Menschen subtilere Fähigkeiten wie das logische Deduzieren entwickeln. Die Induktion dagegen schien bereits im Grundplan des Gehirns angelegt zu sein.

Das alles war meilenweit entfernt von der Erforschung des induktiven Lernens, der man sich auf dem Gebiet der Künstlichen Intelligenz widmete. Etwa zu der Zeit, als Cooper seinen Aufsatz verfaßte, entwarf Patrick Winston vom MIT ein Programm, das ein solch einfaches Konzept wie »Bogen« erlernen konnte. Um seinem Programm etwas beizubringen, präsentierte Winston ihm verschiedene Anordnungen irgendwelcher Bauklötze. Zwei lange, aufrecht stehende Klötze, auf denen oben ein anderer quer aufliegt, bilden einen Bogen, teilte er der Maschine mit. Wenn sich die beiden Stützen jedoch berührten – wenn eine T-Anordnung vorlag –, dann war das Gebilde zwar einem Bogen ähnlich, aber kein richtiger Bogen. Mit Hilfe der Regeln, die Winston eingegeben hatte, konnte das Programm Bogen, Nicht-Bogen und Beinahe-Bogen aufgrund ihrer Gemeinsamkeiten und Unterschiede auseinanderhalten. Schließlich lernte es folgende Regel: Ein Bogen besteht aus zwei Stützbalken, die sich nicht berühren, und einem weiteren, der quer obenauf liegt.

In Winstons Programm lag alles Wissen – das Erlernte und das dem System vom Programmierer Eingegebene – explizit und geordnet vor. Das Programm war auf die Bewältigung einer einzigen Aufgabe zugeschnitten.[3] Programme wie das von Winston erarbeitete trugen dazu bei, das Lernen zu entmystifizieren, indem sie aufzeigten, wie man Induktionen mit Hilfe von Algorithmen vornehmen kann. Die Netzwerke, mit denen sich Cooper beschäftigte, benötigten dagegen keine Lernregeln. Durch ihre Fähigkeit des Assoziierens von Vektoren mit Vektoren und Vektorengruppen mit Vektorengruppen, so mutmaßte Cooper, konnten die Nervennetzwerke »ein Produkt aus Ergebnissen und Verbindungen«[4] herstellen. Sie erzeugten ein Abbild der Wirklichkeit. Er beschrieb diese Möglichkeit mit folgenden Worten: »Das System wird in irgendeine Umgebung hineingesetzt und erstellt ohne jegliche Suchprozeduren ein inneres Abbild der externen Welt.«[5]

Resonanz und Realität

Während der siebziger Jahre veröffentlichten Cooper, Anderson und die Handvoll Leute, die den Nervennetzwerken nicht den Rücken gekehrt hatte, weiterhin Aufsätze und versammelten sich zu kleinen Konferenzen. Obwohl ihr Einfluß gering war, versuchten sie sich wenigstens selbst davon zu überzeugen, daß sie dabei waren, fundamentale Wahrheiten über die Funktionsweise des Gehirns zu entdekken. »Die Leute meinen immer, das sei etwas quasi Mittelalterliches gewesen«, sagte Anderson, »und die Nervennetzwerkforscher würden im Verborgenen herumschleichen und ihr Gesicht nicht gern in der Öffentlichkeit zeigen. Aber so war es wirklich nicht.«

Cooper und Anderson stellten bald fest, daß sie nicht die einzigen waren, die sich mit linearen Verknüpfern beschäftigten. Im selben Jahr, in dem Anderson sein Netzwerk präsentierte, publizierte der finnische Informatiker Teuvo Kohonen das gleiche Modell in den *IEEE Transactions on Computers.* Nur wenige Neurowissenschaftler lasen die Veröffentlichungen des Institute of Electrical and Electronics Engineers, so daß es einige Jahre dauerte, bis Kohonen und Anderson von der Existenz des jeweils anderen erfuhren. Die Tatsache, daß das gleiche Gedächtnismodell sich auf zwei so völlig unterschiedlichen Gebieten herauskristallisiert hatte – in der Neurowissenschaft und in der Informatik –, sprach eindeutig für dieses Konzept. Die Nervennetzwerke weckten nicht nur das Interesse der jungen Leute, die das Gehirn zu verstehen versuchten, sondern auch derer, die bessere Computer bauen wollten.

Die Netzwerke stellten immer noch eine zu starke Vereinfachung dar. Doch im Laufe der nächsten Jahre bemühten sich die Wissenschaftler, die Lücke zwischen Realität und dem abstrakten Modell zu schließen. Einige Forscher verwendeten tatsächlich aus Transistoren und Drähten zusammengesetzte Nervennetze, die meisten jedoch simulierten sie auf dem Computer.

Die beiden Physiker W. A. Little und Gordon Shaw arbeiteten auf einer anderen Ebene der Realität und der Ungenauigkeit, als sie ein Netzwerk aus Wahrscheinlichkeitsneuronen entwarfen. Die Neuronen waren nicht analog, sondern digital – sie konnten nur entweder feuern oder nicht feuern. Im Gehirn dagegen feuert ein Neuron, wie bereits erwähnt, nicht automatisch, wenn seine Reizschwelle überschritten ist, lediglich die Wahrscheinlichkeit, daß es dies tut, wächst. Und bei einem Neuron, das sich unterhalb der Reizschwelle befindet, besteht nur eine geringe Chance, daß es feuert.

Je komplexer die Netzwerke waren, mit denen die Wissenschaftler experimentierten, desto verwirrender wurden deren mathematische Grundlagen. Einige der mathematisch ausgereiftesten Modelle entwarf Stephen Grossberg, der mit nichtlinearen Neuronen arbeitete. Bei einem linearen Neuron, wie Anderson und Cooper es in ihrem Modell verwendet hatten, verändert sich die Ausgangsfrequenz mit der Eingangsintensität des Signals; wenn man die beiden in einem Koordinatensystem darstellt, ergibt sich eine Gerade. Bei echten Neuronen besteht hier ein verschwommenerer Zusammenhang, der nicht so leicht zu analysieren ist. Bei Grossbergs Netzwerken entstand ein S-förmiger EingangAusgang-Graph. In die Netzwerke waren Feedback-Schleifen eingebaut, wodurch sie besonders schwierig zu analysieren waren. Anderson meinte einmal, nur wenige verstünden, was Grossberg da eigentlich tat.

Diese neue Möglichkeit, über das Gedächtnis nachzudenken[1], bewegte sich noch über die Neurowissenschaft und die Informatik hinaus und eroberte sich auch auf anderen Gebieten Nischen. Ein besonders starkes Interesse zeigten die sogenannten mathematischen Psychologen, die versuchten, Gleichungssysteme aufzustellen, die das Funktio nieren des Verstandes erklären sollten. »Sie waren sehr offen für diese neuen Ideen«, sagte Anderson. »Sie wußten, wie kompliziert dieses Problem war. Sie verfügten über gute Daten, aber sie hatten keine guten Modelle, mit denen sie diese erklären konnten. Also waren sie sehr willige Zuhörer.«

Anderson war einer der ersten Neurowissenschaftler, die eng mit Psychologen zusammenarbeiteten. Am Anfang waren die beiden Ansätze so verschieden wie zwei einander fremde Kulturen, die sich auf die Suche nach einer gemeinsamen Sprache begaben. Aber Anderson erkannte, daß er die Ergebnisse liefern konnte, die für die Psychologen interessant waren. Statt eines Meerschweinchens nahm er ein Nervennetz und führte damit altbekannte Laborversuche durch, was sonst nur Studienanfänger taten. Eines seiner ersten Projekte war ein Netzwerk, das imstande war zu lernen, die verschiedenen Positionen einer Liste zu speichern und aus dem Gedächtnis abzurufen, und das dabei die gleichen Fehler machte, die auch einem Menschen unterlaufen konnten. Zudem arbeitete er an einem Netzwerk, das verschiedene Phoneme zu erkennen vermochte, was einen kleinen Schritt in Richtung auf das weit entfernte Ziel darstellte, mit Hilfe von Netzwerken Sprachen zu verstehen.

Natürlich konnten all diese Netzwerke mit Standardcomputern simuliert werden (was auch meistens geschah). Jeder neue Durchbruch auf dem Gebiet der Nervennetze war im Grunde eine Bestätigung von Turings Erkenntnis, wonach auf der höchsten Ebene der Abstraktion alle informationsverarbeitenden Einheiten, ob natürlich oder künstlich, als äquivalent anzusehen waren. Jedes neue Modell lieferte einen weiteren Beweis dafür, daß das Gehirn eine Art Computer ist.

Nachdem sie von den Künstliche-Intelligenz-Forschern die entsprechende Anregung erhalten hatten, waren viele Psychologen von der Idee fasziniert, man könne sich die Arbeit des Verstandes in Form von Algorithmen vorstellen – als Schritt-für-Schritt-Prozeduren, die sich in Computerprogramme einsetzen lassen. Der Verstand war die Software, die auf der Feuchtware des Gehirns lief. Untersuchte man dieses Bild freilich genauer, so hielt es nicht mehr so recht stand. In einem Computer sind zum Beispiel das Speichern und das Verarbeiten zwei völlig unterschiedliche Funktionen – gleichsam verschiedene Räume. Jedem Informationspaket wird eine Adresse zugewiesen, und dann wird es in Speicherchips oder auf einer Magnetplatte gespeichert. Wenn die Zentraleinheit Informationen benötigt, ruft sie diese in ihren numerierten Zellen ab. Der Computer muß wissen, wo eine Information gespeichert ist, um sie im Bedarfsfall anfordern zu können.

Natürlich könnte man auch mit einer seriellen Maschine psychologisches Verhalten simulieren und dabei die anatomischen und physiologischen Gesichtspunkte außer acht lassen. Doch für die Leute, die wissen wollten, was für eine Art Computer wir da in unserem Kopf haben, waren die Programme der Nervennetzforscher mit ihren simulierten Neuronen und Synapsen anstelle irgendwelcher Schemata, Skripte und Wenn-dann-Regeln wirklichkeitsgetreuer.

»Obwohl es viele Möglichkeiten gibt, Informationen zu speichern und abzurufen (Aktenschränke, Bibliotheken und Computer), werden durch die Tatsache, daß das Gedächtnis eines Tieres von einer lebenden Struktur unterhalten und erfolgreich eingesetzt wird, auch wenn das Tier vielleicht keine Ahnung hat, wo bestimmte Informationen gespeichert oder wie sie geordnet sind, besondere Anforderungen an die Theorie gestellt«, schrieb Cooper. »Eines der Hauptprobleme beim Verstehen der Organisation des Gedächtnisses in einem biologischen System ist, dahinterzukommen, wie eine riesige Menge von Informationen von einem System gespeichert und abgerufen werden kann, das aus verletzli-

chen und relativ unzuverlässigen Elementen besteht und das nicht weiß, wo eine bestimmte Information abgelegt ist.«[2]
Cooper zeigte, wie die Speicherung und die Verarbeitung vom gleichen System vorgenommen werden können, und entwickelte damit die Metapher des Gehirns als Computer in einer Weise weiter, die sie für Psychologen äußerst attraktiv machte. Während der Computer-Revolution in den fünfziger und sechziger Jahren konnte man Psychologie-Bücher mit Gehirndiagrammen finden, die wie Flowcharts aussahen. Die Darstellung des Verstandes in Form von solch hübschen Paketen diente dem Kampf gegen den Holismus, der Vorstellung, das Denken sei etwas Mysteriöses und Unbeschreibliches. Doch viele Wissenschaftler hielten diese Diagramme für zu stark schematisiert. Das, so meinten sie, habe mit dem Verstand nichts mehr zu tun.

Wie Cooper in seinem Aufsatz über die Logik der Tiere gezeigt hatte, war nicht unbedingt eine Gedächtnisbox erforderlich, die die zu verarbeitenden Daten speicherte, keine Logikbox, die schlußfolgerte, und auch keine Verallgemeinerungsbox, die mit den für das induktive Denken nötigen Regeln programmiert war. Gedächtnis und Logik waren miteinander verflochten, und zwar so eng, daß es beinahe unmöglich war, sie zu trennen.

Es bestand auch keine Notwendigkeit, eine scharfe Demarkationslinie zwischen der Wahrnehmung und dem Gedächtnis zu ziehen. Auf den Karten, die die Psychologen vom Verstand gezeichnet hatten, konnten diese beiden künstlich voneinander getrennten Regionen auch zu einer einzigen zusammenfließen.

Wenn wir durch das Fenster aufs Meer schauen, könnte es sein, daß wir draußen am Horizont ein helles Licht am Abendhimmel sehen. Im Gehirn antwortet ein Nervennetzwerk auf diesen Vektor und interpretiert ihn einfach als einen von vielen Sternen. Doch die starke Helligkeit läßt ein weiteres Netzwerk schlußfolgern, daß es sich hierbei um die

Venus handeln könnte. Nun wird das Licht größer, heller, es bildet einen neuen Vektor, eine neue Konstellation feuernder Neuronen. Ein anderes Netzwerk assoziiert diese Konstellation mit dem sich nähernden Licht von Scheinwerfern auf einer Autobahn. Dann tauchen zwei neue Lichter auf, ein grünes und ein rotes. Netzwerke, die diese beiden Farben interpretieren, geben ihre Signale an andere Netzwerke weiter – die Konstellation für »Ampel« zeigt eine schwache Reaktion. Über das ganze Gehirn verteilt, kommunizieren die Netzwerke miteinander und stellen konkurrierende Hypothesen auf. Dann geht uns schließlich ein Licht auf, und wir wissen, was das ist. Der Vektor für Geräusche, der Vektor für immer größer werdendes weißes Licht und der Vektor für rotes und grünes Licht sind alle in dem Netzwerk – oder in einem von vielen Netzwerken – für »Flugzeug« enthalten.

Das Gedächtnis schafft einen Kontext, damit wir die Dinge verstehen können, denen wir begegnen. Das Gedächtnis versetzt uns in die Lage, zu hören und zu sehen.
Somit wäre das Gehirn eine riesige Ansammlung solcher Nervennetzwerke. Es gäbe Netzwerke, die die Vektoren interpretieren, die für von unseren Sinnesorganen kommende Signale stehen, und solche, die die Ausgangssignale anderer Netzwerke interpretieren. Wie eine Wahrnehmung letztendlich eingeordnet würde, hinge vom Aufbau des Systems ab – von dem, was ein Mensch schon bei der Geburt mitbringt, und von dem, was sich durch Lernprozesse entwickelt. Bei manchen Menschen würde das Gehirn die Nachricht liefern, es habe statt eines Flugzeugs ein UFO oder einen Engel gesehen.
Die Arbeit von Wissenschaftlern wie Cooper und Anderson ließ die Vorstellung entstehen, das Gedächtnis ähnele eher einem Gebäude als einem Videoband. Einem einzigen Augenzeugenbericht – ob es sich nun um ein wissenschaftliches Experiment oder um einen Strafprozeß handelt – sollte

man stets mit Skepsis begegnen. Nur wenn sich die Ausgangssignale einer Vielzahl verschiedener Gehirne überschneiden, läßt sich daraus ein Durchschnittswert ermitteln, den man dann schließlich als der Realität adäquat bezeichnen kann. Im Gehirn konkurrieren, genau wie in der menschlichen Gesellschaft, große Mengen von Nervennetzen um die plausibelste Interpretation der aus der Welt empfangenen Signale und versuchen, diese so gut wie möglich zu verarbeiten, um eine Übereinstimmung mit in der Vergangenheit gemachten Erfahrungen zu erzielen.

Etwas tief Verborgenes

Mit den Nervennetzen verfügte die Wissenschaft über eine Möglichkeit der Analyse, die eine Kompromißlösung zwischen der Abstraktheit der Psychologie und den unendlich vielen Details der Neurochemie darstellte. Während Anderson Ende der siebziger Jahre weitere Verbindungen zu Psychologen knüpfte, bewegte sich Cooper in die andere Richtung und stieß tief auf das Gebiet der Neurophysiologie vor. Wenn die künstlichen Nervennetze mit ihren Hebbschen Synapsen und ihrer willkürlichen Anordnung mehr als nur Kuriositäten der Ingenieurkunst sein sollten, mußte man beweisen, daß ähnliche Strukturen im Gehirn wirklich vorhanden sind. Veränderte sich die Stärke der Verbindungen im Gehirn tatsächlich, wie Hebb vermutet hatte, so daß sich ganze Netzwerke von Gehirnzellen zu neuen Konstellationen zusammenschließen konnten, die wir als Erinnerungen bezeichnen? Zu jener Zeit hatte der im Hippokampus der Ratte auftretende LTP-Effekt noch keine Begeisterungsstürme ausgelöst. Wer sich dafür interessierte, wie im Gehirn Erfahrung entsteht, beschäftigte sich mit der Sehrinde der Katze. Also hieß es für Cooper ein weiteres Mal, ganz von vorn anzufangen, denn er hatte die Absicht, sich dieses neue Wissensgebiet von Grund auf anzueignen.

Seit dem Beginn der sechziger Jahre hatten David Hubel und Torsten Wiesel gezeigt, daß Katzen über Gehirnzellen verfügen, die wie Merkmalsdetektoren arbeiten. Einige Zellen feuern am schnellsten, wenn die Katze zum Beispiel senkrechte Streifen sieht, andere dagegen tun dies bei waagerechten Streifen. Eine der wichtigen Fragen in der Neurowissenschaft war, wann diese Detektoren sich entwickelten. Wurden die Tiere mit einem intakten Nervennetz geboren, dessen Verkabelung durch die Gene vorherbestimmt war? Oder entwickelten sich die Schaltungen erst nach der Geburt, wenn die Interaktion des Tieres mit der Welt einsetzte? In letzterem Falle würde die DNS lediglich eine grobe Anleitung zur Anlage eines willkürlich verkabelten Nervennetzwerkes liefern. Später würden sich an die Umgebung angepaßte Strukturen herausbilden, die vielleicht durch Hebbsche Konditionierung die Detektoren entwickeln würden, die zur sinnvollen Erfassung der Welt nötig sind.

Da war man also wieder bei der alten Frage: Vererbung oder Erziehung? gelandet, und in diesem Falle konnte sie durch Experimente beantwortet werden. Zu diesem Zweck zogen einige Wissenschaftler Kätzchen unter recht ungewöhnlichen Umständen auf. Manche der jungen Tiere verbrachten ein paar Wochen in vollkommener Dunkelheit, andere wuchsen in einer Umgebung auf, die entweder nur waagerechte oder nur senkrechte Streifen aufwies. Einige taten ihre ersten Schritte ins Leben mit einem zugenähten Augenlid oder einer undurchsichtigen Kontaktlinse.

Hubel, Wiesel und eine Reihe anderer Forscher stellten fest, daß bei Katzen – und vermutlich auch bei anderen Tieren – schon bei der Geburt ein paar Merkmalsdetektoren vorhanden sind. Doch diese fein abgestimmten Zellen verlieren sich in der großen Menge noch nicht abgestimmter Zellen, die gleich stark auf waagerechte, senkrechte oder irgendwelche andere Streifen reagieren. Zudem sind die bereits vorhandenen Detektoren monokular – sie reagieren nur auf Signale von einem Auge. Gerade erst zur Welt gekommene Kätzchen können die von zwei Augen kommenden Signale noch nicht zu einem einheitlichen Bild verarbeiten.

Im Laufe der ersten Wochen nach der Geburt entwickeln sich dann neue Schaltungen. Die Anzahl der Merkmalsdetektoren nimmt schlagartig zu, und die Zellen gewöhnen sich daran, auf Eingangssignale von beiden Augen zu antworten. Die Katze lernt, daß sie mit beiden Augen das gleiche Bild sieht. Von noch größerer Bedeutung, so fanden die Wissenschaftler heraus, ist, daß diese Entwicklung sich nicht automatisch vollzieht, daß sie nicht durch die Erbmasse vorherbestimmt ist. Wenn ein Kätzchen in völliger Dunkelheit aufgezogen wird, bilden sich bei ihr keine neuen Merkmalsdetektoren. Wenn man es dann aber dem Licht aussetzt, entwickeln sie sich ganz schnell. Für die Bildung neuer Schaltungen sind lediglich die visuellen Erfahrungen einiger weniger Stunden nötig.

Dies zeigte, daß das Gehirn eine Welt braucht, auf die es reagieren kann. Die Kätzchen, die in einer Umgebung aus waagerechten Streifen aufgewachsen waren, hatten Waagerecht-Detektoren entwickelt, aber nie die Schaltungen, die zum Erfassen senkrechter Streifen nötig waren. Bei den Kätzchen, denen man ein Augenlid zugenäht hatte, belegte das sehende Auge bald die gesamte Sehrinde; die Verbindungen zum verschlossenen Auge schienen verlorengegangen zu sein. Wenn jedoch das bisher sehende Auge zugenäht wurde, entwickelte das zuvor verschlossene Auge Verbindungen, die die alten verdrängten. Es war schon erstaunlich, wie flexibel sich dies alles gestaltete.

Cooper sammelt wissenschaftliche Anekdoten, so wie andere Leute Briefmarken oder alte Zeitungen sammeln. Als er über den Daten zur Sehrinde der Kätzchen brütete, kam ihm die Reaktion des jungen Einstein auf den Anblick des ersten Kompasses in den Sinn, den dieser erblickte und dessen Nadel unverdrossen nach Norden zeigte: »Etwas tief Verborgenes muß dahinterstecken.« Was war das für ein Mechanismus, der dafür sorgte, daß sich bei den Kätzchen die Nervenstrukturen herausbildeten, die sie in die Lage versetzten, zu sehen? Eine Masse von Daten wartete nur darauf, daß sich ein Theoretiker mit ihr beschäftigte, sie ordnete und damit den isolierten Fakten eine Richtung gab, so wie es mit Eisenspänen in einem Magnetfeld geschieht.

Die Nervennetzwerke waren zu diesem Zeitpunkt kaum mehr als eine Metapher. Sie stellten lediglich den Versuch einer Erklärung dar, wie ein Gehirn – mit seinen vielen Milliarden ziemlich einfacher Prozessoren, die die Signale parallel verarbeiten – zu solchen Dingen wie dem Abstrahieren fähig sein kann. Trotz aller Vereinfachungen waren die Modelle nicht gänzlich unvereinbar mit dem, was die Neurowissenschaftler über das Gehirn wußten. Doch es waren bisher kaum Anstrengungen unternommen worden, Theorie und experimentelle Praxis in Einklang zu bringen, zu zeigen, daß mit einem Netzwerk ein großer Teil der neurophysiologischen Datenfülle erklärt werden konnte. Dazu hatte Cooper nun die beste Gelegenheit.

Im Gehirn eines Kätzchens erfolgt – wie bei den Modellen, mit denen Cooper und Anderson sich beschäftigt hatten – eine Umstrukturierung eines weitestgehend undifferenzierten Nervengeflechts zu einer komplex organisierten Maschinerie. Doch zwischen beiden gibt es einen großen Unterschied: Auf das visuelle System des Kätzchens hatte niemand lehrend eingewirkt, keiner hatte ihm nacheinander irgendwelche Vektoren vor Augen geführt. Ganz auf sich allein gestellt, hatte es sich seiner Umgebung angepaßt. Und genau diese Form des nicht gesteuerten Lernens war es, die Cooper interessierte.

Als er den Sommer 1973 mit seiner Frau in Sussex in England

verbrachte, fing Cooper an, mit seinem Modell zu arbeiten. Menasche Nass schaute bei ihm vorbei, um mit ihm einige Ideen zu diskutieren, die 1975 in einem Aufsatz über die Sehrinde veröffentlicht werden sollten.[1] Im darauffolgenden Jahr veranlaßte Michel Imbert vom Collège de France, daß Cooper zum Professor der Frankreich-Stiftung berufen wurde. So hatte er bis etwa 1983 die Möglichkeit, mehrmals im Jahr nach Frankreich zu fahren. Er arbeitete in Imberts Labor und diskutierte dort eine Theorie der Entwicklung des Sehvermögens mit Yves Fregnac, P. E. Buissert und Elie Bienenstock, die später ihr Studium bei ihm an der Brown-Universität abschlossen.[2]

Das Ergebnis dieser Gemeinschaftsarbeit war ein Netzwerk, das lernen konnte, wie eine Katze zu sehen. Bis zu diesem Zeitpunkt hatten die meisten Netzwerke mit Hilfe einer auf eine Variante der Hebbschen Regel gestützten Anpassung ihrer Synapsen gelernt: Wenn zwei Neuronen zur gleichen Zeit feuern, wird die Verbindung zwischen ihnen verstärkt. Doch Cooper meinte, es müsse auch eine Möglichkeit geben, die Verbindung wieder zu schwächen: Den Kätzchen, denen man ein Augenlid zunähte, gingen ja schließlich Nervenverbindungen verloren.

Die Wissenschaftler hatten mit der Konzeption eines Anti-Hebbschen Lernens schon seit Ende der siebziger Jahre herumexperimentiert. Cooper sorgte jetzt für die nötige Feinabstimmung. Er nahm an, daß bei der Stimulierung einer postsynaptischen Zelle durch eine präsynaptische Zelle zwei verschiedene Dinge geschehen konnten. Wenn bei der empfangenden Zelle das ankommende Signal eine bestimmte Reizschwelle überschritt, würde sich, à la Hebb, die Verbindung verstärken. Wenn sich das Neuron beim Empfangen des Signals jedoch in einem weniger aktiven Zustand befand, würde sich die synaptische Verbindung abschwächen. Die Schaltung konnte größer und kleiner gestellt werden.

Um dieses Konzept experimentell zu überprüfen, simulierten Cooper und seine Studenten Nervennetzwerke. Das erfreuliche an solchen Simulierversuchen ist, daß sie den Theoretiker zwingen, seine eher vagen Ideen so zu konkretisieren, daß sie auf einem Computer laufen können. Während dieser Experimente tauchte eine schwerwiegende Frage auf: Wo ist die Grenzlinie zwischen dem Lernen und dem Anti-Lernen zu ziehen? Wie aktiv bzw. inaktiv muß das empfangende Neuron sein, damit die Synapse verstärkt beziehungsweise geschwächt wird? Nachdem Cooper eine Reihe von Möglichkeiten durchgespielt hatte, gelangte er zu der Überzeugung, daß sein Modell eine variable Reizschwelle aufweisen müsse, um mit sämtlichen Daten etwas anfangen zu können. Der Wert, der ausschlaggebend dafür war, ob eine Synapse sich auf ein ankommendes Signal hin verstärkte oder abschwächte, veränderte sich ständig. Cooper meinte, er sei abhängig von der durchschnittlichen Aktivität der postsynaptischen Zelle.

Das ist gar nicht so kompliziert, wie es sich anhört. Stellen wir uns einmal vor, ein Neuron – ein Merkmalsdetektor – empfange von hundert anderen Neuronen Eingangssignale, wobei jedes eine andere synaptische Verbindung benutzt. Jeweils zehn gleichzeitig feuernde präsynaptische Neuronen würden eine Struktur bilden, einen Vektor, der für einen waagerechten, einen senkrechten oder irgendeinen anderen Streifen steht. Das Neuron, das diese Signale empfängt, ist am Anfang noch untrainiert – die verschiedenen Streifenarten sehen für das Neuron alle gleich aus, und es feuert auf jedes Eingangsmuster hin mit gleicher Stärke.

Doch das Verhalten von Neuronen läßt sich nicht vorhersagen. Nehmen wir einmal an, daß bei irgendeiner Gelegenheit irgendein Zufallsfaktor bewirkt, daß das Neuron ein klein wenig stärker auf eines der Eingangsmuster antwortet, zum Beispiel auf das für waagerechte Streifen. Wenn nun das Eingangsmuster in schneller Folge wieder und wieder hereinkommt – wenn die Katze immer noch waagerechte Streifen sieht –, dann feuert das Neuron bereits schnell genug, um die Lernschwelle zu überschreiten. Coopers Regel zufolge werden alle zehn Synapsen, die das Signal übermittelt haben, verstärkt. Wenn dem Neuron das nächstemal das gleiche Eingangsmuster begegnet, kommt dieses durch verstärkte Synapsen herein. Die Zelle feuert daraufhin noch stärker, und die Synapsen werden ihrerseits noch mehr verstärkt. Durch eine Art positives Feedback nimmt die Stärke der Synapsengruppe, die für waagerechte Streifen steht, ständig zu.

An dieser Stelle kommt die veränderliche Reizschwelle zum Tragen. Da die Zelle nun auf waagerechte Streifen eine verstärkte Reaktion zeigt, wird auch ihr durchschnittliches Ausgangssignal stärker, und Coopers Theorie zufolge erhöht sich die Lernschwelle. Jetzt sind die anderen Eingangsmuster – senkrechte oder diagonale Streifen – nicht mehr stark genug, um die Reizschwelle der Zelle zu überschreiten, so daß diese Synapsen abgeschwächt werden. Die Synapsen, durch die das Signal für waagerechte Streifen in die Zelle gelangt, werden Schritt für Schritt stärker, während die anderen immer mehr abnehmen. Hat die Zelle erst einmal einen Anstoß in eine Richtung bekommen, tendiert sie immer stärker dorthin. Ihre Anpassungskurve wird zunehmend steiler. Sie entwickelt sich zu einem Merkmalsdetektor für waagerechte Streifen.

Cooper entwarf für sein Modell ein Netzwerk aus Neuronen, die diese Regeln befolgten. Zum Zeitpunkt der Geburt existierte ein Neuronengewirr, und nur einige wenige Zellen zeigten eine schwache Neigung, auf Streifen irgendwelcher Anordnung zu reagieren. Wenn das System dann bestimmte Eingangsmuster empfing – Signale, wie ein Kätzchen sie empfangen würde, das seine Umgebung erkundet –, entwickelte es Merkmalsdetektoren. Gleichzeitig würden ganz zufällige Eingangssignale – der elektrochemische Lärm, den die Neuronen bei einem Kätzchen erzeugen würden, das in völliger Dunkelheit aufwächst – eine Rückkehr der Zellen zu ihrem ursprünglichen Zustand des Nichtwissens bewirken, in dem sie auf alles reagieren. Cooper konnte mit diesem Modell ein zugenähtes Augenlid ebenso simulieren wie eine aus senkrechten Streifen bestehende Umgebung. In jedem dieser Fälle entwickelte sich das Modell auf die gleiche Art und Weise wie die Sehrinde des Kätzchens. Cooper hatte ein Netzwerk entworfen, das in der Lage zu sein schien, einen Teil des Gehirns zu simulieren.

Noch wichtiger aber war, daß ihm etwas in der Biologie nach wie vor äußerst Seltenes gelungen war: der Entwurf eines abstrakten theoretischen Modells, das viele der von den Wissenschaftlern hart erarbeiteten Daten zu erklären vermochte. Wie alle guten Theorien, so zeichnete sich auch diese durch ein Höchstmaß an Ökonomie aus: Auf dem Konzept der Hebbschen Synapse aufbauend, ging Cooper davon aus, daß die Plastizität, die für die Entwicklung eines Säuglingsgehirns ausschlaggebend ist, den gleichen Regeln unterliegt wie das Gehirn eines Erwachsenen beim Lernen. Cooper mutmaßte, daß die Mechanismen, die zuerst als ein Mittel zur Anpassung des visuellen Systems an seine Umgebung benutzt wurden, später von den höheren Gehirnregionen als Mechanismen für das assoziative Lernen kopiert wurden. Unsere Welt mit all ihren Verflechtungen, in der Konzepte mit anderen Konzepten verbunden sind, könnte ein Nebenprodukt dieser grundlegenden Maschinerie sein. Die Plastizität war für das Überleben so wichtig, daß sie beibehalten und noch weiter ausgebaut wurde, so daß schließlich ein Gehirn dabei herauskam, das nicht nur lernen konnte, Regelmäßigkeiten wie waagerechte Streifen zu erkennen, sondern auch abstraktere Muster; das durch sein Suchen nach verborgenen Ordnungen sogar Konzepte wie das Lernen und die Plastizität entwickeln konnte.

Zu diesem Zeitpunkt gab es noch keinen Hinweis darauf,

daß die Synapsen tatsächlich so funktionieren, wie Cooper annahm. Aber nur selten befindet sich ein Theoretiker in der beneidenswerten Lage, ausschließlich mit gesicherten Fakten arbeiten zu können. Hier kommt das Vorstellungsvermögen ins Spiel. Als Einstein seine Spezielle Relativitätstheorie entwickelte, gab es noch keinen Beweis dafür, daß bei hohen Geschwindigkeiten Uhren langsamer gehen oder daß Lineale sich zusammenziehen. Manchmal mußte sich ein Theoretiker auf seinen Instinkt verlassen, um dem Unsichtbaren Gestalt zu verleihen.

Im Laufe der Zeit wurde die Parallelen zwischen dem Gedächtnis und der Entwicklung des Säuglingsgehirns immer deutlicher. Mitte der achtziger Jahre ergab sich daraus die Frage, ob an beiden Prozessen die gleichen chemischen Substanzen beteiligt sind. Gary Lynch und John Larson hatten gerade einen Zusammenhang zwischen den NMDA-Rezeptoren, diesen seltsamen kleinen molekularen Schaltern, und dem LTP-Effekt festgestellt. Sie hatten gezeigt, daß NMDA-Rezeptoren die biochemischen Reaktionen in Gang setzen, die zur Hebbschen Form des Lernens führen. Etwa zur gleichen Zeit entdeckten Wolf Singer und seine Kollegen vom Max-Planck-Institut für Gehirnforschung in Frankfurt, daß das APV, die Substanz, die die NMDA-Rezeptoren blockiert und das Eintreten des LTP-Effekts verhindert, auch bei der Entwicklung der Nervenschaltungen im Säuglingsgehirn eine Rolle spielt.

Vor einiger Zeit war Mark Bear, der bei Cooper studiert hatte, als Assistent zu Singer nach Frankfurt gegangen. Er kam als Lehrbeauftragter an die Brown-Universität zurück und arbeitete zusammen mit Cooper an einer Erklärung für die Verstärkung und Schwächung von Synapsen auf molekularer Ebene.[3] Die Studentin Serena Dudek (die früher ein Schützling Lynchs gewesen war) und er entdeckten Hinweise darauf, daß es in den Neuronen zwei grundlegend verschiedene biochemische Mechanismen gibt, einen für das Lernen und einen für das Anti-Lernen zuständigen. Während die NMDA-Rezeptoren das Einströmen des Calciums in die Zelle ermöglichen, das als Auslöser für die biochemischen Prozesse fungiert, die zur Stärkung der Synapsen beitragen, setzen andere Arten von Glutamatrezeptoren – die sogenannten Non-NMDA-Rezeptoren – Reaktionen in Gang, die zur Schwächung der Synapsen führen. Bear und Dudek arbeiten auch an einer biochemischen Erklärung für Coopers veränderliche Reizschwelle – manchmal genügt ein winziges bißchen Calcium, um die zur Stärkung der Synapse führenden Reaktionen auszulösen, manchmal ist dazu eine große Menge Calcium erforderlich.

»Cooper sieht auf die Veränderung der Synapsen von der Ebene der Nervennetzwerke herunter, und ich schaue von der Ebene der Biologie hinauf«, sagte Bear einmal, als wir in seinem Büro saßen. Seine Blicke schweiften im Zimmer umher, als er mit mir redete. »Die Frage ist, wie man da eine gemeinsame Ebene findet?«

Sollte Bear recht haben, erhielt Coopers Theorie ein solides Fundament. Festzuhalten bleibt, daß man Nervennetze entwerfen kann, mit denen sich die tollsten Dinge anstellen lassen. Nach Ansicht von McCulloch, Pitts und Turing ist es möglich, eine Vielzahl von Maschinen so auszurüsten, daß sie verschiedene Formen der Verarbeitung, zum Beispiel senkrechte und waagerechten Streifen auseinanderzuhalten, bewältigen können. Wenn man ganz unten anfängt, lassen sich Nervennetze in unterschiedlichster Zusammensetzung herstellen, die Merkmalsdetektoren entwickeln.

»Sie können viele Lösungen liefern, ohne jemals die Strategie einbeziehen zu müssen, mit der das Gehirn arbeitet«, sagte Bear. »Das mag in der Nervennetzwerkforschung vielleicht eine tolle Sache sein, aber in der Neurowissenschaft bringt das nichts. Es gibt Leute, die sagen, laßt uns im Gehirn nach Antworten suchen. In dieser Beziehung war Cooper, glaube ich, ein echter Pionier. Weil er sich schon Anfang der siebziger Jahre mit dem Gehirn beschäftigte – nämlich damit, wie man auf vernünftige Weise synaptische Veränderungen in einem Nervennetzwerk herbeiführen kann, das eine biologische Grundlage hat.«

Die Theorie Coopers und Bears konkurriert mit zahlreichen anderen Theorien, die sich ebenfalls die Erklärung der Entwicklung des visuellen Systems zum Ziel gesetzt haben. »Das könnte reine Einbildung sein«, meinte Bear, als er die vielen Graphen und Schaubilder mit Ergebnissen von Experimenten durchblätterte. »Ich glaube das zwar nicht, doch es könnte sein. Wirklich aufregend aber ist, daß eine Theorie, die das Problem formal und mathematisch zu analysieren vermag, uns etwas liefert, woran wir unsere Ergebnisse aufhängen und worüber wir sagen können: Gut, der Theorie zufolge funktioniert das so, also könnte vielleicht ...

Eines der Probleme in der Biologie, über die die Physiker so oft klagen, besteht darin, daß sie im Grunde atheoretisch ist, daß man sich von einer Theorie zur nächsten hangelt, ohne jemals zu versuchen, ein Ganzes daraus zu machen. Diese Theorie bietet eine ganzheitliche Lösung, und es gibt weit und breit keine Daten, die sie nicht erklären könnte. Wir erheben keinen Anspruch darauf, das Problem gelöst zu haben, wohl aber darauf, daß eine Lösung greifbar nahe ist.«

So arbeitete sich Cooper Schritt für Schritt immer weiter zu den gehirnchemischen Details vor und ging damit genau den entgegengesetzten Weg wie Gary Lynch, der mit der Neurobiologie angefangen hatte, und dann bis zu den Netzwerken vorgedrungen war. Die Anhänger dieser beiden Ansätze wußten nicht immer, was die anderen gerade machten. Doch aus einer gewissen Entfernung betrachtet, schien es, als bewegten sich zwei intellektuelle Machtzentren aus unterschiedlichen Richtungen auf ein gemeinsames Territorium zu, auf eine theoretische Basis, die helfen würde, den Abgrund zwischen Gehirn und Verstand zu überbrükken.

Wissensingenieure

Während die Nervennetzforscher weiterhin im dunkeln tappten, in einer von den anderen abgeschirmten Welt, zogen die Künstliche-Intelligenz-Forscher aufgrund ihres Ansatzes, wonach der Verstand als Maschine anzusehen war, sehr viel Aufmerksamkeit auf sich. Nicht zuletzt machten sie damit viel Geld. Anfang der achtziger Jahre kündigten die Titelseiten vieler Nachrichtenmagazine die Geburt sogenannter Expertensysteme an, die mit Regeln zum Beispiel für die Diagnose von Krankheiten oder für das Entwickeln einer möglichst vielversprechenden finanziellen oder militärischen Strategie programmiert werden sollten. Das Pentagon stattete die Forscher weiterhin großzügig mit Geldmitteln aus. Die meisten universitären Forscher waren von militärischen Geldern abhängig, und viele von ihnen versuchten ziemlich bald, ihre Mittel durch Projekte für Computerfirmen oder eigene Unternehmungen aufzustocken. Einige Spekulanten eröffneten kleine Firmen, die sich hohe Ziele gesteckt hatten, mit Namen wie Teknowledge oder Intellicorp, in der Hoffnung, eine von ihnen könnte auf dem Sektor der künstlichen Intelligenz eine der IBM vergleichbare Stellung erreichen. Diese Unternehmen schienen für die Werbung mindestens genausoviel Energie aufzuwenden wie für die Forschung. Ihre flotten Pressemitteilungen und Anzeigen enthielten das Versprechen, jegliche Art von Expertenwissen – ob nun Schach, medizinische Diagnosen oder Flugsteuerung – lasse sich auf eine bestimmte endliche Anzahl von Regeln reduzieren und einem Computer einprogrammieren. Bei den jährlich stattfindenden Konferenzen über Fragen der künstlichen Intelligenz waren die Ausstellungshallen voll mit Ständen, an denen attraktive junge Frauen und Männer die Produkte des neuen Zeitalters des intelligenten Computers feilboten. Währenddessen besuchten die Forscher, die zur Konferenz gekommen waren, Expertengremien, in denen vor allzuviel Optimismus gewarnt und düstere Prognosen über eine bevorstehende »Eiszeit der künstlichen Intelligenz« abgegeben wurden, die eintreten würde, wenn Investoren, Journalisten und das Verteidigungsministerium die künstliche Intelligenz, enttäuscht darüber, daß diese ihre Versprechungen nicht halten konnte, fallen lassen würden wie eine heiße Kartoffel. Doch die Forscher, darunter auch viele aus den Gremien, genossen weiterhin die reichlich fließenden Gelder und die Beachtung, die ihnen zuteil wurde. Es schmeichelte ihnen, in *Newsweek* zitiert zu werden, und noch mehr, Teil einer gesellschaftlichen Avantgarde zu sein.

Hinter dem ganzen Brimborium verbarg sich eine ernsthafte Idee, die tiefverwurzelte Vorstellung, die Intelligenz könne aus ihrem biologischen Substrat herausgelöst und isoliert betrachtet werden – als eine Reihe von Programmen, die sich so gestalten ließen, daß sie auf einer Turingmaschine liefen. Die Erwartungen der Unternehmer waren zwar viel zu hoch angesiedelt, aber es war schon recht eindrucksvoll, wie weit dieses Konzept reichte, das den Verstand als eine Reihe von Symbolen auffaßte, die von gut definierten Regeln manipuliert wurden.

Die meisten K.-I.-Systeme arbeiteten ausschließlich mit A-priori-Wissen. Die Erinnerungsstrukturen wurden vom Programmierer vorgegeben – das war Lernen durch Zerlegung des Gehirns, wie einige Kritiker meinten. Doch die eindrucksvollsten Programme waren wirklich bis zu einem gewissen Grad in der Lage, von sich aus zu lernen – sie verfügten über Regeln, aus denen sie neue Regeln ableiten konnten. Ein Programm namens Eurisko, das von Douglas

Lenat von der Stanford University entwickelt worden war, brachte sich selbst bei, ein anspruchsvolles Weltraumkriegsspiel namens Traveller zu spielen. Lenat siegte damit zweimal hintereinander bei den Meisterschaften der USA. Das Programm lernte, indem es gegen sich selbst spielte und imaginäre Flottenverbände aufstellte, die gegeneinander kämpften. Nacht für Nacht war es mit solchen simulierten Schlachten beschäftigt, und es leitete daraus die Prinzipien ab, die es ermöglichten, den Krieg zu gewinnen. Eurisko war dazu fähig, weil sein Erfinder ihm Konzepte wie »Mesonengewehr«, »Panzer«, »Strahlenschaden« und Regeln wie zum Beispiel: »Wenn ein Konzept sich als manchmal nützlich, generell jedoch als nutzlos erweist, dann versuche, eine neue, anspruchsvollere Version zu entwickeln«, einprogrammiert hatte. In einem Fall wandte Eurisko diese Regel auf sich selbst an und brachte die neue Regel hervor: »Wenn du ein Konzept verfeinerst, dann paß auf, daß es nicht zu einseitig wird – stelle sicher, daß die neue Version immer noch all das tun kann, wozu die alte imstande war.«

Doch die Programme hatten durchweg eine sehr begrenzte Reichweite. Eurisko konnte so programmiert werden, daß es etwas über Traveller und andere klar definierte Themen wie die Zahlentheorie oder den Entwurf von integrierten Schaltungen lernte. Die meisten Programme waren aber überhaupt nicht in der Lage zu lernen. Man mußte ihnen vorher alle Regeln eingeben. Um ein verkaufsfähiges System zu entwickeln – einen künstlichen Experten, der beispielsweise über die Vergabe von Hypotheken entschied –, interviewten die Programmierer – im Jargon der Industrie: »Wissensingenieure« – menschliche Experten und versuchten, sowohl deren explizites als auch deren implizites Wissen in Regeln zu kleiden. Ziel war es, einen Menschen dazu zu bringen, die Regeln, die so fest in seinem Verhaltensrepertoire verankert waren, daß sie normalerweise in seinem Unterbewußtsein verborgen blieben, zu artikulieren – Gefühle, Intuitionen, oder wie immer man das nennen mag. Mit Ausnahme der allereinfachsten Übungen war dies ungeheuer schwierig. Die K.-I.-Firmen disponierten schon mit künstlichen Wissensingenieuren – mit Expertensystemen, deren Expertenwissen darin bestand, Expertensysteme herzustellen –, aber dies war vorläufig nicht mehr als ein Traum. Nur wenige Unternehmen machten sich überhaupt die Mühe, verkaufsfähige Expertensysteme zu entwerfen. Statt dessen verkauften sie Do-it-yourself-Programme, die als Shells bezeichnet wurden. Eine Firma konnte ein solches generelles Programm erstehen und durch das Einsetzen entsprechender Regeln ihr eigenes Expertensystem daraus basteln. Ob es tatsächlich gelang, die entsprechenden Regeln zu finden, steht auf einem anderen Blatt, jedenfalls waren die Shells ein paar Jahre lang ganz groß in Mode – jedes innovative Unternehmen mußte sich einmal an ihnen versucht haben.

Doch der Markt war bald gesättigt, die Software wurde nicht viel besser, und die K.-I.-Firmen gerieten eine nach der anderen in finanzielle Schwierigkeiten. Die Expertensysteme fanden in einigen Unternehmen ihren Platz. Doch die angekündigte Revolution bei den intelligenten Maschinen blieb in den Kinderschuhen stecken. Die Technologie war noch nicht ausgereift genug, um mit dem Reklamerummel Schritt halten zu können. Nicht eben förderlich war auch, daß einige der talentiertesten Leute auf diesem Gebiet etwa genausoviel Zeit für die Beschaffung des nötigen Kapitals und für den Kampf mit den Tricks und Kniffen des Wertpapiermarktes aufwenden mußten, wie zur Lösung der wichtigsten Probleme bei der Simulation des Verstandes. Ende der achtziger Jahre setzte auf dem Gebiet der künstlichen Intelligenz in der Tat eine Eiszeit ein.

Für diejenigen, die sich mehr für die künstliche Intelligenz als angewandte Philosophie – für das Studium der Algorithmen des Verstandes mit dem Computer als Werkzeug –

als für die Wissensingenieurseite interessierten, gab es noch viel zu erforschen. So einfach und schematisiert die K.-I.-Programme auch waren, die ihnen zugrundeliegende Idee hatte sich als tragfähig erwiesen: Der Verstand arbeitete, als würde er bestimmte Regeln befolgen und Zeichen manipulieren wie in einem komplizierten multidimensionalen Brettspiel. Nehmen wir einmal das Problem der Aussprache englischer Wörter, wobei es nicht um das Verstehen geht, sondern einfach um das Umsetzen eines geschriebenen Textes in Laute. Abstrakt betrachtet, besteht das Problem darin, eine Symbolfolge – Buchstaben – in eine andere – in Phoneme – umzuwandeln. Im Prinzip gibt es sogar eine Turingmaschine, die das kann. Sie läßt sich so programmieren, daß sie jegliche Eingabefolge in jegliche Ausgabefolge umsetzt – eine Symbolreihe kann auf eine andere übertragen werden. Dem K.-I.-Ansatz entsprechend, würde man Linguisten interviewen und Regeln formulieren, die festlegen, wie jeder Buchstabe und jede Buchstabenkombination abhängig von ihrem Kontext auszusprechen sind. Der Buchstabe t wird immer wie im dem Wort »talk« ausgesprochen, es sei denn, es folgt ein i wie bei »caption«. Dann müßten die Regeln inventarisiert werden, so daß man schnell auf sie zurückgreifen könnte – man will ja schließlich nicht jedesmal erst die ganze Liste nach der entsprechenden Regeln absuchen, wenn man zu einem neuen Buchstaben kommt. Um dem System mitzuteilen, daß »tough« anders ausgesprochen wird aus »though«, »bough« und »cough« oder daß »daughter« anders klingt als »laughter«, reichen einfache Regeln nicht mehr aus. Dem System müßten also auch die Ausnahmen eingegeben werden. Würde es die einfachsten Regeln anwenden, könnte es passieren, daß »ghiti« sich anhören würde wie »fish«.

Wäre es nicht wunderbar, wenn man, statt solche komplexen Wissensstrukturen aufeinanderzuschichten, eine Lernmaschine bauen könnte, die sich durch das Eingeben von

Beispielen trainieren ließe, so daß sie die Regeln selbständig lernen würde? Nicht eine Lernmaschine wie Eurisko, die am Anfang mit einem ausgeklügelten Satz von Symbolen und Lernregeln ausgestattet werden mußte, sondern eine wirkliche Babymaschine, ein elektronisches Wunderwerk? Ende der achtziger Jahre, als der Glanz der künstlichen Intelligenz zu verblassen begann, erinnerten sich einige frustrierte Forscher wieder an die Nervennetze. Warum sollte man nicht ganz unten anfangen und mit einem System aus künstlichen Neuronen arbeiten, es mit der Welt konfrontieren und Symbole und Regeln lernen lassen? Die Wissenschaftler, die sich mit der Literatur zu diesem Thema beschäftigten, waren erstaunt darüber, daß dieser Forschungszweig nicht mit Frank Rosenblatt gestorben war, daß Leute wie Cooper und Anderson in aller Stille weitergearbeitet hatten.

Eine neue Moderichtung

Rückblickend lassen sich alle möglichen vernünftigen Gründe für das Wiederaufleben des Interesses an Nervennetzen in der zweiten Hälfte der achtziger Jahre anführen. Fünfzehn Jahre neurobiologischer und neurophysiologischer Forschung hatten eine Fülle von Argumenten hervorgebracht, die dafür sprachen, daß das Gedächtnis tatsächlich auf der Anpassung der Stärke der Synapsen basiert. Es war gut zu wissen, daß die Experimentatoren mit ihren Modellen wohl wirklich der Realität nahe gekommen waren. Gleichzeitig ermöglichten es preiswertere und stärkere Computer den Forschern, Nervennetze zu simulieren, statt sie zu bauen. Es ist heute nicht mehr nötig, Röhren, Volumenbegrenzer und Elektromotoren zusammenzubasteln. Rosenblatt hatte einige seiner ersten Maschinen auf den zu seiner Zeit verfügbaren primitiven Computern simuliert. Die neuen Computer gestatten es, mit mehr Schichten, mehr Neuronen und einer größeren Dichte synaptischer Verbindungen zu arbeiten.

Der vielleicht wichtigste Punkt aber ist, daß eine ganz neue Generation von Forschern herangewachsen ist, die nie Minskys und Paperts Buch *Perceptrons* gelesen haben. Anfang der achtziger Jahre war die Zeit reif für eine neue Moderichtung, für eine dieser kollektiven Entscheidungen, die aus dem Gefühl mehrerer tausend Menschen heraus entstehen, die spüren, daß etwas Neues in der Luft liegt. Viele der jüngeren K.-I.-Forscher – die sich wirklich dafür interessierten, was es mit dem Verstand auf sich hat, und nicht einfach nur für den Verkauf von Expertensystemen – hatten genug davon, sich so weit entfernte Ziele zu stecken. Douglas Lenat, der das Eurisko-Programm entwickelt hatte, war so frustriert, daß er es aufgab, immer bessere Lernprogramme zu entwerfen. Er wandte sich statt dessen einem Mammutprojekt zu – dem Codieren des gesamten Wissens, das ein durchschnittlich intelligenter Mensch benötigt, um sich in der Welt zurechtzufinden: Lernen durch Zerlegen des Gehirns. Er glaubte, das sei alles, was erforderlich ist, um eine intelligente Maschine herzustellen. Andere Forscher dagegen gaben die Hoffnung nicht auf, daß die Nervennetzwerke einen schnelleren und direkteren Zugang zu den entscheidenden Problembereichen eröffnen würden.

Einige der Enthusiasten, die auf der neuen Welle schwammen, kamen wie Geoffrey Hinton von der Informatik, andere wie David Rumelhart und James McClelland von der Psychologie. Einer der hellsten aufgehenden Sterne war Terry Sejnowski, der über die Physik zur Neurowissenschaft gefunden hatte. Er hatte sein Studium in Princeton bei dem Physiker John Hopfield begonnen. Hopfield ist, genau wie Cooper, einer der bedeutendsten Theoretiker auf dem Gebiet der Nervennetzforschung. Gegen Ende der achtziger Jahre stand Cooper schon längst nicht mehr allein. Die Neuronennetzforschung fing an, auf Wissenschaftler der unterschiedlichsten Fachrichtungen anziehend zu wirken, so wie die Molekularbiologie nach dem Zweiten Weltkrieg, als Erwin Schrödingers Buch *Was ist Leben?* jüngere Kollegen wie Francis Crick dazu inspirierte, von der Physik zur Biologie überzuwechseln. Nachdem Crick mit dazu beigetragen hatte, das Geheimnis der Doppelhelixstruktur der DNS zu lüften, wandte er sich der Neurowissenschaft zu, in der Hoffnung, im Hinblick auf den Verstand das gleiche tun zu können wie in bezug auf das Leben. Sein beißender Sarkasmus hat ihm in der Netzwerkforscher-Diskussionsgruppe, die seit den frühen achtziger Jahren in La Jolla in Kalifornien zusammenkommt, den Ruf eines lästigen Querdenkers eingebracht. La Jolla kann als die Stätte der Wiedergeburt der Netzwerkforschung gelten. Es ist noch nicht lange her, daß Rumelhart und McClelland an der Universität von Kalifornien in San Diego, die ihren Sitz in La Jolla hat, studierten. Und auch Patricia Churchland, so etwas wie die gebietseigene Philosophin, wirkt dort. Neben dem Universitätscampus liegt das Salk Institute, an dem Crick und Sejnowski arbeiten. Und wenn man nur ein Stückchen weiter auf der Autobahn nach Los Angeles fährt, kommt man zum Campusgelände der Universität von Irvine, an der Lynch und Granger mit Hilfe von Nervennetzen das Gedächtnis der Ratten erforschen.

Manchen Kritikern sind die Nervennetze aufgrund ihrer tief im Innern verborgenen synergistischen Eigenschaften verdächtig. Doch Minsky und Papert lagen mit ihrer Behauptung, durch diesen Ansatz würde ein unkritischer, romantischer Holismus gefördert, völlig falsch. Immer mehr Wissenschaftler haben unter Zuhilfenahme der Psychologie, der Informatik, der Mathematik und der Biologie ziemlich genaue Nervennetzmodelle des Verstandes entwickelt. Eine der ersten Taten, die diese neue Welle hervorbrachte, war der Versuch, die von Minsky und Papert aufgezeigten Grenzen des einschichtigen Perceptrons zu überschreiten.

Mit Hilfe stärkerer Computer war man imstande, aus mehreren Schichten von anpassungsfähigen Neuronen bestehende Netzwerke zu simulieren. Das warf natürlich ein weiteres Problem auf, das Minsky und Papert bereits vorausgeahnt hatten: Wenn Schichten vorhanden sind, die man nicht sehen kann, läßt sich nicht mehr genau verfolgen, welche Synapsen belohnt und welche bestraft werden müssen. Vielleicht würde die Hebbsche Konditionierung ja ausreichen: Jede zwischen zwei gleichzeitig feuernden Neuronen liegende Synapse müßte verstärkt werden, ganz gleich, aus wie vielen Schichten das Netzwerk bestand. Aber womöglich waren auch anspruchsvollere Lernregeln erforderlich. Mit Hilfe eines neuen Ansatzes fanden Rumelhart und Hinton einen Ausweg: mit einer als Rücklauf bezeichneten Lernregel. Wenn ein Netzwerk während des Trainings eine falsche Antwort gibt – B statt A –, wird ein Fehlersignal zu den Neuronen in den nicht sichtbaren Schichten zurückgesandt. Auch wenn die Regel aus neurologischer Sicht unsinnig ist – denn so etwas würde bedeuten, daß ein Signal über die Synapse vom Dendriten zum Axon zurücklaufen müßte–, so ist es doch nicht völlig undenkbar, daß im Gehirn solch eine Funktion in Form einer Feedback-Schleife existiert. Auf jeden Fall ermöglicht diese Notlösung Experimente, die dazu dienen, eine realistischere Lernmethode zu finden.

In der Tat sind einige der bedeutendsten Leistungen auf diesem Gebiet von Wissenschaftlern erbracht worden, die einfach die vielen neurobiologischen Details außer acht ließen und nach allgemeineren Regeln für das Verhalten von Netzwerken suchten. So gesehen, haben die neuen Errungenschaften mehr mit künstlicher Intelligenz als mit Neurowissenschaft zu tun. Doch durch das Offenlegen der allgemeinen Prinzipien des Verhaltens von Netzwerken lassen sich auch Hinweise darauf gewinnen, wie echte Nervennetzwerke lernen und Erinnerungen speichern. Wenn die Wissenschaftler erst einmal darüber Bescheid wissen, wie ein einfaches künstliches Netzwerk solche Dinge wie das Abstrahieren oder die Unterscheidung von Kreisen und Quadraten bewerkstelligt, können sie im Gehirn nach ähnlich aufgebauten Regionen suchen: nach einem Netzwerk mit einer bestimmten Anzahl von Schichten, einer bestimmten Dichte von Verbindungen, einer großen Anzahl von Feedback-Schleifen. Die Netzwerkarchitekten können den Anatomen und den Physiologen Landkarten zur Erforschung des Territoriums zur Verfügung stellen, Theorien, die durch Experimente zu bestätigen oder zu verwerfen wären.

Zu den engagiertesten Verfechtern dieses Ansatzes zählt John Hopfield. Mit Hilfe von bewußten Vereinfachungen zeigte er, daß das Verhalten eines Nervennetzwerkes und seiner Engramme in Form von Gleichungen beschrieben und als eine Fläche im multidimensionalen Raum dargestellt werden kann. Für ein Netzwerk mit 1000 Neuronen wären 1000 Gleichungen und 1000 Dimensionen nötig. Die wichtigsten Aspekte dieser Konzeption lassen sich jedoch auch in unserem gewohnten dreidimensionalen Raum verdeutlichen. Hopfields Theorie zufolge kann man sich ein einschichtiges Netzwerk mit willkürlich festgesetzten Synapsenwerten als eine Landschaft mit Erhebungen und Vertiefungen, mit Bergketten, Gebirgsausläufern, Hügeln, Tälern und Schluchten vorstellen. Wenn einige Synapsen ihre Werte verändern, verändert sich auch die Landschaft: Manche Täler werden größer, andere verschwinden; Berge werden steiler oder flacher, mitten in einer Ebene erhebt sich plötzlich ein Hügel.

Jedes Tal ist eine Erinnerung oder, wie die Mathematiker es nennen, ein Anziehungsbecken. An seiner tiefsten Stelle befindet sich ein Punkt, der durch drei Werte beschrieben wird: Längengrad, Breitengrad und Höhe – durch einen Vektor, der für ein Stück Information stehen könnte. Im multidimensionalen Raum, der von einem aus wesentlich mehr Neuronen bestehenden Netzwerk erzeugt würde, wären die Vektoren größer. Zur Bestimmung des tiefsten Punktes im Tal wären 10, 100 oder sogar 1000 Werte nötig. Der Vektor würde somit mehr Informationen beinhalten. Nehmen wir nun einmal an, man wollte eine Erinnerung wachrufen, hätte dazu aber nur das winzige Bruchstück eines Vektors: Ihr Name war Sabine, sie kam aus Hamburg, hatte braune Augen, und ich habe sie irgendwann in den letzten zwei Jahren einmal getroffen. Vielleicht wären diese Informationen die ersten 300 der insgesamt 1000 Werte des Vektors. Der Rest ist nur verschwommen vorhanden. Hieß sie mit Nachnamen Weiß oder Weise oder vielleicht Winter? Oder hatte ich sie irgendwann im Winter kennengelernt? Man ist sich nicht ganz sicher.

In Hopfields Landschaft wäre diese unzureichende Erinnerung ein Punkt irgendwo im Anziehungsbecken des für »Sabine« stehenden Vektors. Er läge irgendwo auf der Strecke, die in das Tal führt, in dem sich die richtige Information befindet. Ein Abrufen der Erinnerung könnte man sich vorstellen als eine Murmel, die an diese Stelle gelegt wird, den Hügel hinunterrollt und dann am richtigen Platz liegenbleibt. Ihr Nachname war Weißbach. Ich habe sie auf einer Party in Bremen getroffen. Sie erzählte mir, daß sie bei einer Bank arbeitet.

Über die ganze Landschaft verteilt, gibt es andere Erinnerungen mit ihren eigenen Anziehungsbecken. Wenn man sich nur an den Vornamen erinnert, an ein winziges Bruchstück des Vektors, dann müßte die Murmel an eine weiter vom Becken entfernte Stelle gelegt werden, vielleicht auf eine Hügelkette zwischen zwei Becken, die zwei Sabinen repräsentieren, die man in letzter Zeit kennengelernt hat. Die Chance, daß die Murmel in das richtige Becken rollt, beträgt 50 Prozent. Wenn das Netzwerk mit Erinnerungen gesättigt ist, würde die Landschaft viele sich überlappende Becken aufweisen, die Erinnerungen wären verschwommener. Man würde die Lehrer, die man in der dritten und in der vierten Klasse hatte, verwechseln. Hieß der Hausmeister der Grundschule nun Weißfeld oder Weißgerber? Oder hatte er einfach weiße Haare? Eine seichte, kleine Erinnerung könnte in tiefen, weiten Tälern verborgen sein – in stärkeren Anziehungsbecken, die die schwächeren beinahe unerreichbar erscheinen lassen. Vielleicht ist man eines Nachts selbst erstaunt darüber, daß man bei einem Spaziergang durch die Landschaft zufällig zu einem dieser Täler gelangt. Ohne ersichtlichen Grund erinnert man sich vage daran, eines Nachmittags ein Häuschen in einem Wald entdeckt zu haben, das der Mutter eines Freundes aus der Kinderzeit gehörte.

Die Metapher der Berge und Täler verfehlte ihren Eindruck nicht, und Hopfield verschaffte ihr solide mathematische Grundlagen. Er zeigte, daß auch nach dem Entfernen einiger Neuronen die Landschaft ihr ursprüngliches Gesicht beibehält. Vielleicht sind einige Täler hinterher nicht mehr so tief, so daß die Wahrscheinlichkeit zunimmt, daß die Murmel den falschen Weg entlangrollt. Doch die eigentliche Gestalt ändert sich nicht wesentlich. Das Netzwerk besitzt die Eigenschaft der »Graceful Degradation«.

Für Leute wie Cooper und Anderson, die sich seit Jahren mit ähnlichen Konzepten befaßten, stellte all dies keine Überraschung dar. Doch Hopfields Arbeit, die Parallelen zur Festkörperphysik aufzeigte, sprach weitere Kreise an. Hopfield hatte gezeigt, daß man sich Erinnerungen in einer Form vorstellen kann, die den Physikern vertraut ist. Ein Netzwerk, das eine Erinnerung abrief, entsprach der imaginären Murmel, die auf den niedrigstmöglichen Energiezustand in einem multidimensionalen Raum zusteuerte, auf den Punkt, an dem sie die geringstmögliche potentielle Energie hatte. Zudem waren die Physiker davon beeindruckt, daß Hopfield mit seinen Netzwerkgleichungen auch das Verhalten von Spingläsern beschreiben konnte, dieses merkwürdigen

Phänomens, das Physiker und Neurowissenschaftler gleichermaßen über Jahre irritiert hatte.

Das Problem bei dem Hopfield-Netzwerk war allerdings, daß eine Murmel bei dem Versuch, eine Erinnerung wachzurufen, irgendwo über dem richtigen Becken an einem falschen Tiefpunkt liegenbleiben konnte. Unter diesen Umständen war es unmöglich, die richtige Erinnerung zu finden. Stellen Sie sich vor, sie würden versuchen, sich an den Namen des Malers Paul Klee zu erinnern und wären statt dessen auf den Namen Gustav Klimt fixiert. Sie wissen, daß das nicht der Künstler ist, den Sie suchen, aber das Gehirn will keinen anderen ausgeben. Einige Forscher, unter anderem Little, Shaw, Sejnowski und Hinton, bedienten sich eines schon früher entwickelten Konzepts, um dieses Problem zu lösen. Sie führten die Möglichkeit einer Störung in ihr System ein. Die Murmel ließ sich somit aus der Senke, in der sie feststeckte, wieder herausrütteln. Solch eine Störung kann man sich als Wärme vorstellen, die zur Schwingung der Moleküle führt. Zum Andenken an Ludwig Boltzmann, auf den die Wissenschaftsdisziplin der statistischen Thermodynamik zurückgeht und von dem diese Idee stammt, nannten sie ihr Netzwerk die Boltzmann-Maschine.

Für Cooper, Anderson und die Veteranen der Nervennetzwerkforschung muß das Aufsehen, das Hopfield mit seiner Arbeit erregte, einigermaßen ärgerlich gewesen sein. Viele Forscher monierten, daß die von ihm entwickelten Vorstellungen schon seit Jahren diskutiert worden seien. Freilich war es, wie Anderson sich ausdrückte, »eine kreative Leistung ersten Ranges, all dies in einer klaren detaillierten und aussagekräftigen mathematischen Analyse zusammenzufassen«[1]. Daß die Studie in den Sitzungsberichten der National Academy of Sciences, dem Publikationsorgan der angesehensten wissenschaftlichen Vereinigung der Vereinigten Staaten, erschien, sicherte ihr das Interesse von Wissenschaftlern aus den verschiedensten Bereichen, die vorher noch nie etwas von Nervennetzen gehört hatten. So kam es zu einer Art Flächenbrand. In einer Veröffentlichung nach der anderen wurden die alten Vorstellungen wiederbelebt.[2]

Als sich das Gebiet ausweitete und auch auf andere Domänen überzugreifen begann, konnte man den Umbruch an den Tagesordnungen verschiedener wissenschaftlicher Konferenzen ablesen. Seit Beginn der achtziger Jahre befaßten sich immer mehr der bei den K.-I.-Konferenzen zur Diskussion vorgestellten Aufsätze mit Nervennetzen. Dasselbe galt für kognitionswissenschaftliche Konferenzen, auf denen Neurowissenschaftler, Psychologen und Netzwerkarchiteken zusammentrafen. Auch auf den neurowissenschaftlichen Tagungen wurden immer mehr Veröffentlichungen, die sich mit Nervennetzen beschäftigten, vorgestellt. Die Nervennetzforscher gründeten eine eigene Gruppe – genaugenommen zwei, eine an der Ostküste und eine an der Westküste der Vereinigten Staaten. 1987 begann die San-Diego-Abteilung des Institute of Electrical and Electronics Engineers deren jährliche Konferenzen zu sponsern. 1988 wurden bereits 1600 Teilnehmer gezählt. Die International Neural Network Society hatte 2500 Mitglieder und hielt ihre eigenen Konferenzen ab. Gegen Ende der achtziger Jahre wurden dann gemeinsame Meetings veranstaltet, bei denen Informatiker, Psychologen, Neurowissenschaftler und Philosophen zusammentrafen.

Einer der aktivsten Sprecher dieser Bewegung war Hopfields Schüler Terry Sejnowski, der bei seinen Vortragsreisen unter anderem auch die K.-I.- und die neurowissenschaftlichen Konferenzen besuchte und sogar in den Fernsehnachrichten auftrat, wo er ein Nervennetzwerk vorführte, das eine Lösung für das Problem der Aussprache englischer Wörter bereithielt. Während der Vorführung spielte er eine Videoaufzeichnung ein, »NETtalk« genannt, die zeigte, wie das genannte Netzwerk lernte, Wörter laut zu lesen. »Das Schöne hierbei ist«, pflegte er zu sagen, »daß es für sich selbst spricht.«

Die Maschine besteht aus etwa 300 künstlichen, in drei Schichten angeordneten Neuronen – einer Eingangsschicht, die die Buchstaben liest, und zwar jeweils mehrere auf einmal, einer Ausgangsschicht, die die richtigen Phoneme produziert, und einer mittleren, »unsichtbaren« Schicht, die die Mittlerrolle zwischen den beiden anderen übernimmt. Die Neuronen sind durch ca. 18 000 Synapsen miteinander verbunden. Am Anfang haben die Synapsen willkürlich gewählte Stärken und NETtalk ist ein strukturloses, homogenes Gebilde. Wenn man ihm eine Liste mit Wörtern vorsetzt, kommt ein unverständliches Gestammel heraus. Manchmal trifft NETtalk die richtige Aussprache besser, manchmal schlechter. Wenn es tatsächlich einmal ein Wort richtig ausspricht, wird es dadurch belohnt, daß nach dem Rücklaufschema die Stärke der Synapsen neu festgesetzt wird.

Zuerst lernt die Maschine, Konsonanten und Vokale zu unterscheiden; sie verwendet dabei stets denselben Konsonanten und denselben Vokal. »Nanana«, »Dadada« oder »Mememe« werden in verschiedenen Kombinationen durchgespielt. Sejnowski bezeichnet dies als das Plapperstadium. Wenn er das Band schnell vorlaufen läßt, verschwindet das Plappern und die Laute werden unzusammenhängend. Die verschiedenen Lautgruppen sind gegeneinander abgegrenzt. Die Maschine hat Wörter gelernt – oder besser gesagt, Pseudowörter. In diesem Stadium sind die Lautbrocken noch unverständlich. Doch wenn die Maschine erst einmal einen halben Tag Training hinter sich hat, wird die Aussprache besser, bis sie schließlich etwa 1000 Wörter beherrscht. Innerhalb einer Woche ist sie imstande, 20 000 Wörter zu lernen. NETtalk entwickelt sich durch Versuch und Irrtum immer weiter.

Der Maschine wurden nicht die diversen Regeln eingegeben, die festlegen, wie ein Buchstabe unter verschiedenen
Bedingungen ausgesprochen wird. Niemand muß ihr sagen,
daß das e am Ende einiger Wörter – wie zum Beispiel »nice«,
»wade«, »grape« – nicht gesprochen wird, wohl aber bei
»he« und »she«. Im Unterschied zu einem K.-I.-Programmie-
rer ging Sejnowski nicht von Symbolen, von Buchstaben und
Phonemen, die bestimmten Regeln folgend manipuliert
werden, als primitivsten Einheiten aus. Seine Grundeinheit
war die Stärke der synaptischen Verbindungen.

»Was hier wirklich passiert, ist, daß man zu den Wurzeln des
Subjekts zurückgeht, und sagt: Stellen wir doch einfach die
Annahmen, die gemacht worden sind, in Frage«, sagte er
einmal in seinem Büro an der Johns-Hopkins-Universität, an
der er gearbeitet hatte, ehe er ans Salk Institute überwech-
selte. »Eignet sich das Symbol überhaupt als grundlegendes
Element? Sollten wir nicht etwas Fundamentaleres wählen?
Vielleicht wäre es angezeigt, Symbole aus elementareren
Strukturen zu entwickeln, wie die Elementarteilchenphysik,
die versucht, aus Quarks Nukleonen zusammenzusetzen. Es
hat sich herausgestellt, daß man die auf der Ebene der
Interaktion von Protonen und Neutronen auftretenden Phänomene wesentlich besser erklären kann, wenn man Quarks
zugrunde legt. Genauso könnte es sein, daß wir erheblich
mehr über die Struktur des Gedächtnisses, des Lernens und
der visuellen Verarbeitung erfahren, wenn wir uns auf dieser
subsymbolischen Ebene bewegen.«

Hat sich NETtalk erst einmal richtig entwickelt, reagiert es,
als würde es die Ausspracheregeln kennen. Diese werden
in der unsichtbaren Schicht des Netzes verschlüsselt, obwohl Sejnowski anfangs keine Ahnung hatte, wo die Regeln
gespeichert werden oder wie sie aussehen. Wie ein Biologe,
der einen bestimmten Organismus studiert, wurde er mit
einem System konfrontiert, das so komplex war, daß es ein
einfaches und unmittelbares Verstehen nicht zuließ. Es wa-

ren einige schwierige mathematische Analysen nötig, um dieses verborgene Wissen ans Tageslicht zu bringen und festzustellen, wie die Engramme aussehen. Er setzte den Netzwerken nacheinander einzelne Phoneme vor und notierte, welche Neuronen aufleuchteten. Dann stellte er diese Konstellation als Vektor im multidimensionalen Raum dar. Mit Hilfe der sogenannten Gruppenanalyse vermochte er eine Ordnung bei den Engrammen zu entdecken.

»Es entpuppte sich als sehr vernünftig«, erklärte er. »Die Vokale werden anders dargestellt als die Konsonanten. Gleichklingendes wird einer Gruppe zugeordnet.« Der Klang von p wird in der Nähe des b angesiedelt, gesprochenes c bei k. Jeder Vokal – a, e, i, o, u – und manchmal auch y hat seinen eigenen Bereich. Wenn das Experiment wiederholt wird, bleibt das Verschlüsselungsschema gleich. Obwohl jedesmal andere Neuronengruppen zur Repräsentation verschiedener Laute benutzt werden, ist es doch immer die gleiche Konstellation. Von allein, so meint Sejnowski, wäre er nie auf dieses System gekommen. Er entwickelte NETtalk, aber NETtalk entwickelte das Verschlüsselungsschema.

Mit das Erstaunlichste an den Nervennetzwerken ist, daß man zurückverfolgen kann, wie ein Engramm aussieht. Die Repräsentationsschemata werden nicht wie bei der künstlichen Intelligenz im voraus vom jeweiligen Designer festgelegt. Sie entwickeln sich vielmehr von selbst, und es ist schwierig, sie zu interpretieren. Einige Forscher arbeiten mit Netzwerken, in denen die Engramme nicht verteilt sind, sondern einen bestimmten Platz haben; in einem solchen Fall wird das Wort »Mutter« durch ein einziges aufleuchtendes Neuron repräsentiert und nicht von einer über das ganze Netzwerk verzweigten Konstellation. Bei verzweigten Konstellationen läßt sich schwer sagen, welche Bedeutung die Aktivierung eines einzelnen Neurons hat. Nehmen wir an, wir haben ein Netzwerk, dem beigebracht worden ist, hundert Objekte zu erkennen. Durch sorgfältiges Studium stellen wir fest, daß ein bestimmtes Neuron immer dann aufleuchtet, wenn ihm zehn dieser Objekte präsentiert werden. Es muß also irgend etwas geben, das diese Objekte gemeinsam haben, es braucht sich dabei aber nicht unbedingt um eine Eigenschaft zu handeln, für die wir einen Namen haben.

»Zuallererst stellt sich die Frage, wie man die Information unterteilen soll«, erklärte Geoffrey Hinton. »Stellen Sie sich einen Knoten im Netzwerk vor. Manchmal wird er an sein, manchmal aus. Wenn man dafür einen neuen Begriff prägen würde – die Xheit –, könnte man sagen, alle diese Dinge haben die Eigenschaft der Xheit und alle anderen nicht. Wir definieren die Xheit dadurch, daß diese Einheit an ist. Dann ist das logischerweise eine lokale Repräsentation der Xheit. Wenn man also von verteilten Repräsentationen spricht, so heißt das nicht, daß sich nicht sagen ließe, was die verschiedenen Einheiten tun. Es bedeutet, daß die einzelnen Positionen in unserer normalen Sprache nicht mit den Grundeinheiten eines Systems übereinstimmen. Das ist ein kleiner, aber feiner Unterschied.«

Der Mann im Hawaiihemd

Wenn man das ungleiche Verhältnis von Synapsen und Neuronen berücksichtigt, ist es sinnvoll, sich das Gehirn hauptsächlich aus Verkabelungsstrukturen bestehend vorzustellen. Die wichtigsten Vorgänge finden dabei ausschließlich an den Verbindungsstellen zwischen den verarbeitenden Einheiten statt. Hebb selbst hatte seine Theorie als eine Art »Konnektionismus« bezeichnet. Und die Wortführer der wiederauflebenden Netzwerkbewegung nannten sich Neo-Konnektionisten. 1988 standen sie schon auf so sicheren Beinen, daß sie die offene Feldschlacht wagen konnten. Marvin Minsky wurde eingeladen, auf der zweiten Jahreskonferenz der IEEE-Netzwerkforscher in San Diego eine programmatische Rede zu halten. In den Pressemitteilungen dieser Gesellschaft wurde Minsky einerseits in Anerkennung seiner Arbeit an SNARC Anfang der fünfziger Jahre als »Pionier der Nervennetzwerke« bezeichnet, andererseits aber auch als einer der größten Kritiker dieser Forschungsrichtung.

Und so landete Minsky an einem schönen Julisonntag im Sheraton-Hotel in San Diego, wo die Konferenz stattfinden sollte. Der kleine, glatzköpfige Mann mit Brille trug ein schwarzes Hawaiihemd mit einem Muster aus großen Ananasfrüchten. Nervös durch die Gänge vor den Konferenzräumen laufend, rauchte er eine Zigarette nach der anderen. »Viele Jahre lang habe ich mich an das Prinzip gehalten, eine Rede nie detailliert auszuarbeiten«, sagte er etwas später, als ich ihn dann überredet hatte, mit mir in der Hotellounge einen alkoholfreien Drink zu nehmen. »Ich habe viele Dias. Bevor ich eine Rede halte, gliedere ich das Material in einzelne Gruppen und lasse den Dingen dann einfach ihren Lauf. Normalerweise kommt mir immer eine neue Idee, wenn ich so eine unvorbereitete Rede halte. Manche Leute mögen das nicht, die meisten aber schon. Das ermöglicht es ihnen, den Prozeß des Denkens mitzuverfolgen.«

Dieser Mann leidet garantiert nicht an mangelndem Selbstvertrauen. Minsky ist für seinen Sarkasmus bekannt, der jeden trifft, der nicht mit ihm übereinstimmt oder den er für intellektuell unterlegen hält. Manchmal scheint es, als gelte dies für ungefähr jeden, der nicht im Künstliche-Intelligenz-Labor des MIT arbeitet. Doch was sollte er dieser Versammlung von jungen Leuten erzählen, die die ganze K.-I.-Bewegung zumindest als Anachronismus, wenn nicht gar als vollkommen verfehlt ansahen?

Kürzlich war eine neue Ausgabe von *Perceptrons* erschienen, die aus dem Nervennetzboom Kapital zu schlagen versuchte. In einem neuverfaßten Nachwort machten sich Minsky und Papert darüber lustig, daß angeblich eine Revolution vor der Tür stand. Das Ziel ihrer Attacke war die soeben erschienene Bibel der Nervennetzwerkforschung, *Parallel Distributed Processing,* deren Herausgeber Rumelhart und McClelland waren. Für jede triumphierende Behauptung dieser beiden Netzwerkanhänger hielten Minsky und Papert eine Gegenthese bereit. Sie meinten, die neuen mehrschichtigen Netzwerke seien um keinen Deut besser als das des Perceptron – auch nicht, wenn sie mit den neuen Lernregeln zur Anpassung der unsichtbaren Synapsenschichten ausgestattet waren. Sie glaubten, das größte Problem bei den Netzwerken sei die Abstufung: Ihrer Meinung nach kann man nicht davon ausgehen, daß sich ein kleines, für die Bewältigung recht einfacher Aufgaben konzipiertes Netzwerk so weit nachrüsten läßt, daß es ähnlich schwierige Probleme zu lösen vermag wie das Gehirn. Sie wiesen darauf hin, daß viele der neuen Netzwerke mehrere zehntausend Versuche benötigen, um auch nur einige Objekte zu erkennen. Wenn man das Netzwerk nun darauf trainierte, zehnmal so viele Objekte zu identifizieren, hätte das dann zur Folge, daß zehnmal so viele Versuchsläufe durchgeführt werden müßten, oder würde die Anzahl der Versuche um die zweite oder dritte Potenz zunehmen? Vielleicht käme es ja sogar zu einem exponentiellen Anstieg der Kurve, so daß die Vervielfachung des zu lernenden Stoffes um den Faktor n eine Verlängerung der Verarbeitungszeit um die n-te Potenz nach sich ziehen würde. Dann wäre das Problem unlösbar. Die Zeit, die ein Nervennetzwerk benötigte, um etwas Schwieriges zu lernen, würde dann vielleicht das Alter des Universums übersteigen.

Das Problem der Komplexität stellt sich bei jedem Programm – sowohl bei K.-I.-Software als auch bei der Simulation eines Nervennetzes. Unser Wissen reicht einfach nicht aus, um über die bei den Laborversuchen durchgeführten einfachen Experimente hinaus Schlüsse zu ziehen. Eigentlich wäre deshalb auf beiden Seiten etwas mehr Bescheidenheit am Platze gewesen.

Am nächsten Abend stand Minsky, immer noch in seinem Hawaiihemd, in einem vollbesetzten Hotel-Ballsaal am Rednerpult und sagte mit selbstzufriedenem Grinsen: »Ich bin nicht der Teufel.« Er räumte ein, daß einige Sätze in *Perceptrons* aus heutiger Sicht viel zu pessimistisch klängen, beharrte aber darauf, daß das Buch nicht für den Niedergang der Konzeption der Nervennetze verantwortlich zu machen sei. Zu der Zeit seines Erscheinens sei das Gebiet praktisch schon tot gewesen. Papert und er hätten lediglich versucht zu erklären, warum. »Das ist vielleicht eine etwas rosige Darstellung«, gestand er ein. »In der Tat fühle ich mich ein bißchen schuldig.« Dann ging er auf die neuen Entwicklungen ein, um sie aus seiner Sicht zu kommentieren. Beim Rücklauf und bei den anderen neuen Lernregeln für mehrschichtige Netzwerke tauchten seiner Meinung nach die alten Probleme auf. Seine besondere Kritik galt Sejnowskis NETtalk – er habe sich das Band selbst angehört und nicht verstehen können, was das Ding sagte. Dennoch war das alles in allem nicht die Breitseite, die das Auditorium von ihm erwartet hatte. Er schien versöhnlich gestimmt zu sein, allerdings nur unter der Voraussetzung, daß er die Bedingungen des Friedensschlusses diktierte.

Und so beschrieb er sein Konzept eines Gehirnmodells, das beide Ansätze umfassen würde. Vielleicht sei es gar nicht nötig, die Netzwerke nachzurüsten. Vielleicht genügten ja Netzwerke, die irgendwelche einfachen Probleme lösen konnten. Das Gehirn würde dann aus einer Population von sehr einfachen Netzen bestehen, die nicht viel komplexer wären als die, mit denen die Nervennetzarchitekten herumexperimentiert hatten. Wenn man diese aber zusammenfaßte und sie in einem einheitlichen Code miteinander kommunizieren ließ, könnte daraus ein komplexeres System entstehen, das zu ähnlichen Intelligenzleistungen fähig sein würde wie der Mensch. Er bezeichnet diese Vorstellung, die in einem kürzlich erschienenen Buch beschrieben wird, als »Society of Mind« (Gesellschaft des Verstandes). In dem Buch wird auf die Nervennetze nicht besonders eingegangen. Minsky nennt seine kleinen Prozessoren »Agenten«. Man kann sie sich leicht als Subroutinen in einem sehr komplexen Computerprogramm vorstellen.

»Wenn man das Gehirn durch ein Mikroskop betrachtet, entdeckt man mindestens hundert verschiedene Aufbauformen«, sagte Minsky einmal im Laufe der Konferenz. »Bereits wenn man sich die Rinde anschaut, die recht einheitlich aufgebaut ist, erkennt man, daß sie an einer Stelle aus sechs Schichten besteht und die Neuronen der dritten Schicht jeweils in zwei Richtungen verlaufen, während einen Zentimeter daneben die Schichten schon etwas anders aussehen. Statt sich in zwei Richtungen zu verzweigen, bilden die Neuronen einer bestimmten Region über eine bestimmte Entfernung ein kreisförmiges Muster und hören dann ganz auf. Und ich hoffe, die Nervennetzforscher werden im nächsten Jahrzehnt entdecken, daß diese geringfügig unterschiedlichen Strukturen zur Lösung verschiedener Probleme dienen. Darum geht es bei der Society of Mind: Nehmen wir einmal an, wir hätten hundert Lernmaschinen, die auf einem Niveau arbeiten und verschiedene Fähigkeiten, Geschwindigkeiten usw. besitzen. Wie kann daraus eine Management-Struktur entstehen, bei der einige lernen, das Lernen der anderen zu überwachen? Genau so nämlich funktioniert das Gehirn. Es besteht aus vielleicht dreihundert verschiedenen Nervennetzen, und einige davon sind darauf spezialisiert, das Lernen der anderen zu steuern. Manche fungieren als Kurzzeitspeicher, so daß, wenn ein Nervennetz ausfällt, es das bisher aufgenommene Wissen irgendwo anders ablegen und sich auf etwas Neues konzentrieren kann. Andernfalls wäre es unmöglich, ein schwieriges Problem zu lösen.

Ich kann fuchsteufelswild werden, wenn man mich fragt: Warum sind Sie in Ihrem Buch nicht auf Nervennetze eingegangen? Solche Leute haben keine Phantasie. Ich spreche nämlich die ganze Zeit über Gehirnzellen. In dem Buch geht es darum, wie man mit verschiedenen Arten von Nervennetzen etwas wirklich Intelligentes machen kann. Das Unterhaltsame an dieser Konferenz ist, daß die Leute zu mir kommen und behaupten, ich würde gegen die Nervennetze Stellung beziehen, weil sie auf eine Kontroverse aus sind. Dabei versuche ich ihnen beizubringen, wie man mit Hilfe von K.-I.-Konzepten die Netze organisieren kann.«

Man hätte Minsky vorhalten können, er betreibe Revisionismus. Schließlich hatte er nichts wirklich Neues gesagt. Die Vorstellung, das Gehirn bestehe aus einem einzigen, homogenen Netzwerk statt aus einer ganzen Reihe verschiedener Anordnungen, war schon vor langer Zeit verworfen worden. Doch die meisten von Minskys Zuhörern zeigten mehr Nachsicht. Denn im Grunde stellte das, was er sagte, eine Möglichkeit für beide Seiten dar, ihre Stärken einzubringen. Die Netzwerktheoretiker konnten untersuchen, welche Nervennetze für welche Aufgaben am geeignetsten waren. Und die K.-I.-Forscher mußten sich bemühen herauszufinden, wie die Netzwerke miteinander kommunizierten. Wie kann eine große Anzahl verschiedener Nervennetze so miteinander verbunden werden, daß das entstehende Gebilde wie ein Gehirn denken kann? Und in welchem Code kommunizieren diese »Agenten« miteinander? Den Aufbau und die Sprache zu ermitteln – die Symbole und die Regeln, nach denen diese verarbeitet werden –, das entspräche in hohem Maße der Tradition der künstlichen Intelligenz.

Tatsächlich näherte sich die Nervennetzbewegung dem Gebiet der künstlichen Intelligenz immer mehr an, wenn auch nicht so, wie Minsky sich das vorgestellt hatte. Während der Konferenz in San Diego war die Ausstellungshalle voll von Unternehmen, die Netzwerke anboten, die zum Beispiel lernen konnten, handgeschriebene Buchstaben zu lesen oder Gegenstände auf einem Fließband zu erkennen. An einem Stand war ein Nervennetzroboter zu sehen, der lernte, einen Besenstiel zu balancieren. Viele Firmen versuchten, Nervennetzwerksysteme zum Weiterentwickeln zu verkaufen, so wie es die K.-I.-Unternehmen mit den Shells der Expertensysteme versucht hatten – Do-it-yourself-Bastelsätze statt echter Systeme. Einige kritische Stimmen warnten schon jetzt vor dem Publicityrummel und meinten, das könne der Anfang vom Ende sein. Wenn die Nervennetzcomputer nicht schnell auf dem Markt Resonanz fänden, könnte die Anzahl der Kunden, die sich für Software-Shells interessierten, zurückgehen, und die Nervennetzindustrie würde dem traurigen Beispiel der künstlichen Intelligenz folgen.

Das Unternehmen, das die meiste Aufmerksamkeit auf sich zog, war Nestor Inc. Begeisterte Männer und Frauen stellten Programme vor, die lernen konnten, Unterschriften auf Schecks zu identifizieren oder Hypothekenanträge zu beurteilen, nachdem sie mit Beispielen für gute und schlechte Anträge trainiert worden waren. Wie in den frühen Tagen der künstlichen Intelligenz, so wurde es auch hier bald zum Glaubensgrundsatz, daß der Erfolg davon abhängt, Kunden aus der Finanzwelt zu finden.

Während die anderen Firmen erst wenige Jahre alt waren, hatte Leon Cooper zusammen mit seinem Kollegen Charles Elbaum von der Brown-Universität Nestor Inc. bereits 1975 gegründet. Nun umfaßte das Unternehmen schon einen ganzen Bürobereich in einem umfunktionierten Lagerhaus in der Nähe von Providence. Nachdem man viele Jahre lang recht vorsichtig operiert hatte, war Nestor Inc. im Zuge des neuentfachten Interesses an den Nervennetzen zu einem der führenden Unternehmen auf diesem Gebiet geworden. Einige der Ideen, die Cooper und seine Kollegen entwickelt hatten, um zu erklären, wie das Gehirn arbeitet, wurden in die Produkte eingearbeitet.

Auch andere Forscher wagten sich aus der Welt der reinen Theorie heraus: Gary Lynch und Richard Granger arbeiteten mit einer Firma zusammen, die auf Siliziumchips Nervennetzwerke herstellen wollte, anstatt sie mit einer Software zu simulieren. Dahinter stand die Absicht, ein künstliches Gedächtnis zu produzieren. Die Parallelen zwischen dem Gebiet der künstlichen Intelligenz Anfang der achtziger und dem der Nervennetzwerke zu Beginn der neunziger Jahre waren auch in diesem Fall augenfällig: universitäre Forscher, die nicht mit irgendwelchen neugegründeten Firmen liiert waren, sprachen bei großen Unternehmen vor. Das Verteidigungsministerium prüfte, ob und in welchem Rahmen es finanzielle Hilfen gewähren sollte.

Es schien, als wären die Nervennetzforscher drauf und dran, einen alten Traum Wirklichkeit werden zu lassen. Die Früchte der Ingenieursarbeit sollten dazu dienen, die Forschung zu finanzieren, die es uns letztendlich ermöglichen würde, unser Gehirn zu verstehen. Doch genau wie bei der Biotechnik hat die Kommerzialisierung zu einem Interessenkonflikt zwischen den Bedürfnissen der Wissenschaft und den Anforderungen der Industrie geführt. Wenn ein Professor ein Unternehmen gründet, kann es passieren, daß vormals frei gehandelte Ideen zu urheberrechtlich geschützten Informationen werden. Jim Anderson findet das äußerst unerfreulich.

»Die Leute reden nicht mehr so viel wie früher«, sagte er. »Cooper ist das beste Beispiel dafür. Er war schon immer etwas verschlossen, aber jetzt spricht er gar nicht mehr über das, was er gerade macht. Ich wußte lange Zeit noch nicht einmal, daß es Nestor überhaupt gibt. Ich hatte so etwas läuten hören, aber ich war gespannt darauf, ob Cooper es mir gegenüber erwähnen würde. Soweit ich mich erinnere, hat er das nie getan – erst als ich ihn bei dem Nervennetz-Meeting vor zwei Jahren am Nestor-Stand traf. Das ist Coopers Art zu arbeiten. Er ist ziemlich zurückhaltend.

In den siebziger und zu Beginn der achtziger Jahre, bevor Nestor kommerziell aktiv wurde, diskutierte er viel offener über seine Ideen. Seine Verschlossenheit hatte zur Folge, daß er an der Universität zunehmend isoliert ist. Er ist immer noch da, aber sein Einfluß ist nicht mehr so groß wie früher. Wir reden nicht mehr so viel miteinander. Ich bedaure das, denn er hat eine starke Ausstrahlung – er ist eine der beeindruckendsten Persönlichkeiten, die ich je getroffen habe. Aber bei dieser fortschreitenden Kommerzialisierung verliert sich das immer mehr. Die Leute kriegen einfach die Zähne nicht mehr auseinander. Sie müssen sich mit ernsthaften Finanzfragen, mit Nichtoffenbarungsvereinbarungen und all solchen Dingen herumschlagen. Von den Akademikern wird immer erwartet, daß sie über alles sprechen, was sie machen, und wenn ihnen dann etwas anderes in die Quere kommt –«

Er hielt mitten im Satz inne. »Ich habe keine Firma. Ich bin, glaube ich, nicht der Typ dafür.« Aber manchmal arbeitet er für Unternehmen wie Texas Instruments – und er hat, wie er sagt, vor kurzem auf der Basis eines Vertrags mit dem Pentagon die Erkennung von Radarsignalen mit Hilfe von Nervennetzen erforscht.

Wieviel kostet eine Idee?

Im Jahre 1989 kam Cooper eines Morgens, den Kopf voller Ideen, zur Nestor Inc. Es herrschte gerade großer Trubel um die berüchtigten Pons-Fleischmann-Experimente: Ein Wissenschaftler der Universität von Utah hatte mit seiner Behauptung für Furore gesorgt, er habe zusammen mit einem britischen Kollegen in einem Faß eine Fusionsreaktion durchgeführt, womit die Energieprobleme der ganzen Welt gelöst seien. Cooper war weit davon entfernt, an die Realisierbarkeit der kalten Fusion zu glauben. Doch mit der reinen Möglichkeit konfrontiert, begann er automatisch eine Theorie zu erstellen, die die Erklärung für ein solches Phänomen, ganz gleich, ob real oder fiktiv, lieferte.

»Das passiert mir jeden Morgen aufs neue«, sagte er. »Ich sitze zu Hause mit meiner *New York Times* und einer großen Tasse Tee, und wenn ich genug Koffein intus habe, fühle ich, wie mein Gehirn von einem Zustand des fast vollkommenen Nichtbewußtseins zu hochgradiger Konzentration übergeht, beinahe so, als hätte ich Drogen genommen. Plötzlich bin ich voll da und geradezu manisch, wie Sie sehen. Mir kommen lauter neue Ideen – leider verwerfe ich die allermeisten schon am Nachmittag wieder. Aber wenn ich mich auf etwas konzentrieren kann, wovon ich wirklich alle Fakten kenne, wenn ich das Problem ganz und gar verstehe, dann kann sich mehr daraus entwickeln.

Hier bei Nestor habe ich an vielen kleinen praktischen Problemen gearbeitet«, sagte er. »Ich löse gern solche Probleme. Man kann sich nicht immer nur mit den großen Fragen beschäftigten. Man braucht etwas Alltägliches. Einiges ist einfach viel zu massiv, um in unseren Kopf hineinzugehen. Die großen Probleme müssen in kleine Abschnitte unterteilt und in Ruhe gelassen werden, in der Hoffnung, daß etwas passiert. Manchmal tut es das auch. Wenn man sich auf ein Problem konzentriert, das klein genug ist, kann man es vielleicht knacken. Wenn man mit Feuer und Flamme bei der Sache ist, ist es nicht schwer, sich zu konzentrieren. Dann ist es schwer, an etwas anderes zu denken.«

In den Büros um ihn herum saßen Programmierer vor ihren Bildschirmen und versuchten, einige der realistischeren Ideen in Form von simulierten Netzwerken in die Tat umzusetzen. Andere führten potentiellen Kunden Produkte vor oder diskutierten Finanzstrategien. Es herrschte eine ganz andere Atmosphäre als im Forschungslabor einer Universität.

»Wir arbeiten mit einer großen Zahl von Modellen, aber wir können nur einige davon vorführen«, sagte Cooper. »Es ist sehr schwer, intellektuelles Eigentum zu schützen. Eine Möglichkeit ist, alles geheimzuhalten, was wir auch bis zu einem gewissen Grad versucht haben. Und weil keiner wußte, was wir machen, sind wir kritisiert worden. Als wir mit unseren Patentanträgen dann nach und nach durchkamen, beschlossen wir, mit einigen durch Patente geschützten Netzwerken an die Öffentlichkeit zu gehen.« Aber ein Teil des Wissens müsse geheim bleiben, meinte er.

»Es ist bedauerlich, daß es so schwer ist, intellektuelles Eigentum zu schützen. Das schadet nicht nur dem einzelnen und den Institutionen, an denen diese Dinge produziert werden, sondern auch dem Staat in bezug auf den Außenhandel, da ein erheblicher Teil der im Inland erzeugten Produkte aus intellektuellem Eigentum besteht – Forschung, Ideen, Software usw. Ein Copyright schützt nur gegen Plagiate. Patente sind schwierig zu bekommen und zu schützen. Und wenn man Know-how schützen will, muß man es geheimhalten.

Meiner Meinung nach ist das ein entscheidender Fehler. Warum wird intellektuelles Eigentum nur für eine bestimmte Anzahl von Jahren geschützt – zum Beispiel durch ein Patent –, während man ein Stück Land ein Leben lang besitzt?

Wenn man vereinbaren kann, daß der Autor eines Liedes eine Tantieme erhält, wenn sein Lied im Radio gespielt wird, dann kann man auch dafür sorgen, daß jemand, der eine Idee hat, dafür Geld bekommt – das ist möglich. Wir leben in einer Marktwirtschaft. Die Menschen akzeptieren, daß sie für etwas, das sie kaufen wollen, bezahlen müssen. Sie bezahlen für ihren Kaffee, für ihre Tasse, sie bezahlen ihre Miete usw. Aber sie bezahlen nicht für die Ideen. Daraus folgt, daß die Menschen und die Institutionen, die diese Ideen produzieren – Wissenschaftler wie ich und die Universitäten zum Beispiel – wirtschaftlich unglaublich benachteiligt sind. Wir betteln dauernd um Geld. Die finanzielle Unterstützung der Forschung rangiert irgendwo zwischen Investition in die Zukunft und Wohltätigkeit – und ist das erste, was gekürzt wird, wenn der Haushalt einmal nicht so großzügig bemessen ist.

Das ist jetzt vielleicht alles ein bißchen überspitzt. Aber die Realität sieht im Moment so aus, daß die beste Möglichkeit, kommerziellen Nutzen aus seinen eigenen Ideen zu ziehen, darin besteht, sie selbst zu verwerten.«

Leon Cooper, der professionelle Theoretiker und Ideenentwickler, war fest entschlossen, seine Schöpfungen nicht einfach der Allgemeinheit auszuliefern. Das erinnert an die Maler, die sich von Zeit zu Zeit zu einer Lobby zusammenschlossen und den Kongreß zu Gesetzen drängten, die ihnen eine gewisse Kontrolle über ihre Werke und ihre Tantiemen einräumten, auch noch nach mehrmaligem Verkauf. Wer weiß, wo Coopers Ideen eines Tages auftauchen werden. Vielleicht in einem Programm, lange, nachdem er und seine Kollegen von der Bildfläche verschwunden sind. Wie er in seinem Physik-Lehrbuch zu zeigen versucht hatte, stellt die Wissenschaft kein isoliertes Gebiet dar. Es ist wichtig, sich bewußtzumachen, woher die Ideen eigentlich gekommen sind: aus den Köpfen einzelner Menschen.

Fast fünfzig Jahre nach der Veröffentlichung von McCullochs und Pitts' Aufsatz im Jahre 1943 steckt das Gebiet der Nervennetzforschung immer noch in den Kinderschuhen. Es ist nach wie vor viel zu früh, um beurteilen zu können, wessen Ideen überleben werden.

»Es hat sich alles unheimlich verändert«, sagte Cooper. »Die Physiker haben ihr Herz für Nervennetzwerke entdeckt. Die Zeitungen sind voll von ihren Artikeln – dazu möchte ich lieber keinen Kommentar abgeben. Auch die Biologen fangen an, diese Ideen zu akzeptieren. Als wir begannen, über synaptische Veränderungen als Grundlage der Speicherung von Erinnerungen und des Lernens zu reden, hielt man das zwar für möglich, aber für unwahrscheinlich. Heute geht man allgemein davon aus, daß etwas in dieser Richtung passieren muß. Die einzigen noch verbliebenen Fragen sind: Wieviel, wo und was ist die exakte molekulare Grundlage? Ganz gleich, ob sich die Antworten als richtig oder falsch erweisen, die Einstellung und die Sprache haben sich völlig verändert. Wir sprechen nicht mehr darüber, ob dies alles möglich ist. Wir fragen nach der Art der Rezeptoren, der Kanäle, der Proteinkinasen – das ist ein großer Fortschritt.

Viele Neurobiologen akzeptieren dieses Konzept immer noch nicht. Aber die neue Generation beginnt in dieser Richtung zu denken; die ältere Generation ist – ja, sie ist auf dem Rückzug.«

Im Moment verhält sich ein großer Teil der Neurowissenschaftler noch ablehnend gegenüber der Vorstellung, daß einem ein professioneller Theoretiker helfen könnte zu entscheiden, auf welche Daten man sich konzentrieren und welche man außer acht lassen soll. Die Neurobiologie ist weiterhin datenreich und theorienarm. Sie wird zur weiteren Entwicklung beitragen, indem sie immer mehr experimentelle Informationen liefert. Aber für die Entstehung einer umfassenden Theorie, die den Verstand biologisch zu erklären vermag, ist wahrscheinlich noch eine Reihe außergewöhnlicher neuer Ideen erforderlich.

»Um zu verstehen, wie wir lernen und uns erinnern oder wo das Denken, das Bewußtsein und das Selbstbewußtsein ihren Sitz haben, könnte ein solch großer Schritt nötig sein, wie ihn Galilei mit der Vernachlässigung des Luftwiderstandes vollzog«, sagte Cooper. »Oder wie der von Newton, als er die Schwerkraft von der Oberfläche der Erde auf den Mond ausdehnte; oder man denke an Einstein, als er die Zeit neu definierte. Es ist möglich, daß sich einige grundlegende Eigenschaften als kollektive Merkmale einfacher Systeme erweisen – oder daß eine sehr tiefgreifende Veränderung der Perspektive nötig ist.«

Diese Ideen sind nicht unbedingt schon als Strukturen vorhanden, die einfach aus den Daten herausgelesen werden können. Dazu ist Vorstellungskraft erforderlich.

»Was Einstein tat, war, den Begriff der Uhr neu zu definieren«, sagte Cooper. »Das war das der Speziellen Relativitätstheorie zugrundeliegende Konzept. Er definierte die Zeit neu. Der Grund dafür, daß die Leute das nicht so ohne weiteres akzeptieren, ist, daß sein Zeitbegriff von unserem psychologischen Zeitbegriff abweicht. Wenn man jemandem Einsteins Uhr zu erklären versucht, sagt er: Das ist ja alles schön und gut, aber keine wirkliche Zeit. Daraus folgt dann beinahe schon automatisch die Schlußfolgerung, daß Einsteins Uhr eine reine *Erfindung* ist. Nun könnte man sich fragen: Warum soll man denn überhaupt diese bizarre Uhr benutzen statt der Uhr, mit der wir vertraut sind? Dafür gibt es einen ganz einfachen Grund. Wenn wir unsere Erfahrungen mit der Natur in Einklang bringen wollen, wie der Physiker sie sieht, und dies nicht nur in dem kleinen, begrenzten Raum, den wir hier sehen, und wenn wir dabei mit einer normalen Uhr arbeiten, dann entsteht ein verzerrtes Bild. Wenn man dagegen Einsteins Uhr verwendet, herrscht erstaunliche Klarheit.«

Um deutlich zu machen, welch schwierigen Problemen sich die Neurowissenschaft noch gegenübersieht, erzählt Cooper mit Vorliebe eine Geschichte: Stellen Sie sich vor, Sie kämen von einem anderen Planeten. Sie hätten keine Augen, keine Ohren, nur Infrarotsensoren, um die Welt zu erfassen. Sie würden feststellen, daß jeden Morgen irgendein Gegenstand vor ihre Tür geworfen wird. Aber mit dem Konzept »Zeitung« wären Sie noch nicht vertraut. Sie würden dieses seltsame Ding einer physikalischen und chemischen Analyse unterziehen. Sie würden es jeden Tag wiegen und entdekken, daß es in regelmäßigen Abständen dünner und dicker ist. Sie würden das Verhältnis von schwarzer und weißer Fläche analysieren und feststellen, daß es ziemlich gleichbleibt. Sie würden bemerken, daß sich die chemische Zusammensetzung des Papiers manchmal verändert. Aber um zu verstehen, was eine Zeitung ist, wären die meisten dieser Erkenntnisse irrelevant. Würden Sie, der Außerirdische, jemals den entscheidenden Schritt vollziehen und bemerken, daß sich auf der Papieroberfläche viele Reihen mit winzigen Zeichen befinden, daß diese zu Strukturen geordnet sind, die als Träger von Informationen dienen? Und wenn Sie tatsächlich eines Tages zu dieser radikalen Hypothese gelangen würden, wie groß wäre dann die Wahrscheinlichkeit, daß Sie lernen würden, das Ding zu lesen? »Das Problem, an dem wir arbeiten«, erklärte Cooper, »dürfte kaum kleiner sein.«

»Die Aussage, die Wissenschaft sei logisch, kommt der Feststellung gleich, ein Gemälde bestehe aus Farbe«, sagte er bei einer anderen Gelegenheit. »Ein Maler benutzt Farbe, um auf einer Oberfläche ein Bild zu schaffen, und ein Wissenschaftler benutzt die Logik, um eine Struktur zu schaffen. Aber die Motive dafür, welchen Weg man gehen und worauf man achten soll, sind offenbar nicht der Logik unterworfen.«

Zweites Intermezzo

»Gott ist ein Tüftler«

Die letzte Gruppe von mit Gehirn- und Verstandesforschung befaßten Leuten, die sich für die Nervennetze begeisterten, waren die Neurowissenschaftler. Als John Hopfield 1988 beim Treffen der Society for Neuroscience in Toronto über das Modellieren von Netzwerken sprach, war der Saal überfüllt. Als er jedoch auf die Grundlagen einging und erklärte, die Modelle bräuchten nicht bis ins kleinste Detail naturgetreu gestaltet zu werden und für eine Simulation seien solche Dinge wie Ionenkanäle nicht wichtig, wurde seitens einiger Zuhörer Unmut darüber laut, daß dieser Eindringling aus der Physik es wagte, ihnen vorzuschreiben, wie sie die Dinge handhaben sollten. Wie konnte jemand einen Beitrag zur Neurowissenschaft liefern, der mit Modellen arbeitete, bei denen die Synapsen Informationen in beide Richtungen übermittelten?

Doch in der Neurowissenschaft gibt es eine solche Flut von noch nicht interpretierten Daten, daß es unmöglich ist, zu entscheiden, welche davon wirklich wichtig sind. Das kommt nirgendwo deutlicher zum Ausdruck als bei den Konferenzen der Society for Neuroscience, die jährlich etwa 10 000 Besucher begrüßen können. An einem normalen Tag hat ein Wissenschaftler die Wahl zwischen mehr als einem Dutzend »Diavorträgen«, deren Palette von der Neurochemie des Hungers und Durstes bis zu der Rolle von »zyklischem AMP und Phosphatidylinositol bei der Serotoninausschüttung von Krebsen« reicht. Die an einer Diskussion teilnehmenden Spezialisten verstehen oft nur einen Teil dessen, was ihnen vorgesetzt wird, und bei der im Nebenraum abgehaltenen Sitzung würden sie vielleicht aus dem Staunen gar nicht mehr herauskommen. Diese Veranstaltungen finden in der zweiten Etage des Kongreßzentrums statt. Unten, in einem riesigen Auditorium, sind auf langen Reihen von Postern mehr als fünfhundert wissenschaftliche Entwicklungen dokumentiert. Die Besucher, die in dem Labyrinth zwischen den Schwarzen Brettern entlangschlendern, können sich über »elektrische Lichtsignale« informieren, die bei der Fischart *Pollimyrus isidori* eine Schallwerbung auslösen, oder darüber nachsinnen, ob Höhlennagetiere, deren Gehirn geschädigt worden ist, »die Bildgröße der Netzhaut zur Abschätzung der Entfernung bei Sprüngen« benutzen. In den letzten Jahren hat es so viele solcher »Mikroentwicklungen« gegeben, daß die für die morgendlichen Sitzungen aufgehängten Poster bereits am Nachmittag gegen mehrere hundert andere ausgetauscht werden. Die Konferenzen dauern eine Woche. Auf halber Wegstrecke ist bei vielen Teilnehmern verständlicherweise ein solcher Sättigungsgrad erreicht, daß man sie nun meist in der Bar des Tagungszentrums findet.

Welche dieser Daten sind wichtig? Wenn die Theoretiker gezwungen wären, ganz unten anzufangen und sich dann nach oben durchzuarbeiten, würden sie auf eine überwältigende Menge gleichwertiger Fakten stoßen, von denen sich die meisten als nicht zum betreffenden Gebiet gehörend oder ganz einfach als völlig falsch erweisen würden. Wie man in der künstlichen Intelligenz sagt: Der Raum für Forschungen wäre zu groß.

»Das ist, als würde man versuchen, die Mechanik zu verstehen, und wüßte nicht, ob die Farbe der Gegenstände eine wirklich grundlegende Eigenschaft darstellt oder nicht«, sagte Geoffrey Hinton. »Bekanntlich sind sie für die Mechanik mehr oder weniger irrelevant. Aber sie sind nicht völlig irrelevant. Kennen Sie diese kleinen Dinger, die in einem Glasgefäß im Licht herumwirbeln? Sie wirbeln herum, weil die eine Seite weiß und die andere schwarz ist. Also ist das nicht ganz irrelevant, sondern nur *beinahe*.

Wenn Sie Pech gehabt hätten, wäre eines dieser Dinger in dem Gefäß das erste gewesen, was Sie gesehen hätten. Aber man weiß nicht im voraus, welche Eigenschaften relevant sind und welche nicht. Die Wissenschaften, in denen wirklich große Fortschritte erzielt worden sind, haben das durch eine sehr stark idealisierte Betrachtungsweise geschafft, durch das Ignorieren vieler unwichtiger Eigenschaften.« Durch das Herumexperimentieren mit Modellen werden sie vielleicht eines Tages in der Lage sein zu sagen, auf welche Details es ankommt.

Im Herbst des Jahres 1988 – auf einer Konferenz in Cambridge, Massachusetts, die von der Zeitschrift *Nature* gesponsert wurde und unter dem kühnen Motto stand »Wie das Gehirn arbeitet« – setzten sich einige jüngere Forscher wie Sejnowski, Hinton und Richard Morris (der Mann, der zusammen mit Lynch an dem Experiment mit den unter Gedächtnisschwund leidenden Ratten im Wasserbecken gearbeitet hatte) mit neurowissenschaftlichen Größen wie Francis Crick, David Hubel und Max Cowan zusammen, um über diese verrückten Nervennetzwerke zu sprechen. Die Philosophin Pat Churchland war auch dabei. Während einer Sitzung griff Francis Crick einen von Hopfields Kollegen an, David Tank von den Bell Laboratories, der einen Aufsatz über das Erkennen von Sprache mit Hilfe von Netzwerken vorgestellt hatte. Das habe nichts mit Neurowissenschaft zu tun, erklärte Crick sarkastisch, sondern mit Ingenieurwissenschaft.

Es gibt kaum etwas Schlimmeres für einen Wissenschaftler, als wenn man ihn als Ingenieur bezeichnet, und viele Kollegen kamen Tank zu Hilfe. Crick hatte da einen empfindlichen Punkt getroffen. In seinen ein Jahr später veröffentlichen Memoiren *What Mad Pursuit* schrieb er: »Ich kann einfach nicht umhin, zu denken, daß viele dieser Gehirn-

›Modelle‹, die man uns aufdrängt, hauptsächlich deshalb produziert werden, weil ihre Urheber gern mit Computern spielen und schlichtweg dahinschmelzen, wenn ein Programm schöne Ergebnisse liefert. Sie scheinen sich kaum Gedanken darüber zu machen, ob das Gehirn die in ihrem ›Modell‹ verwendeten Bauelemente auch wirklich benutzt.«[1]

Crick wollte damit keineswegs die Bedeutung von Modellen für die Biologie generell schmälern. Watson und er hatten Doppelhelixmodelle der DNS unter Verwendung von Drähten und kleingeschnittener Pappe hergestellt, um damit die Länge der atomaren Bindungen zu veranschaulichen. Die Computer boten nun die Möglichkeit, kompliziertere Strukturen zu modellieren. Aber Crick bezweifelte, daß die Nervennetze biologisch ausreichend fundiert waren, um als gute Gehirnmodelle dienen zu können. Es schien ihm, als sei ihre Entwicklung ein Selbstzweck oder eine Übung zur Produktion von Denkmaschinen.

Das Entscheidende bei der Theoriebildung ist, Details zu ignorieren, die von der Hauptsache ablenken. Aber ab wann sind Modelle nur noch Phantasiegebilde? Bei einer Computersimulation stellt sich diese Frage auf subtilere Art. Ein Modell kann korrekt arbeiten, zum Beispiel Buchstaben in Phoneme umsetzen. Aber ist das etwas Grundlegendes, das sich auf das Gehirn übertragen läßt? Oder handelt es sich dabei nur um ein interessantes Spielzeug, ein faszinierendes Stück Ingenieurkunst? Das Aufregendste an der Konferenz war die Fachdiskussion darüber, wo genau die Grenzlinie zwischen Wissenschaft und Technik zu ziehen ist. Ein kleiner Ausschnitt aus dem Dialog soll etwas von dem Flair der Debatte vermitteln:

Richard Morris: »Ich denke da an ein Dia, das (der Psychologe) Richard Gregory oft zeigt. Auf dem Bild ist eine Straßenbahn zu sehen, die statt Rädern Beine hat. In ihr

sitzen Menschen, und sie bewegt sich durch die Welt, indem sie ihre Beine nach vorne streckt und losmarschiert. Sicherlich ist ihr beim Nachdenken über eine vernünftige Transportmethode das Rad entgangen, das eine wesentlich effizientere Möglichkeit der Fortbewegung darstellen würde. Der Grund, warum ich daran denke, ist, daß einige der Nervennetzwerkmodelle meiner Meinung nach hauptsächlich technische Probleme behandeln, daß sie effizientere Möglichkeiten zur Lösung von Problemen, sagen wir, des Transports, zu entwickeln versuchen, dann aber Dinge ins Spiel bringen, die im Laufe der Evolution nie entdeckt worden sind, so wie das Rad. Können wir eine klare Entscheidung treffen, wann ein Nervennetzwerkmodell ein technisches Problem behandelt, das nicht unbedingt etwas mit dem Nervensystem zu tun haben muß, und wann es tatsächlich im Nervensystem stattfindende Vorgänge simuliert?«
Max Cowan: »Die Modelle sind so weit von der biologischen Wirklichkeit entfernt und so schwer einzuschätzen und zu bewerten, daß wir uns in diesem Stadium in der Gefahr befinden, die Geschichte der Psychologie nachzuvollziehen, die das Nervensystem so lange als irrelevant betrachtete, wie die von ihr betrachteten Phänomene dem Verständnis keine Schwierigkeiten bereiteten.«
Patricia Churchland: »Gäbe es nicht die Möglichkeit, Modelle zu entwerfen, entstünde ein Datenchaos. Vieles von dem, was wir tun – und vieles von dem, was unser Gehirn tut – hängt davon ab, was in den Schaltungen passiert, in den kleinen Schaltungen und in den großen Schaltungen. Ganz gleich, wie – neurobiologisch gesehen – unrealistisch die Modelle am Anfang auch sein mögen, wenn sie sich zusammen mit den Experimenten weiterentwickeln, dann ist das für mich eine Möglichkeit herauszufinden, was in den Systemen vor sich geht. Wenn man sich dieser Chance beraubt, dann weiß ich

nicht, wie um alles auf der Welt man von der Ebene der einzelnen Zelle zur Ebene des Systems gelangen soll.«

Francis Crick: »Ja, Pat, aber warum soll man mit Modellen beginnen, die so unrealistisch sind?«

Patricia Churchland: »Ich glaube, teilweise darum, weil das System so ungeheuer kompliziert ist, daß man eine Vorstellung davon haben muß, welche Möglichkeit es geben *könnte,* so etwas wie das Lernen mit sehr einfachen Einheiten zu bewerkstelligen –«

Francis Crick: »Es geht nicht darum, ob einfache Modelle sinnvoll sind, sondern darum, ob einfache Modelle, die mit eindeutig falschen Merkmalen arbeiten, sinnvoll sind. Wenn man damit den ersten Test macht, ist ein Scheitern schon vorprogrammiert, eben aufgrund der falschen Voraussetzungen. Wenn man nach Neuronen sucht, dann findet man wahrscheinlich nicht die, deren Existenz man postuliert hat. Es gibt eine solch unermeßliche Fülle von Modellen, daß wir uns unseren Weg durch diesen fürchterlichen Dschungel nicht bahnen können, wenn wir nicht auf dem Boden der Tatsachen bleiben und eine Reihe von Merkmalen überprüfen.«

David Hubel: »Wenn ich dem Modellbau gegenüber irgendwie voreingenommen bin, dann nur, weil ein Experimentator es nicht so weit kommen lassen möchte, daß ihm ein Theoretiker vorschreibt, was für Experimente er zu machen hat, und ihm nach deren Durchführung auch noch sagt, welche Schlüsse daraus zu ziehen sind. Wir können jede Wissenschaft so gestalten, wie wir sie gerne hätten, und ich fände es wirklich schade, wenn die Neurobiologie so enden würde wie die Elementarteilchenphysik, wo neunzig Leute ein 500 000 Dollar teures Experiment durchführen, nur weil die Theoretiker es so gewollt haben.

Ich meine, die Modelle sollten gemacht werden. Diese Leute müssen auch leben, und das werden sie auch, ob uns das nun gefällt oder nicht. Aber es müssen auch weiterhin Experimente durchgeführt werden. Ich fände es besser, wenn die Experimente und die Modelle von denselben Leuten gemacht würden. Die Modelle kränkeln meiner Meinung nach vor allem daran, daß die Leute, die sie herstellen, keinen Sinn für Biologie haben, weil sie nie mit Experimenten zu tun hatten. In der Neurobiologie ist es unheimlich wichtig, ein Gefühl für die Dinge zu entwickeln. In einem Aufsatz kann man nicht so gut beschreiben, wie etwas funktioniert.«

Geoffrey Hinton: »Als Modellbauer wären wir ganz glücklich, mehr auf die neurobiologischen Details eingehen zu können, wenn wir nur verstehen würden, warum sie da sind. Aber wenn man sich immer sklavisch an alle Details hält, die man möglicherweise in sein Modell einarbeiten könnte, ohne zu verstehen, wozu sie dienen, dann kapiert man am Ende gar nicht mehr, was da eigentlich passiert.«

Terry Sejnowski: »Modelle können Ideen liefern, aber keine Antworten. Auch schlechte Modelle sind manchmal hilfreich. Lassen Sie mich ein paar Beispiele dafür anführen. Das früheste Modell für die Elektrizität war das Hydraulikmodell. Es war falsch – Francis ist bestimmt auch dieser Meinung –, dennoch war es nützlich. Oder nehmen wir das Bohrsche Atommodell. Bohr hatte die einfache Vorstellung, Elektronen seien kleine Planeten, die das Wasserstoffatom umkreisen; dann fügte er noch eine kleine Regel über quantisierte Abstufungen hinzu, und, siehe da, heraus kamen die Wasserstofflinien. Die Voraussetzungen waren falsch. Elektronen sind keine Planeten. Der Grund dafür, daß das Bohrsche Atommodell dennoch nützlich war, ist der, daß es eine erste Stufe darstellte, von der aus man auf eine neue Ebene gelangen konnte. So wagte man, die Vorstellung von der Quantisierung weiterzuverfolgen. Und darin liegt auch der Wert eines Modells – daß es einem vermittelt, daß man auf dem richtigen Weg ist. Was man wirklich braucht, ist ein ständiger Austausch.

Wir können jetzt anfangen, uns dem konkreten Denken zuzuwenden. Etwas Konkretes führt zu einer Bündelung des Verstandes, wie sie durch eine Reihe von Gleichungen oder abstrakte Worttheorien nie auch nur annähernd möglich wäre. Und das gibt uns etwas in die Hand, das wir festhalten und anschauen können – und durch das Anschauen sind wir imstande, Ideen zu entwickeln. So funktioniert ein Teil des menschlichen Denkens.

Wenn man wirklich ganz unten anfangen will, muß man sich die Natur anschauen. Ich meine, wie sind wir bis zu diesem Punkt gekommen? Wir haben viele hundert Millionen Jahre dazu gebraucht, und wir haben es eigentlich nur durch eine Menge von Teillösungen geschafft, die sich über die Jahrtausende hinweg verändert haben. Machen wir uns klar: Gott ist kein Wissenschaftler, Gott ist ein Ingenieur. Er baut die Dinge auf. Er schafft Wesen von immenser Vielseitigkeit. Was ich dagegen nicht finde, sind von Gott gemachte Theorien.

Wir müssen anfangen, das Problem sowohl aus der Sicht der Technik als auch aus der der Wissenschaft zu überdenken. Die wissenschaftliche Seite hilft uns, unsere Ideen zu lenken, und führt uns auf den richtigen Weg. Aber ich glaube, daß einige wichtige Grundregeln aus dem Bereich der Technik kommen werden.

Es gibt da ein Zitat, und ich möchte, daß Sie raten, von wem es stammt: ›Gott ist ein Hacker.‹ Derjenige, der das gesagt hat, befindet sich unter uns.«

Francis Crick: »Ich bin derjenige, der den Satz ›Gott ist ein Hacker‹ geprägt hat. Ich glaube, ich habe ihn bei einem Abendessen bei den Churchlands formuliert. Aber er enthält einen Fehler, auf den mich ein Freund aufmerksam gemacht hat. Ein Hacker arbeitet zielgerichtet, auch wenn er hier und dort ein Bit hinzufügt. Die Evolution ist nicht zielgerichtet. Deshalb gefällt mir die Formulierung nicht mehr. Ich versuche jetzt, mir eine bessere auszudenken. François Jacob sagte einmal, die Evolution sei eine Art Tüfteln.«

So waren sich Crick und die Netzwerkbastler in einem Punkt einig: Das Gehirn ist das Ergebnis eines großen Experiments der Natur, eine Einheit, die durch die Basteleien der Evolution geschaffen worden ist. An irgendeiner Stelle auf diesem Weg hat das Gehirn die Fähigkeit entwickelt, jene eleganten Vereinfachungen vorzunehmen, die wir als Theorien bezeichnen. Diese Fähigkeit war anscheinend zum Teil aus genetischen, zum Teil aus kulturellen Gründen wichtig fürs Überleben; Theoriebildung war, wie das Feuermachen, eine nutzbringende Sache und breitete sich daher rasch aus.

Aber inwieweit stammen unsere Theorien mit der Welt innerhalb und außerhalb unserer Köpfe überein? Können wir davon ausgehen, daß das Gehirn, mit dem uns die Natur ausgestattet hat, in der Lage ist, diese Antwort zu bewältigen? Es ist eine reichlich naive Betrachtungsweise der Wissenschaft – und damit auch der menschlichen Erfahrung –, den Menschen als informationsverarbeitende Einheit mit Beinen zu betrachten, die durch die Welt läuft, Daten sammelt und auf diese Weise in ihrem Kopf Bilder erzeugt. Wenn diese Bilder dann nämlich ihren Platz eingenommen haben, fungieren sie als Linsen und Filter, wandeln das um, was wir sehen, und bestimmen, was wir denken. Die Fragen, die durch die Computersimulationen des Gehirns entstehen, werden auch von allen anderen Theorien und geistigen Produkten aufgeworfen. Wo ist die Trennungslinie zwischen dem Subjektiven und dem Objektiven zu ziehen? Wie nahe liegen Theorie und Realität beieinander? Diese Probleme führen aus den Randgebieten der Wissenschaft heraus und mitten hinein in die Philosophie.

III. Das Ende der Philosophie

Unser gesamtes sogenanntes Wissen oder auch
unser Glauben, von irgendwelchen geographischen
und historischen Zufälligkeiten bis hin zu den
fundamentalsten Gesetzen der Atomphysik oder
sogar der reinen Mathematik und Logik, ist ein
menschliches Produkt, das nur in einem
Randbezirk mit der Erfahrung zusammentrifft.

WILLARD VAN ORMAN QUINE[1]

Gespenstisches Zeug

Als Patricia Churchland 1969 an der Universität von Manitoba Philosophie lehrte, spürte sie, daß ihre Ausbildung eine
ernsthafte Lücke aufwies. Sie hatte vier Jahre damit zugebracht, den Magister- und den Doktorgrad der Philosophie
durch Arbeiten auf ihrem Spezialgebiet, den Formen der
geistigen Darstellung, zu erlangen, aber sie hatte noch nie
das Gehirn eines Menschen gesehen. Während einer fru-
strierenden Arbeitsphase an der Universität Oxford hatte sie
erfahren müssen, daß die meisten ihrer Kollegen sich überhaupt nicht für Neuronen und Synapsen interessierten. Generell war ihr Interesse für Naturwissenschaften gering, für
Verstandesprinzipien, die man für selbstverständlich hielt
und denen man durch reines Nachdenken auf die Spur
kommen konnte. Sie gingen davon aus, daß sich empiri-
sches Wissen – das Wissen, das durch Sinneseindrücke
aufgenommen wird – nicht als Quelle der Wahrheit betrachten lasse.

Patricia Churchland, eine praktisch denkende Frau, die in
der Wildnis Westkanadas aufgewachsen war, hielt das für
puren Unsinn. Seit ein Biologielehrer auf dem Gymnasium
versucht hatte, ihr beizubringen, daß die Menschen lebten,
weil sie von einer unerklärbaren Lebenskraft angetrieben
würden, hatte sie etwas gegen solch »gespenstisches Zeug«,
wie sie es nannte, gegen Phänomene, die nicht mehr zum
Bereich der Wissenschaft gehörten. In Oxford hatten die
endlosen philosophischen Debatten über das Wesen des
Verstandes und des Bewußtseins sie kalt gelassen; für sie war
völlig klar, daß ohne die Einbeziehung der Naturwissen-

schaften keine Lösung dieser Probleme zu erwarten war. Wenn sie jemals den Verstand verstehen wollte, so meinte sie, müsse sie zuerst so viel wie möglich über das Gehirn wissen. Und so entschied sie sich im Alter von sechsundzwanzig Jahren, nachdem sie bereits eine Karriere als Philosophin begonnen hatte, zeitweise an Vorlesungen der medizinischen Fakultät teilzunehmen. Noch heute hat sie den Geruch von Formaldehyd in der Nase, und gleichzeitig damit steigen eine Menge anderer Erinnerungen in ihr auf. »Wir hatten dreimal in der Woche Vorlesungen und an einem Morgen Labor«, erzählte sie mir in ihrem Büro an der Universität von Kalifornien in La Jolla. »Normalerweise mußten wir etwas sezieren. Nachdem wir etwa drei Wochen lang mit dem Mikroskop gearbeitet und uns Neuronen angeschaut hatten, bekamen wir dann endlich ein Gehirn. Jeder kriegte das Gehirn eines Menschen. Es lag in einem ziemlich großen Tupperware-Topf. Wir mußten es auseinandernehmen und alle Hauptbestandteile finden. Das war wirklich sehr aufregend. Man guckt sich dieses Ding an und sagt sich, so sieht also der Motor eines Menschen aus, und das hier war der eines ganz bestimmten Menschen, der geliebt wurde und zur Schule gegangen ist – und dies hier hat ihn angetrieben. Und natürlich ist es wichtig, es zu sezieren, weil man sich sonst nicht vorstellen kann, wo der Thalamus sitzt oder der Mandelkern; denn das ist ein dreidimensionales Problem – wenn man eine zweidimensionale Darstellung in einem Buch anschaut, kommt man nie so richtig dahinter.

In jener Zeit habe ich mich immer gut gefühlt, weil ich Dinge entdeckte, die mir sinnvoll erschienen, und weil ich sehen konnte, wie alles zusammenpaßte. Ich hielt Vorlesungen und setzte mich dann in mein altes, klappriges Auto und fuhr runter in die Stadt zur medizinischen Abteilung.« Nachdem sie etwas so Abstraktes wie Logik gelehrt hatte, schaute sie sich an, wie eine echte Logikmaschine aussah.

Patricia Churchland entdeckte keine neuen Geheimnisse, was die Funktion des Gehirns angeht. Doch aus dieser Erfahrung erwuchs die Überzeugung, daß die Antworten auf die großen philosophischen Fragen – Was ist der Verstand? Wie wird in ihm Wissen dargestellt? – irgendwo in dem Neuronengewirr in ihrem Tupperware-Topf zu finden sein mußten. Um es in der Sprache der Philosophen auszudrücken: Sie hielt sich mehr denn je für eine Materialistin, die glaubt, alles bestehe aus Materie und Energie, und zugleich auch für eine Reduktionistin, die den geistigen Zustand mit dem Zustand des Gehirns gleichsetzt. Seit der Zeit ihres Medizinstudiums hatte sie sich zum Ziel gesetzt, Brücken zwischen der Neurowissenschaft und der Philosophie zu bauen. Sie ist der Meinung, daß die Neurowissenschaftler einiges über das Wesen philosophischer Probleme und die Stellung der Wissenschaft im Rahmen des westlichen Denkens zu lernen haben, rechnet aber damit, daß sich die Neurowissenschaft eines Tages die Philosophie einverleiben wird. Aufgrund dieser Sichtweise ist sie bei einigen Kollegen nicht gerade beliebt. Der Glaube an *A-priori*-Wahrheiten, die nicht aus der Erfahrung stammen, sondern durch reines Denken gewonnen werden, ist in der Philosophie noch immer weit verbreitet.

»Einige Leute sind der Meinung, es gebe tiefe Wahrheiten, und sie fragen sich auch, in welchem Zusammenhang diese mit dem Gehirn stehen, aber dann gehen sie einfach von der Existenz dieser Wahrheiten aus und arbeiten damit«, sagte Churchland. »Es ist zwar gut, wenn viele Hypothesen unabhängig voneinander untersucht werden, aber ich finde einige Projekte in der Philosophie etwas merkwürdig, weil sie auf einem wenig tragfähigen Fundament basieren.

Ein Teil der Schwierigkeiten hat folgende Ursache: Wenn die Philosophen erkennen, daß zur Lösung bestimmter Fragen auch empirische Daten herangezogen werden müssen, kommen sie sofort mit dem Argument, das sei schlecht für ihren Berufsstand – die Philosophie sei dann überflüssig. Sie würde auf diese Weise zu einem Teil der Psychologie und der Neurowissenschaft, ausgenommen solche Dinge wie die Ethik, und die würde eines Tages vielleicht auch noch drankommen.«

Um den privilegierten Status der Philosophie aufrechtzuerhalten, sei der Glaube an eine Form des Wissens nötig, die über einen anderen Weg als den der Sinnesorgane in unseren Kopf gelangt. Und das sei eben solch gespenstisches Zeug.

»Ich will möglichst viel wissen und verstehen, und mein größtes Anliegen ist die Wahrheit«, sagte Churchland. »Wenn sich die Grenzen meines Fachgebiets durch die Entdeckung von Neuem ein wenig verschieben, so halte ich das für sekundär. Früher waren die Fragen nach dem Wesen von Raum und Zeit, von Feuer, Leben und Himmel rein philosophischer Natur. Ich denke, daß die Philosophie in fünfzig Jahren ganz anders aussehen wird, weil uns in der Zwischenzeit Psychologie und Neurowissenschaft eine Menge über das lehren werden, was wir bisher für eine Domäne der Philosophie gehalten haben – über das Wissen, das Bewußtsein und den freien Willen.«

Bei Anbruch des letzten Jahrzehnts des 20. Jahrhunderts scheinen viele professionelle Denker vom Geist der Jahrtausendwende erfaßt worden zu sein.[1] Innerhalb kürzester Zeit wurde das Ende der Geschichte, der Natur und der Kunst prophezeit. Insofern scheut man sich, auch noch das Ende anderer Dinge anzukündigen. Doch da die Neurowissenschaft einer Erklärung des Gehirns und des Verstandes immer näher kommt, fragen sich einige Wissenschaftler und auch manche Philosophen, ob die Philosophie nicht unaufhaltsam auf ihren Abschluß zustrebt.

Biologie, Geologie, Physik, Astronomie – das meiste von dem, was wir heute Wissenschaft nennen, fiel früher einmal unter die Überschrift Naturphilosophie. Aber dann, in einem Prozeß, der sich über Jahrhunderte hinzog, fingen Menschen an, das Studium der physischen Welt zu betreiben, die sich als Wissenschaftler bezeichneten. Natürlich ist auch die Wissenschaft eine Philosophie, eine der vielen möglichen Betrachtungsweisen der Welt, mit dem Ziel, das Geheimnis der Existenz zu ergründen. Aber unter all den miteinander konkurrierenden Betrachtungsweisen war die Wissenschaft deshalb so überzeugend und erfolgreich, weil sie es uns erlaubte, die Natur im voraus einzuschätzen und zu manipulieren. Daher werden ihre Grundsätze allgemein als richtig angesehen; für die meisten Leute gibt es daran nichts zu rütteln. Wer an die Wissenschaft glaubt, setzt stillschweigend voraus, daß es dort draußen eine Welt gibt, die man durch Sinneseindrücke erfahren kann, daß diese Welt sich aus nichts anderem als Materie und Energie zusammensetzt und daß sie nach Gesetzen funktioniert, die überall im Universum und für alle Zeiten gelten.

Theoretisch müßten sich die Wissenschaftler damit zufriedengeben, die Frage nach dem *Wie* der Existenz zu klären, und das *Warum* den Philosophen und den Theologen überlassen. Aber da sie sich auf ein großes einheitliches Prinzip zu bewegen, das die vier grundlegenden Kräfte zu einer einzigen großen Superkraft vereint, nähern sich die Wissenschaftler immer mehr jenem Bereich des Denkens, den die Philosophen als Metaphysik bezeichnen und der über die reine Physik, die bloße Beschreibung hinausreicht. Einstein zeigte, daß Materie und Energie austauschbar sind, und bis zu einem gewissen Grad auch Raum und Zeit. Des weiteren wies er nach, daß eine der vier Grundkräfte, die Schwerkraft, aus der Krümmung des Verhältnisses von Raum und Zeit zu erklären ist. So scheint es nun beinahe schon aus ästhetischen Gründen geboten, auch die anderen drei Kräfte – die elektromagnetische Kraft, die starke und die schwache Kernkraft – mit Hilfe der Geometrie gleichsam heraufzubeschwören. Auf diese Weise würden Raum, Zeit, Materie und Energie zu einer abstrakten mathematischen Größe, zur großen kosmischen Einheit. Es würden dann immer noch einige ziemlich wichtige Fragen offenbleiben, zum Beispiel: Warum gibt es etwas und nicht nichts? Oder: Welche Bedeutung hat es, daß wir existieren? Hier wird wahrscheinlich die Trennungslinie zwischen Physik und Metaphysik zu ziehen sein. Aber nachdem sie einer allumfassenden Erklärung derart nahe gekommen sind, scheinen nur wenige Wissenschaftler bereit, so kurz vor dem Ziel haltzumachen. Um zu begründen, warum es etwas gibt und nicht nichts, operieren einige Physiker mit dem anthropischen Prinzip, das besagt, das Universum sei, wie es ist, um von den Menschen beobachtet werden zu können. Andere stellen Spekulationen darüber an, ob der Urknall vielleicht durch Schwankungen der Quantenzahlen im Vakuum (dem Nichts) ausgelöst worden ist.

Wenn sich die Wissenschaftler in solche Randbereiche begeben, stehen sie auf genauso wackeligen Füßen wie die Philosophen. Da ihre Schlußfolgerungen im bezug auf den Kosmos auf denselben Prinzipien aufbauen wie die elektromagnetische Wellentheorie oder die Quantentheorie – also auf Denkmodellen, die uns solche Dinge wie das Fernsehen ermöglichen –, wird ihren Spekulationen ein gewisses Maß an Glaubwürdigkeit unterstellt. Man kann jedoch leicht über das Ziel hinausschießen. Wie jeder von einer Ideologie besessene Mensch, so geben sich auch einige Wissenschaftler nicht eher zufrieden, bis sie von Anfang bis Ende alles mit denselben Prinzipien erklärt haben. Wie der Physiker Leon Lederman es einmal formulierte: Das Ziel der großen Vereinheitlichung ist, eine »allumfassende Theorie« zu konstruieren, die so kurz und bündig ist, daß ihre Gleichungen auf einem T-Shirt Platz haben.

Bis vor kurzem konnte man noch sagen, daß die Wissenschaft die Philosophen zwar aus weiten Teilen der Ontologie – dem Gebiet der Fragen nach dem, was existiert – verdrängt hat, daß aber ein anderer großer Bereich der Philosophie vorbehalten blieb: Die Epistemologie. Wie können wir wissen, was wir über Atome, Galaxien oder über unsere Nachbarn wissen? Es ist diese epistemologische Fragestellung, die die Philosophen veranlaßt, das Wesen des Gedächtnisses in seinem weitesten Sinn zu erörtern: Was ist das Wissen, und wie ist es in unseren Köpfen verankert?

Viele Jahrhunderte lang haben sich die Philosophen mit dem Wesen geistiger Strukturen befaßt. Kant bezeichnete sie als Schemata. Später dann haben sich die Psychologen und die K.-I.-Forscher mit ihren Skripten und Rahmen – Möglichkeiten, Wissen in sinnvolle Einheiten zu verpacken – auf diesem Gebiet ausgebreitet. Aber erst in den letzten Jahren, mit der Entwicklung plausibler Theorien über die Bildung und Speicherung von Gedächtnisstrukturen im Gehirn, haben diese Ideen wirklich Gestalt angenommen. Eine wissenschaftliche Theorie des Gedächtnisses hätte einen langen Weg vor sich, bis sie erklären könnte, wie wir die Welt in unseren Köpfe darstellen und daraus die Kategorien entwickeln, die wir als Wissen bezeichnen. Platon entwickelte die Vorstellung, es existiere eine zu der empirischen parallele Welt, in der die reinen Formen und Ideen ihren Platz hätten. Wie konnte es den Begriff »Baum« geben, wenn alle Bäume auf dieser Erde unterschiedlich aussahen? Die Theorien der synaptischen Veränderungen und der Nervennetzwerke lassen die Begriffe weit weniger geheimnisvoll erscheinen – die Eigenschaft Baum wäre so etwas wie ein vom Gehirn ermittelter Durchschnittswert, der sich mit jedem Baum, den ein Mensch sieht, weiterentwickelt.

So scheint es also auch das Schicksal der Epistemologie zu sein, eines Tages von der Wissenschaft geschluckt zu werden. Die Physik kommt dem Rätsel der Existenz allmählich auf die Spur, und gleichzeitig bewegen sich Neurowissenschaft, Psychologie und Informatik immer mehr auf das Ziel zu, den Verstand zu erklären, was für eine einheitliche Theorie unbedingt nötig ist. Wie weit die geistigen Grundlagen auch reichen mögen – die Ideen, Informationen, Erinnerungen und wissenschaftlichen Theorien –, sie scheinen allesamt aus im Bereich von Raum und Zeit interagierender Materie und Energie zu bestehen.

Philosophische Provinz

Patricia Smith Churchland ist daran gewöhnt, gegen den Strom zu schwimmen. Sie ist groß, blond und blauäugig. 1943 wurde sie in Kanada in einer kleinen ländlichen Gemeinde in der Wildnis von Britisch-Columbia geboren. Die Gemeinde war arm. Ihr einziger Reichtum bestand in der Schönheit der Landschaft, und, wie sich Patricia erinnert, in den Gesprächen.

»Mein Vater war ein sehr ungewöhnlicher Mensch«, sagte sie. »Er wuchs mehr oder weniger in der Prärie und dann in einem winzig kleinen Zwei-Häuser-Dorf auf. Seine Schule hatte nur sechs Klassen, also ging er sechs Jahre hin, und das war es dann auch schon. Dann ging er in eine etwas größere Stadt und arbeitete einige Jahre lang als Setzerjunge. Er las alles, was er in die Hände bekam. Schließlich wurde er Drucker. Er war sehr intelligent und hatte eine gute Auffassungsgabe, und er las genau das richtige. Ich nehme an, daß viel Schund dabei war, aber eben auch *Die Entstehung der Arten* von Darwin, und er verstand wirklich, worum es dabei ging. Er las Bücher über Geologie und wollte über viele Dinge Bescheid wissen, und so herrschte zu Hause immer eine Atmosphäre, die zum Diskutieren anregte.

Da viele unserer Freunde sehr religiös waren, gab es Streit über die Evolution, über Gott und über dieses und jenes. Mein Vater war sehr kritisch und streng, deshalb war es sehr

nützlich, mit ihm zu diskutieren. Er konnte durchaus entge-
genkommend sein, aber er vergewisserte sich immer, ob
man verstanden hatte, wo Zusammenhänge bestanden und
wo nicht.

Viele Farmer waren meinem Vater ähnlich. Es waren eine
Menge exzentrische, dabei sehr belesene Engländer darunter, die ihre Meinung freimütig äußerten. Sie redeten auch
viel über andere Dinge wie das Bewässerungssystem oder
welche Sorte Sprühmittel man einsetzen sollte. Aber wenn
man bedenkt, was für eine einsame, verlassene Gegend das
war, dann war das intellektuelle Niveau doch ganz erstaunlich. Ich glaube, ich bin wirklich in einer regelrecht philosophischen Atmosphäre aufgewachsen, aber das wußte ich
damals natürlich noch nicht. Ich dachte, daß sei die normale
Art und Weise, wie die Menschen lebten.«

Nach dem Gymnasium schrieb sie sich an der Universität
von Britisch-Columbia in Vancouver ein. »Die finanzielle
Situation ließ es nicht zu, irgendwo anders hinzugehen. In
der Regel war es sogar völlig unvorstellbar, daß jemand
überhaupt auf die Uni ging. Und es war – es tut mir leid, das
sagen zu müssen – keine sehr gute Universität, aber das
wußte ich damals noch nicht. Ich fand es interessant und
aufregend, und es machte mir Spaß. Ich lernte etwas über
Philosophie, aber als ich zum Hauptstudium an die Universität von Pittsburgh wechselte, merkte ich, daß die Leute
vom City College in New York und von anderen Universitäten viel mehr wußten als ich. Von vielen Dingen wußte ich
noch nicht einmal, daß es sie überhaupt gab. Das war
ziemlich peinlich.«

Sie versuchte herauszufinden, was sie am meisten interessierte, und stellte fest, daß es die Epistemologie war. »Ich
habe mich immer für das Problem des Wissens und dessen
Darstellung interessiert, und dafür, wie wir wissen und verstehen«, erläuterte sie. Damals gab es für sie noch keinen
Grund, das nicht für ausschließlich philosophische Fragen

zu halten. Nachdem sie 1966 ihren Magister gemacht hatte, begann sie sich nach einem geeigneten Ort für ihre Doktorarbeit umzusehen.

»Ich hätte wahrscheinlich in Pittsburgh bleiben sollen. Die philosophische Abteilung dort war wirklich einzigartig. Aber aus verschiedenen Gründen, die zum größten Teil persönlicher Art waren, entschied ich mich, ins Ausland zu gehen, und ich sagte mir, am interessantesten sei wahrscheinlich Oxford. Als ich dann aber dort war, wuchs aufgrund der Dinge, die ich in Pittsburgh gelernt hatte, meine Überzeugung, daß das, was in Oxford gemacht wurde, doch nicht das richtige für mich war.«

In Pittsburgh hatte sie sich nicht so recht in ihrem Element gefühlt. Dort mußte sie mit besser ausgebildeten Studenten von anderen Universitäten mithalten. Das Studium in Oxford dagegen war eine ganz andere, neuartige Erfahrung. Man beschäftigte sich dort mit den Schriften von J. L. Austin, einem Protagonisten der Philosophie der normalen Sprache.

»Dahinter stand die Vorstellung, daß man solche Dinge wie die Wahrnehmung, das Nachdenken oder die Moral oder was auch immer durch das Analysieren der Konzepte verstehen könne, die der normale Mensch benutzt, wenn er darüber redet«, erklärte Churchland.

»Wenn man zum Beispiel wissen will, ob bestimmte Aktionen ihren Ursprung in Motiven, Wünschen oder etwas Ähnlichem haben oder nicht, würde man, anstatt psychologische oder andere Experimente durchzuführen, einfach analysieren, was man unter einem ›Motiv‹ oder einem ›Wunsch‹ eigentlich versteht. John Austin hatte eine entsprechende Studie über das Wort ›real‹ verfaßt. Descartes hatte die Frage gestellt, wie wir sicher sein können, daß wir wach sind, ob wir nicht vielleicht in Wirklichkeit schlafen und das, was wir für real halten, einfach nur ein ungeheuer lebensnaher Traum ist. Austin vertrat den Standpunkt, daß wir bei einer Analyse des Wortes ›real‹, so wie es normalerweise gebraucht wird, natürlich feststellen würden, daß wir nicht träumen, daß die Realität tatsächlich das ist, was wir alle unter diesem Wort verstehen. Ich glaube, das war für mich der Wendepunkt, weil es an dem vorbeiging, was wirklich wichtig war. Wenn man dieses heikle Problem einfach dadurch lösen zu können glaubte, daß man das Wort ›real‹, so wie es normalerweise von Telegraphisten und Kellnern gebraucht wird, analysierte, dann war das meiner Meinung nach nicht der richtige Weg. Wenn man dann nachhakte, hieß es, das seien *A-priori*-Wahrheiten. Und ich fragte: Wie kann es *A-priori*-Wahrheiten geben, woher kommen sie?«

Einige, die bei diesen linguistischen Spielchen nicht mitmachen wollten, wechselten zur Religion über, um dort nach den endgültigen Antworten zu suchen.

»Es gab da eine Gruppe von Philosophen, die mit der katholischen Kirche verbunden waren. Elizabeth Anscombe zum Beispiel war zum Katholizismus übergetreten und glaubte beinahe wortwörtlich an jede Doktrin der Kirche. Diese beiden Richtungen nahmen die Wissenschaft als Möglichkeit, etwas über das Wesen des Verstandes herauszufinden, nicht sehr ernst, entweder, weil sie meinten, man müsse zuerst eine Sprachanalyse vornehmen, oder weil sie dachten, es gäbe eine Art von Wahrheit, die von der Wissenschaft nie und nimmer zu erfassen sei, sondern nur von großen Denkern, die noch dazu am besten religiös orientiert waren. Ich glaube, nicht bloß in Oxford gibt es immer noch viele Menschen, die so denken. Ich habe das Gefühl, daß der ganze Berufsstand nach wie vor von dieser Voraussetzung ausgeht. Zumindest die Hälfte meiner Kollegen tut das.«

Patricia Churchland interessierte sich weiterhin für das Wesen geistiger Darstellungen und versuchte es mit einem psychologischen Ansatz. Sie entschied sich, ihre Dissertation darüber zu schreiben, wie der Verstand Wünsche in

Aktionen umsetzt. Ihr besonderes Interesse galt der Frage, wie auf der Ebene des Geistes Wünsche dargestellt werden und wie die Wissenschaft vorgehen könnte, um diese Strukturen aufzuhellen. Da sie dieses Problem nicht durch ein Meditieren über die Bedeutung der Begriffe »Wunsch« und »Aktion« und sicherlich auch nicht mittels einer Auslegung theologischer Vorstellungen anpacken wollte, hatte sie Schwierigkeiten, einen Betreuer für ihre Arbeit zu finden. Immerhin konnte sie das Thema mit einem Gleichgesinnten diskutieren – mit ihrem Verlobten Paul Churchland, einem Philosophen an der Universität von Toronto, dessen Spezialgebiet die Wissenschaftstheorie war.

»Zu der Zeit, als ich mich mit diesen Dingen beschäftigte, kam Paul herüber nach England, und wir arbeiteten an vielen Problemen gemeinsam«, berichtete sie. Ihre Dissertation fand jedoch nicht viel Anklang. Sie verließ die Universität entmutigt, aber mit einem Titel.

Da es Paul und ihr nicht gelang, in Toronto einen Arbeitsplatz zu finden, bewarben sie sich bei anderen Universitäten. Wie sich herausstellte, war die Lage auf dem Arbeitsmarkt nicht eben günstig für Philosophenteams, die aus Ehemann und Ehefrau bestanden. Schließlich gab ihnen ein Freund von der Universität von Manitoba in Winnipeg den Tip, daß dort Leute gesucht würden. Sie schauten sich die Universität an, stellten sich vor und bekamen Arbeitsplätze in der philosophischen Abteilung angeboten. Bevor sie nach Winnipeg gingen, fuhren sie zu der Farm von Patricias Familie und heirateten.

Vom akademischen Standpunkt aus betrachtet, war eine Stellung an der Universität von Manitoba nicht gerade beeindruckend. Die philosophische Abteilung war so gut wie unbekannt. So schön Winnipeg auch ist, es liegt am Ende der Welt in der Prärie von Manitoba. Toronto, die nächstgelegene bedeutende kanadische Stadt, ist über 2000 Kilometer entfernt. »Wir dachten, es würde bestimmt schrecklich, weil es so weit weg war«, sagte Patricia Churchland. Aber die Entfernung brachte eine Art Lockerheit mit sich, die ihre Vorteile hatte. Der Dekan ihrer Fachrichtung hatte nichts dagegen, daß sie im Labor der medizinischen Abteilung Gehirne sezierte, statt Artikel für philosophische Zeitschriften zu verfassen.

»Wenn ich an einer großen Universität gewesen wäre, wäre das sehr schwierig gewesen«, meinte sie. »Sie hätten gesagt, hör zu, du mußt noch viel mehr schreiben, ehe du befördert wirst. Aber an der Universität von Manitoba – ich meine, ich will sie nicht schlechtmachen, weil die Leute dort wirklich wunderbar sind, aber das Niveau war wirklich nicht besonders hoch. Niemanden kümmerte es, ob ich in der medizinischen Abteilung war. Wenn ich meine Lehraufgaben erfüllte, spielte es keine Rolle, was ich tat. Und daß ich nichts veröffentlichte, war ihnen völlig egal, besonders, weil die meisten von ihnen in der Richtung auch nichts leisteten. Sie wollten nicht schlecht aussehen. Man kann wirklich nicht sagen, daß das die Art ist, wie eine Universität geführt werden sollte, aber daß kein Druck vorhanden war, war wunderbar. Ich meine, das Ganze hätte ja auch ein Schlag ins Wasser sein können. Es hätte ja sein können, daß ich einfach nur meine Zeit in der medizinischen Abteilung totgeschlagen, nie etwas zuwege gebracht und zum Schluß gesagt hätte, das war's, und dann wieder Unterricht in Logik gegeben hätte. Aber keiner markierte mir gegenüber den Aufpasser. So genoß ich eine Freiheit, die die meisten Leute, glaube ich, nicht haben.«

Außer in den Kreisen an der medizinischen Abteilung verbrachte sie viel Zeit mit gehirngeschädigten Patienten in der neurologischen Uniklinik. Und sie arbeitete im Wirbelsäulen-Labor und lernte dort einige einfache Experimente kennen. Die ganze Zeit über diskutierte sie mit ihrem Ehemann Paul über Wissenschaftstheorie. 1982/83 gingen die beiden für ein Jahr an das Institute for Advanced Study in Princeton. Er schrieb dort das Buch *Matter and Conscious*, eine klare und gut verständliche Einführung in die Philosophie des Verstandes, und sie arbeitete an einem eigenen Buch mit den Titel *Neurophilosophy*.

Im Jahre 1984, als die Churchlands nach La Jolla zogen, um an der Universität von Kalifornien zu arbeiten, war sie damit beschäftigt, letzte Hand an ihr Buch zu legen, das zwei Jahre später erschien. Durch die Verknüpfung von zwei Disziplinen die sich dem Thema Gehirn und Verstand auf völlig unterschiedliche Weise näherten, hoffte sie, sowohl Philosophen anzusprechen, die sich nicht mit der Neurowissenschaft auskannten, als auch Neurowissenschaftler, die wenig Ahnung von Philosophie hatten. Sie fand es lächerlich, daß diese beiden Gruppen immer noch nichts miteinander zu tun haben wollten. Der erste Teil des Buches ist eine Art Schnellkurs in Neurowissenschaft inklusive der Anatomie des Gehirns und der Physiologie des Neurons; im zweiten Teil wird die Neurowissenschaft in einem größeren philosophischen Kontext betrachtet, und es werden solche Dinge wie das Geist-Körper-Problem behandelt.

»Die Überzeugung, die sich durch das gesamte Buch hindurchzieht, ist, daß Top-down-Strategien (die für die Philosophie, die Kognitionspsychologie und die K.-I.-Forschung charakteristisch sind) und Bottom-up-Strategien (kennzeichnend für die Wissenschaft) zur Aufdeckung des Geheimnisses der Funktion von Gehirn und Verstand nicht völlig isoliert voneinander verfolgt werden sollten«, schrieb sie. »Statt dessen müßte eine wechselseitige Anregung erfolgen, die sicherlich zu einer gemeinsamen Entwicklung von Theorien, Modellen und Methoden führen würde, wobei jeder den anderen informiert, korrigiert und inspiriert.

Für die Neurowissenschaftler ist es sehr wichtig, ein Gefühl dafür zu entwickeln, wie sich der Rückgriff auf die großen Fragen und auf den entsprechenden umfassenden Rahmen für ihre Arbeit realisieren läßt, denn ohne diesen würden sie in den reichlich vorhandenen Details versinken oder sich mit tapferer Entschlossenheit in eine Sackgasse hineinmanövrieren. Für die Philosophen wiederum ist es äußerst nützlich zu wissen, welche Fortschritte in der Neurowissenschaft erzielt werden, wenn sie sich weiterhin mit Theorien über solche Dinge wie das Verhältnis zwischen der Wirklichkeit und deren Darstellung befassen wollen. ... Das heißt, es ist von großer Bedeutung, daß die Philosophen nicht in den engen Schluchten eines vom gesunden Menschenverstand bestimmten Weltbilds steckenbleiben oder sich mit der heroischen Wiederbelebung alter Dogmen zufriedengeben.«[1]

Sie wußte, daß dies ein schwieriges Unterfangen war. Denn die Differenzen zwischen der Neurowissenschaft und der Philosophie waren nicht nur terminologischer und stilistischer Art. Der Bruch zwischen ihnen prägte die gesamte westliche Denkweise.

Himmlische Führung

Seit vielen Jahrhunderten bewegt sich die Beschäftigung mit dem Problem des Begriffs im Spannungsfeld zwischen Rationalismus und Empirismus. Es geht dabei um die Frage, welche Rolle zum einen die Vernunft und zum anderen die Erfahrung beim Erwerben von allgemeinen Wahrheiten spielen. Die Rationalisten glauben, die einzige Möglichkeit, sich ein Bild von der Welt zu machen, sei die, von einer Reihe von selbstverständlichen Wahrheiten – den sogenannten *A-priori-Wahrheiten* – ausgehend, die Gesetze des Universums logisch abzuleiten. Die Frage dabei ist natürlich, woher diese Wahrheiten kommen, und woran man sie erkennt, wenn man ihnen begegnet. Die Empiristen dagegen meinen, daß alles Wissen auf sinnlicher Wahrnehmung beruht. Die Frage hierbei ist, in welchem Verhältnis diese sinnlichen Wahrnehmungen zur realen Welt stehen. Sind das dort wirklich rote Äpfel, oder ist die Farbe Rot nur in unserem Verstand als ein Produkt des Nervensystems vorhanden? Wenn wir tatsächlich als unbeschriebenes Blatt geboren werden, wie die Empiristen meinen, wie organisieren wir dann die riesige Datenflut, die über uns hereinbricht? Müßten wir nicht eigentlich mit einer Art inneren Wissens um solche Dinge wie Ursache und Wirkung sowie Raum und Zeit auf die Welt kommen?

Kant schlug einen Mittelweg zwischen diesen beiden Extremen ein: Unser Gehirn ist seiner Meinung nach von Anfang an mit einer Art inneren Wissens ausgestattet – mit Filtern, die es uns ermöglichen, die Daten in Kategorien einzuordnen. Die Realität wäre somit ein Produkt des Verstandes, das seine Wurzeln allerdings in der Außenwelt hätte. Mit der Geburt der Neurowissenschaft zeigte sich, wie wir gesehen haben, daß das innere Wissen nicht unbedingt etwas Geheimnisvolles sein muß; es könnte in der Verkabelung unseres Gehirns existieren, als ein Produkt der Evolution.

Als sich im 18. und 19. Jahrhundert die moderne Wissenschaft entwickelte, geschah dies unter empiristischen Vorzeichen. In einem allerdings mußte man den Kantianern recht geben: Das Rot ist ebenso vom Nervensystem abhängig wie vom Apfel. Aber trotz der unbestreitbaren Filterung der Daten durch das Gehirn sah kaum ein Wissenschaftler einen Grund, daran zu zweifeln, daß es sinnvoll ist, die Welt durch das Sammeln von Fakten und das Suchen nach Strukturen erklären zu wollen – durch das, was die Philosophen als den Prozeß der Induktion bezeichnen. Für jemanden, der sich intensiver mit diesen Dingen beschäftigte, ergaben sich daraus jedoch schwerwiegende philosophische Probleme. Der deduktionistische Ansatz der Rationalisten, der bei der Suche nach der Wahrheit den entgegengesetzten Weg einschlug, bot den Vorteil, daß er sehr klar und übersichtlich war: Ausgehend von Dingen, deren Wahrheit (irgendwie) als gegeben angesehen wurde, leitete man mit Hilfe der Logik andere Wahrheiten ab. Die Induktion war kein sehr vertrauenerweckender Prozeß. Das klassische Gegenargument lautete folgendermaßen: Man würde vielleicht hundert Schwäne sehen, die weiß sind, und daraus schlußfolgern, daß alle Schwäne weiß sind, der nächste, den man sähe, wäre aber schwarz, so daß die ganze Theorie falsch wäre. Alle wissenschaftlichen Aussagen waren hypothetisch. So etwas wie die absolute empirische Wahrheit gab es nicht.

Die meisten Wissenschaftler waren mit hypothetischem Wissen vollkommen zufrieden. Sie gingen von der Voraussetzung aus, die Wissenschaft sei ein Prozeß. Durch das ständige Verfeinern ihrer Modelle würden sie der Wirklichkeit immer näher kommen. Auch viele Philosophen glaubten, dies sei das bestmögliche Verfahren. Was ihnen jedoch Kopfzerbrechen bereitete, war die Unkalkulierbarkeit des Unternehmens. Sie meinten, es müsse eine Möglichkeit geben, den Induktionsprozeß philosophisch akzeptabler zu gestalten. Und so wurde Anfang dieses Jahrhundert der logische Empirismus geboren, ein Versuch, der Wissenschaft möglichst hieb- und stichfeste, nicht mehr hinterfragbare Grundlagen zu verschaffen, der aber freilich scheitern sollte.

Bertrand Russell, Rudolph Carnap und die anderen logischen Empiristen glaubten, die Wissenschaft auf eine solide Basis stellen zu können, wenn sie mit rudimentären, über die Sinnesorgane hereinkommenden Daten arbeiteten, die sich nicht mehr in Zweifel ziehen ließen – *rot hier jetzt*. Danach könnten mit Hilfe der neuesten Entwicklungen in der symbolischen Logik aus diesen Fakten Theorien gemacht werden. Das induktive Wissen wäre dann zwar nach wie vor hypothetischer Art – es bestand ja immer die Möglichkeit, daß irgendwann einmal ein schwarzer Schwan auftauchte –, aber der logische Empirismus schien eine Methode zu sein, das bestmögliche Modell von der Welt zu basteln. Heutzutage wenden die meisten Wissenschaftler diese Prinzipien stillschweigend an.

Während die Wissenschaftler in glückseliger Unwissenheit weiterarbeiten, sehen die Philosophen weiterhin ernste Probleme. Die logischen Empiristen hielten sich für äußerst nüchtern und realistisch, als sie die Wahrheit auf rohe Sinnesdaten reduzierten. *Rot hier jetzt* – wer konnte solch eine grundlegende Beobachtung anzweifeln? Das Problem dabei ist jedoch, daß jede Beobachtung von dem in unserem Kopf bereits vorhandenen Wissen beeinflußt wird. Kant sprach von *A-priori*-Wissen – den verkabelten Filtern –, was den Eindruck erweckte, alle Menschen kämen mit den gleichen Wissensgrundlagen zur Welt: Raum und Zeit, Ursache und Wirkung. Jedesmal, wenn wir etwas Neues lernen, sehen wir die Welt durch eine andere Brille. Um es in der Sprache unserer Zeit auszudrücken: Die Reizschwellen der Synapsen in unseren Nervennetzen unterliegen einer ständigen Veränderung; wie Leon Cooper anmerkte, sind Gedächtnis und Wahrnehmung nicht voneinander zu trennen. Patricia Churchland fand dafür ein überzeugendes Beispiel, als sie anfing, sich mit der Neurowissenschaft zu befassen. Ein Student entdeckt nicht sofort Dendriten, Axone, synaptische Vesikel und andere Teile, wenn er das erste Mal durch ein Mikroskop schaut. Die Fähigkeit, diese Dinge zu sehen, entwickelt sich erst mit dem Erwerb des theoretischen Wissens. Die Theorie erlaubt es uns, die Fakten zu erkennen. Patricia Churchland beschrieb diese Erfahrung in ihrem Buch:

»Wenn ein Studienanfänger der Neurowissenschaft zum ersten Mal durch ein Mikroskop schaut, ist er vielleicht verwirrt – es ist für ihn schwierig zu unterscheiden, was zur Zelle gehört und was nicht. (Ist das das endoplasmatische Retikulum?) Die Theorie liefert die Grundlage für die Beobachtung, und nach einer Weile passiert es nur noch selten, daß man zum Beispiel das Endknöpfchen nicht findet. Wichtig dabei ist, daß mit dem Endknöpfchen automatisch eine ganze Reihe anderer Eigenschaften zusammenhängen: daß es am Ende eines Axons liegt, daß sich bei einer genaueren Untersuchung herausstellen würde, daß es synaptische Vesikel enthält, daß wir Synapsen sehen würden, wenn wir es durch ein Elektronenmikroskop betrachten würden, und so weiter. Wenn man den umschreibenden Ausdruck ›Endknöpfchen‹ auf das anwenden will, was man durch das Mikroskop sieht, ist das keine reine Beobachtung mehr; es impliziert eine Vielzahl von auf das Objekt anwendbaren allgemeinen Gegebenheiten. Diese Kaskade unendlich vieler impliziter Folgerungen ist ein allgemeines Merkmal dafür, wie sich die Beobachtung auf einen umschreibenden Ausdruck auswirkt, ganz gleich, ob es sich dabei um ›Kojote‹, ›rot‹ oder ›synaptisches Vesikel‹ handelt.«[1]

Wenn alles, was wir sehen, in eine Theorie eingebettet ist – in ein Netzwerk sowohl wissenschaftlichen als auch praktischen Wissens –, dann ist das Interpretieren eines Experiments keine triviale Angelegenheit mehr. Wenn zum Beispiel ein Experiment Ergebnisse liefert, die nicht der Theorie entsprechen, wäre der allgemeinen Sichtweise zufolge die Theorie falsch und müßte verworfen werden. Wie der Philosoph Willard van Orman Quine in den fünfziger und sechziger Jahren zeigte, könnte der Fehler jedoch auch im Netzwerk des theoretischen Wissens verborgen sein, das beim Formulieren der Theorie oder beim Ausdenken, Durchführen und Interpretieren des Experiments zur Anwendung kommt. Genausogut könnte der Fehler in den Theorien stecken, die zur Herstellung der bei dem Experiment benutzten Instrumente und Materialien gedient haben – der Spannungsklemme, des Voltmeters, des Oszillographen, der Farbstoffe.

Was noch schlimmer ist: Das Experiment gibt uns keine Auskunft darüber, wo genau in dem Netzwerk, in dem die

Bedeutungen gespeichert sind, die Diskrepanz zwischen der Welt, wie sie tatsächlich ist, und unserer Vorstellung von der Welt auftritt. Denn trotz aller Zugeständnisse, die die Wissenschaftler den logischen Empiristen machen, wissen sie doch, wie fehlerhaft das System sein kann. Kein Wissenschaftler wird eine Theorie lediglich aufgrund eines einzigen Experiments aufgeben, auch wenn dabei wiederholt unerwartete Ergebnisse zu konstatieren sind. Sie oder er wird lieber eine Zusatzhypothese aufstellen oder die Versuchsanordnung ein kleines bißchen verändern, um die Theorie aufrechterhalten zu können. Der Beweis dafür, daß in den Reagenzgläsern keine Glutamatbindung zu finden war, veranlaßte Gary Lynch zum Beispiel noch lange nicht, die Calpain-Hypothese aufzugeben. Er nahm statt dessen eine Anpassung vor.

Die Wissenschaft wäre in Gefahr, zu einem unkontrollierten Gerangel zu werden, wenn es nicht die stillschweigende Übereinkunft gäbe, daß bei jeglicher Veränderung die altbewährten Prinzipien beachtet werden müssen. Anfang der achtziger Jahre zum Beispiel versetzte die Astronomen ein Quasar in Erstaunen, der sich schneller als mit Lichtgeschwindigkeit zu bewegen schien: Es gab drei Möglichkeiten: (1) die Einsteinschen Relativitätstheorie über Bord zu werfen, (2) davon auszugehen, daß der Quasar längst nicht so weit entfernt war, wie es sein rotes Spektrum vermuten ließ (was bedeutet hätte, daß unser expandierendes Universum wesentlich kleiner und jünger wäre, als wir annehmen), und (3) eine weniger drastische Erklärung für die aufgetretene Diskrepanz zu finden. Einige Astronomen favorisierten die zweite Möglichkeit. Die Konsequenz daraus wäre ein Überprüfung des Alters des Universums gewesen (das entsprach genau der Linie, die diese Wissenschaftler schon seit längerer Zeit verfolgten), aber kein einziger stellte ernsthaft Einsteins Relativitätstheorie in Frage. Schließlich einigten sich die Astronomen auf eine triviale Erklärung, die diese

Beobachtung in den Rang einer optischen Täuschung verwies. Die kleine Erschütterung wurde von den Strukturen der Physik aufgefangen und ist längst wieder in Vergessenheit geraten.

Eine wesentlich radikalere Form derartiger Auseinandersetzungen stellt der Streit zwischen Kreationisten und Evolutionisten dar. Dem populären Analyseverfahren der Zählung der biblischen Generationen zufolge ist die Erde 8000 Jahre alt. Nach der Zeitbestimmung mit Hilfe von radioaktiven Elementen ist unser Planet etwa vier Milliarden Jahre alt – ein in wissenschaftlichen Kreisen weithin akzeptiertes Ergebnis. Einige Kreationisten haben nun versucht, mit Hilfe von Fakten aus der Kernphysik die Wissenschaftler sozusagen mit deren eigenen Mitteln zu schlagen und zu zeigen, daß diese Methode der Zeitbestimmung zu falschen Resultaten führt. Diese baut auf der Annahme auf, daß seit undenklichen Zeiten Uran in einer immer gleichbleibenden Zeitspanne zu Blei abgebaut wird. Aber wer kann garantieren, daß das auch wirklich der Fall ist? Die Kreationisten werden genausowenig ihre Hypothese von der Unfehlbarkeit der Bibel aufgeben wie die Physiker die Relativitätstheorie. Für etwaige Diskrepanzen ist dann die Quantentheorie zuständig. Einige Kreationisten lasen auch aus der Bibel heraus, das Universum sei geozentrisch; sie verfaßten lange mathematische Abhandlungen und interpretierten darin astronomische Daten so, daß Sonne, Sterne und Planeten um die Erde kreisen – ein Rückgriff auf die Epizykeltheorie des Ptolemäus. Quine benutzte die Philosophie nicht, um die Wissenschaft in ihre Schranken zu weisen. Seiner Meinung nach gab es keine privilegierte, oberhalb der Wissenschaft angesiedelte Position – weder in der Philosophie noch im Himmel, noch sonst irgendwo –, von der aus man entscheiden könnte, ob die Ergebnisse des denkenden Subjekts mit der sogenannten realen Welt übereinstimmen.

Patricia Churchland fand diese Vorstellung sehr erfrischend. Quine sagte damit indirekt nämlich, daß es die Aufgabe von Wissenschaft und Philosophie sei, zu untersuchen, wie die Menschen mit Hilfe ihres Gehirns Erfahrungen organisieren. »[Das] menschliche Subjekt empfängt ein bestimmtes, experimentell festgelegtes Eingangssignal – zum Beispiel bestimmte Strahlungsmuster in allen möglichen Frequenzen –, und während seines gesamten Lebens entwickelt das Subjekt daraus eine Beschreibung der dreidimensionalen Außenwelt und ihrer Geschichte«, schrieb er. Es sei die Aufgabe der Wissenschaftler und Philosophen, »das Verhältnis, das zwischen den wenigen Eingangssignalen und der sintflutartigen Menge von Ausgangssignalen besteht«, zu studieren.[2] Das Gedächtnis – die Umwandlung der Erfahrungen in Landkarten, die wir in unserem Kopf haben – ist ein zentrales Problem der Wissenschaft *und* der Philosophie. Quine sah keinen gravierenden Unterschied zwischen den beiden Ansätzen.

Er drückte das einmal so aus: »Die Wissenschaft ist wie ein Boot, das wir Planke für Planke immer wieder neu bauen, während wir uns darin über Wasser zu halten versuchen. Philosophen und Wissenschaftler sitzen in einem Boot.«[3]

Unruhige Wasser

Seit sich die Churchlands in La Jolla niedergelassen haben, gehören sie zur Gemeinschaft der Nervennetzwerkforscher und Neurowissenschaftler, die im Dunstkreis der Universität von Kalifornien und des Salk Institute versammelt sind. Patricia Churchland ist der Meinung, die Zeit sei nun reif für umfassende Theorien über den Verstand, und die Netzwerkmodelle scheinen ihr dafür der richtige Weg zu sein. Mit Terry Sejnowski zusammen hat sie einige Aufsätze und ein Buch verfaßt, in denen die sogenannte Computer-Neurowissenschaft vorgestellt wird, und zusammen mit Francis Crick hat sie einen Kurs über das Bewußtsein abgehalten. Die meisten Neurowissenschaftler scheinen glücklich darüber zu sein, jetzt auch eine Philosophin an Bord zu haben, die Mehrzahl ihrer Philosophenkollegen hingegen sitzen nach wie vor in einem anderen Boot. Oder, wie einige es auszudrücken pflegen, sie stehen noch am Ufer.

Patricia Churchland weiß, daß es für sie unmöglich ist, die Dualisten zu überzeugen, die der Meinung sind, der Verstand sei ein losgelöster, nicht mit dem Gehirn zusammenhängender Stoff. Sie hat ebensowenig die Hoffnung, gegen Philosophen wie John Searle oder Physiker wie Roger Penrose anzukommen. Searle lehnt die Vorstellung, das Gehirn sei eine Art Computer, schlichtweg ab, und Penrose glaubt, man könne nur mittels einer allumfassenden Theorie, die die Quantenmechanik und die allgemeine Relativitätstheorie in sich vereint, Aufschluß über den Verstand erhalten. Vom Standpunkt Patricia Churchlands und der Mehrzahl der Neurowissenschaftler aus gesehen, leben diese Leute in ihrer eigenen intellektuellen Welt. Aber auch Patricia Churchlands Welt ist nicht nur heil. Einer ihrer stärksten Gegner ist Jerry Fodor, der sowohl auf dem Gebiet der Künstlichen Intelligenz als auch der Kognitionswissenschaft ein Wörtchen mitzureden hat. Fodor ist unter den Philosophen der bekannteste Verfechter der Vorstellung, der Verstand sei ein formales System. Wie Schach, Dame und andere Spiele, so meint er, bestehe auch der Denkprozeß darin, bedeutungslose Spielsteine nach fest definierten Regeln hin- und herzuschieben. Aus dem Zusammenwirken dieser manipulierbaren Symbole entwickle sich der Verstand, so wie das Bild auf einem Fernsehschirm durch das Hin- und Herschieben der Nullen und Einsen des Computers entsteht.

Diese als Funktionalismus bezeichnete Konzeption verleiht der künstlichen Intelligenz ihre philosophische Rechtfertigung – nicht der Aufbau des Gehirns ist wichtig, sondern das, was es tut. Zwischen dem Funktionalismus und den Nervennetzwerken besteht nicht notwendigerweise ein Gegensatz. Die Nervennetzforscher meinen, die Symbole müßten sozusagen als Nebenprodukt der Interaktionen zwischen den Nerven, also von unten her entstehen, während die K.-I.-Forscher die Auffassung vertreten, daß die Symbole nach dem Top-down-Prinzip von oben her festgelegt werden. Hier ist viel Raum für Kompromisse.

Fodor jedoch ist wie die radikalsten K.-I.-Enthusiasten der Ansicht, man könne den Verstand *nur dann* verstehen, wenn man nach dem Top-down-Ansatz vorgehe. Man müsse die Software untersuchen, nicht die Hardware. Ein Programm könne auf vielen verschiedenen seriell oder parallel arbeitenden Computern laufen – warum also die Physiologie des Gehirns analysieren? Man würde nie herausfinden, wie eine Textverarbeitung funktioniert, wenn man die Schaltkreise in einem Personalcomputer untersuche, man müsse sich vielmehr die Programme anschauen.[1] Die Funktionalisten interessieren sich auf ihre Weise auch nicht mehr für die Neuronen als die Sprachphilosophen.

Patricia Churchland hält diese Einstellung für genauso borniert wie die der Neurobiologen, die sich so tief in ihre biologischen Details vergraben, daß sie gar nicht erst in Versuchung kommen, eine Theorie aufzustellen. Zwar kann ein Programm auf vielen verschiedenen Computern laufen, aber umgekehrt gilt auch, daß sich eine bestimmte Aufgabe mit Hilfe vieler verschiedener Programme lösen läßt. Welches Programm benutzt wohl das Gehirn?

»Die Funktionalisten sagen, man müsse nicht unbedingt wissen, wie ein Programm genau implementiert wird, weil man ja schließlich nur an der Software interessiert sei«, erklärte sie. »Aber wir *wissen* nicht, wie das Programm aussieht. Und es wäre möglich, daß der Aufbau des Gehirns uns die besten Hinweise dafür liefert, zumindest aber, daß sich dadurch gewisse Verhaltensweisen erklären lassen.« Wenn wir uns sowohl mit der Psychologie als auch mit der Neurowissenschaft beschäftigen, sind wir vielleicht in der Lage, aus diesen beiden Ansätzen eine Theorie zu entwickkeln – eine Beschreibung der geistigen Software, die höchstwahrscheinlich auf dem Computer in unserem Kopf läuft.

»Das Gehirn ist wie alles übrige in der Biologie«, sagte sie. »Es sucht sich nie die nächstliegende Möglichkeit aus. In der Biologie finden wir immer wieder Beispiele dafür, daß ein System ganz anders funktioniert, als wir es uns vorgestellt hatten.«

Gott ist ein Tüftler. Das Gehirn ist wahrscheinlich kein durchgestylter Supercomputer, sondern das, was Patricia Churchland als eine »Rube-Goldberg-Maschine« bezeichnet: eine Ansammlung von evolutionären Tricks, mit denen durch Sinneseindrücke gewonnene Daten in die geistigen Strukturen – Erinnerungen – umgewandelt werden, die wir zum Überleben brauchen.

Was ist eine Zahl?

Warren McCulloch fragte: »Was ist eine Zahl, daß ein Mensch sie kennt, und was ist ein Mensch, daß er eine Zahl kennt?« Die Antwort war seiner Meinung nach in der Neurobiologie zu suchen, in der Schnittstelle zwischen Geist und Welt, über die zum ersten Mal Kant gesprochen hatte. Die gesamte Wissenschaft – inklusive aller Vorstellungen, die wir benutzen, um das Gehirn zu verstehen – ist auf der Grundlage der Mathematik aufgebaut. Aber wenn die Mathematik wenigstens zum Teil eine Funktion unseres Nervensystems ist und wir sie benutzen, um unser Nervensystem zu verstehen, dann besteht die Gefahr, daß eine unendliche solipsistische Schleife entsteht.

Solche Themen bringen die Philosophen schon sehr nahe an die Grenze dessen, was noch durch unser Wissen und Denken erfaßbar ist. Man kann leicht, so wie Wittgenstein, daran zweifeln, daß die Wissenschaft und jegliche Art von Philosophie letztlich in sich geschlossene Systeme mit zirkelhaften Wahrheiten sind. Da es nicht möglich ist, sich ganz von diesen tautologischen Beziehungsgeflechten zu lösen, wird es immer Dinge geben, über die wir nichts wissen, und Geschichten, die wir nicht erzählen können. Das Universum wird den Theoretiker immer wieder in Erstaunen versetzen. Wir Menschen sind durch unseren Körper und unser Nervensystem begrenzt. Wie Quine es schon formulierte: Wir können nicht aus dem Boot aussteigen. Das Beste, was wir tun können, ist, etwas über das Wesen der Filter und der geistigen Strukturen zu lernen – über die Mechanismen, die wir zum Umsetzen von Erfahrungen in Erinnerungen benutzen.

Wenn wir davon ausgehen, daß es eine objektive Welt gibt, die – zumindest aus unserer Sicht – überall gleich funktioniert, wie könnte sie dann für andere Lebewesen mit einem anderen Nervensystem aussehen? Darf man überhaupt annehmen, daß diese die Dinge ebenfalls in den Dimensionen von Raum und Zeit betrachten würden? Oder wäre das ein Anthropomorphismus?

»Ich glaube, daß es überall im Universum irgendwelche Regelmäßigkeiten gibt«, sagte Patricia Churchland. »Und es könnte sein, daß verschiedene Möglichkeiten existieren, diese Regelmäßigkeiten zu erkennen und zu beschreiben. Vielleicht ist unser Gehirn aufgrund seiner speziellen Organisationsform auf eine bestimmte Art der Beschreibung dieser Regelmäßigkeiten festgelegt. Wenn wir einen Physiker von dem Stern Arkturus 4 treffen würden, dessen Gehirn ganz anders organisiert ist, hätte er vielleicht völlig andere physikalische Erklärungen parat, die genauso gut funktionieren wie unsere.«

Aber was ist mit der Mathematik? Das ist ein Gebiet, bei dem selbst die hartgesottensten Wissenschaftler zu Platonikern werden und einräumen, dies sei tatsächlich etwas von uns Entdecktes und nicht etwas Erfundenes und die hier anzutreffenden Regelmäßigkeiten existierten unabhängig von unserem Verstand. Die Tatsache, daß es so etwas wie mathematische Wahrheiten, perfekte Kreise und Dreiecke gibt – Dinge, die nicht einfach überall herumliegen –, diente lange Zeit als Argument gegen den Empirismus. Selbst die logischen Empiristen hielten für die mathematische Wahrheit einen besonderen Platz bereit, denn sie glaubten, diese habe nichts mit der durch Sinneseindrücke induzierten Wahrheit zu tun.

Doch mit der Neurowissenschaft, die immer mehr in philosophische Bereiche eindringt, bietet sich die Möglichkeit, die Mathematik ohne Rückgriff auf solch »gespenstisches Zeug« zu erklären. Ein Kreis *ist* nun mal ein Produkt des Geistes, etwas, das wir nie im Leben wirklich erfahren können. Aber er muß nicht unbedingt ein reines Produkt des Geistes sein. Er könnte auch einen Kompromiß zwischen den strukturellen Gegebenheiten der Welt und den strukturellen Gegebenheiten unseres Gehirns darstellen. Im Laufe seines Lebens sieht ein Mensch viele Dinge, die der Vorstellung »rund« entsprechen. Das Gehirn ermittelt daraus mit Hilfe seines inneren Ordnungsbegriffs als Durchschnittswert das Konzept »Kreis«. Daß wir mit bestimmten Konzepten wie »Kreis« und »Dreieck« arbeiten, könnte auch ein evolutionärer Zufall sein. Menschen, die unter Migräne leiden, erzählen oft, sie hätten geometrische Körper gesehen. Das muß etwas mit dem Nervensystem zu tun haben. Vielleicht gibt es ja auch noch ganz andere Möglichkeiten, die Welt zu ordnen, als die, die wir uns vorstellen können. Es könnte sein, daß wir mit einem anderen Gehirn grundlegend andere geometrische Formen, oder was es auch immer sein mag, entdecken würden.

»Die Leute auf Arkturus 4 haben vielleicht etwas, das wir wahrscheinlich als Mathematik bezeichnen würden, ohne daß es etwas mit dem uns vertrauten mathematischen System gemein hat«, sagte Patricia Churchland. »Sie kommen damit zurecht und schaffen es, Raumfähren zu bauen, mit Feuer umzugehen und Metall zu schmelzen. Ich bin, was die Mathematik angeht, bestimmt keine Platonikerin. Ein Argument wie das folgende lasse ich nicht gelten: Aber wie könnten die Behauptungen der Mathematik sonst wahr sein? Ich weiß es nicht, aber vielleicht ist die Antwort im Gehirn zu finden. Das ist meine Meinung über die Mathematik und auch über die Logik.

Wenn man so etwas sagt, gehen die Leute natürlich gleich an die Decke. Ich verstehe aber wirklich nicht, warum. Wenn die Wahrheiten in Platons Himmel die einzige Alternative sind, dann sollte man meiner Meinung nach lieber im Gehirn nach den wirklichen Grundlagen suchen. Ich kann mir keinen anderen Weg vorstellen.«

Schlußgedanken

Ein Zen-Meister, der seinen Schülern Meditationstechniken beibringt, sagt ihnen, ihr Verstand müsse ruhen wie ein See, so daß die Gedanken ohne jede Interpretation dahinfließen wie die sich auf dem Wasser des Sees spiegelnden Wolken. Der Verstand ist jedoch kein Spiegel. Er interpretiert ständig. Sobald ein Gedanke in unser Bewußtsein tritt, ruft er Erinnerungen wach und Erinnerungen an Erinnerungen, und bald können wir die Wirklichkeit nicht mehr von unseren Gedanken trennen.

Während ich das schreibe, sitze ich in meiner Wohnung im New Yorker Stadtteil Brooklyn und schaue durchs Fenster auf einen Kirchturm. Es regnet. Ich höre das Quietschen der Reifen auf dem nassen Asphalt. Neben diesen ruhigen, gleichmäßigen Geräuschen in der Ferne der Lärm einer Baustelle: das Wimmern einer elektrischen Säge, die sich durch ein Brett quält. Erst vor wenigen Tagen bin ich aus New Mexico zurückgekommen, wo ich aufgewachsen bin. Ich finde es immer wieder erstaunlich, wie schnell sich die ganze Erlebnisfülle eines Urlaubs auf eine Handvoll Erinnerungen reduziert, auf wenige Geschichten, die man erzählen kann. Wenn man wieder anfängt zu arbeiten, sind die Erlebnisse bereits derart zusammengeschrumpft, daß sie in einem mikroskopisch kleinen Sektor unseres Gehirns Platz haben. Und ein Teil der Erinnerungen ist sogar schon verlorengegangen.

Ein ähnliches Gefühl habe ich, wenn ich eine Ausstellung im Metropolitan Museum of Art besuche. Ein oder zwei Stunden lang betrachtet man ein Bild nach dem anderen, beschäftigt sich vielleicht besonders intensiv mit einem Werk von Georgia O'Keefe oder David Hockney. Irgendwann ist man am Ende angelangt und muß dann in eine »Dekompressionskammer«: einen spärlich beleuchteten Raum voll von Postkarten, Postern und blassen Kopien der Gemälde, die man gerade gesehen hat. Die direkte körperliche Erfahrung, das Gemälde »The Grey Hills« oder »Mount Fuji and Flowers« betrachtet zu haben, beginnt schon jetzt zu verebben. Die Leute um einen herum kaufen noch schnell ein paar Souvenirs – Erinnerungen in Einheitsverpackung. Soll man selbst auch dieser Versuchung nachgeben?

Genauso funktioniert das Gedächtnis. Wenn man einem anderen Menschen das erste Mal von einer Reise oder einem Museumsbesuch erzählt, hat das Erlebnis schon längst die Qualität des Authentischen eingebüßt. Die gemachten Erfahrungen sind in feststehende Einzelteile umgewandelt worden. Erinnern wir uns an das Erlebnis, besteht es nur noch aus diesen Bruchstücken.

Eine kurze Weile sind die Bilder der New -Mexico-Reise aber wenigstens noch lebendig. Ich erinnere mich, daß ich mit einer Bekannten vom Ferienhaus meiner Eltern in den Jemez-Bergen zu der archäologischen Stätte von Bandelier fuhr. Die Frau am Eingang sah eigentlich für diese Arbeit – ein sehr guter Ferienjob für Studenten – zu alt aus. Sie fragte, woher wir kämen. »Aus New York«, sagte ich, fügteaber noch schnell hinzu, ich hätte früher in Albuquerque gelebt. Ich erinnere mich, daß ich in diesem Moment glücklich darüber war, einen Lieferwagen mit einem Nummernschild von New Mexico zu fahren. »Aus New York City?« fragte sie. Einen Augenblick lang hielt ich das für freundliche Anteilnahme, bemerkte dann aber, daß sie nur auf der Suche nach Informationen für ihr Gästebuch war.

Wir fuhren die Straße zum Canyon entlang und beschlossen, nicht beim Aussichtspunkt anzuhalten. Wir hingen hinter einem aufreizend langsam fahrenden Auto mit einem Nummernschild aus Iowa fest. Während wir uns langsam zum Frijoles Canyon hinunterbewegten, erklärte ich meiner Bekannten, der Bach unter uns fließe in den Rio Grande. Das rief Erinnerungen an eine Rucksacktour wach, die ich dort vor vielen Jahren einmal unternommen hatte. Und während ich dies hier schreibe, erinnere ich mich, daß ich mich erinnerte – sozusagen eine Erfahrung um zwei Ecken.

Wir erreichten das Tal, in dem das Besucherzentrum lag, und das Auto aus Iowa fuhr in die erste Lücke des überfüllten Parkplatzes. Ich fühlte, wie in mir Ärger hochstieg. Vielleicht würden wir nun keinen Parkplatz mehr finden. Aber das Gefühl verging schnell wieder, als vor uns ein Auto rückwärts aus einer Parklücke direkt vor dem Eingang des Zentrums ausscherte. Besser ging es ja wohl nicht. Ich erinnere mich, für einen Augenblick ein unkontrolliertes Gefühl der Überlegenheit verspürt zu haben und mir gleich darauf ziemlich dumm vorgekommen zu sein, daß ich etwas so Triviales als Triumph empfunden hatte – bloß weil das Auto aus Iowa kam und zu langsam gefahren war. Ich sehe den Parkplatz noch vor mir, allerdings etwas verschwommen. Ich glaube, das Auto aus Iowa war hellblau, aber ich bin mir nicht ganz sicher.

Ich erinnere mich noch an vieles andere. Wir tranken im Schnellrestaurant einen Eistee und eine Cola light. Ich saß auf einer Bank im Hof und beobachtete einen Mann mit einem schwarzen Bart, der um uns herum Fotos machte. Mir war völlig schleierhaft, was hier so interessant sein könnte. Dann bemerkte ich einen Kolibrifutterautomaten. Der Mann machte Nahaufnahmen von den Kolibris.

Jetzt habe ich eine Erinnerungslücke, ein Loch von mehreren Minuten – die Zeitspanne, in der wir aus dem Innenhof heraus und durch das Besucherzentrum zum Trampelpfad gingen. (Das Loch ist nicht ganz leer. Ich erinnere mich vage, daß wir beschlossen, sofort zum Trampelpfad zu gehen und das Museum auszulassen. Und ich erinnere mich dunkel, daß meine Bekannte mir vorwarf, ich würde sie zu sehr antreiben. Sie geht nämlich oft und gern ins Museum.)

Auch an die Eindrücke vom Pfad und an die archäologischen Sehenswürdigkeiten kann ich mich noch erinnern. Wir sind zuerst an den steinernen Löwen vorbeigegangen, einer genauen Reproduktion eines kleinen Denkmals in einem etwas entfernt gelegenen Tafelland, das den früheren Bewohnern des Canyons, den Anasazi-Indianern, als Heiligtum diente. Daneben lag die Kiva, und ich schaute hinein, weil ich wissen wollte, wo das Sipapu war – das »Geisterloch«, die mythische Verbindung zwischen dem irdischen Leben und der Unterwelt. Wir überholten den bärtigen Fotografen bei einer »Round House« genannten Ruine. Ich erinnere ich, dabei gedacht zu haben, daß er unnötig viele Fotos machte und mit einem riesigen Stapel von Bildern nach Hause kommen würde. Wir gingen an einer Familie vorbei, die auf einer Bank saß. Das kleine Mädchen jammerte, es sei zu heiß. Dann kletterten wir zu den Häusern auf dem Felsen hinauf und machten im Schatten eine Pause. Die kleine Abkühlung tat wirklich gut.

Danach stiegen wir die Steintreppe hinauf. Wir schauten uns das »Talus House« an und erklommen die Leitern zu den Höhlen. Vor uns war eine britische Reisegruppe. Ein Mädchen in einem gelben Bikini blockierte die ganze Leiter. Der bärtige Fotograf erschien wieder auf der Bildfläche.

Und schon wandert mein Verstand von einer Erinnerung zur anderen, die ganze Bildergalerie entlang. An der nächsten Ruine, dem »Long House«, erklärte uns ein altes Pärchen die Felszeichnungen. Die beiden sprachen einen Dialekt aus dem Mittleren Westen (erst jetzt, während ich das schreibe, fällt mir auf, daß das die Leute in dem Auto aus Iowa gewesen sein könnten). Einige der Zeichnungen, die die Frau uns zeigte, sehe ich vor mir – einen Vogel, einen komischen Mann – aber das Bild ist wirr und verschwommen.

In meinem Gehirn sind die Details einer Strecke von etwa einer Meile noch fest verankert. An einer Weggabelung, die zu weiteren Häusern auf dem Felsen führt, versucht eine Familie, sich zu einigen, ob sie weitergehen oder zum Parkplatz zurückmarschieren soll. Das dunkelhaarige Mädchen mit dem Hut bleibt bei der Mutter. Zwei Schwestern gehen weiter. Ich erinnere mich nicht, wie sie aussahen. Nun kommt eine weitere Erinnerungslücke von mehreren Minuten. Danach kletterten wir mehrere Leitern zur Spitze des Felsens und einer anderen Kiva hoch. Ich entsinne mit noch schwach einiger Kinder, die darüber stritten, ob noch Bilder auf ihrem Film waren oder nicht. Der Vater schimpfte eines der Kinder aus, weil es auf einem Felsen festsaß, obwohl er ihm verboten hatte, dort hochzuklettern. Der Blick nach oben in den Canyon war sehr beeindruckend: Kiefern und beige- und rosafarbene Felsen.

Die Erinnerung an den Rückweg am Bach entlang ist noch genauso deutlich. Ich entsinne mich, daß wir stehenblieben und so taten, als würden wir uns für ein Schild auf dem Naturpfad interessieren, nur um zwei Frauen, die unangenehm laut redeten, vorbeizulassen. Wir schauten uns noch mehr Schilder an. Ich erinnere mich zwar, daß wir sie anguckten, weiß aber nicht mehr, was darauf stand. Vor meinem inneren Auge sehe ich für einen kurzen Moment die Schilder aufblitzen, doch das Bild ist nicht scharf genug, um sie lesen zu können. Eine kleine Vipernatter gleitet den Weg entlang. Etwas weiter unten trete ich beinahe auf eine Klapperschlange.

Diese Art der Rückschau ist wie ein Trancezustand. Ich bin erstaunt, wie viele genaue Erinnerungen und wieviel Belangloses noch in meinem Kopf gespeichert sind. Nach der Wanderung fuhren wir zu einem Lebensmittelhändler in Los Alamos, um uns vor der Rückfahrt zum Ferienhaus noch schnell einzudecken. Ich erinnere mich genau an die Fahrt durch die Stadt und an unseren Parkplatz. Und ich weiß auch noch, daß ich zu einem Papierkorb ging und eine Dose wegwarf, bevor wir das Geschäft betraten. Ich erinnere mich an fast alles, was wir einkauften. Wir entdeckten einen Stapel Avocados und stellten fest, daß die reifen Früchte auf 25 Cent heruntergesetzt waren. Ich fühle noch, wie ich die rauhe, grüne Avocado in der Hand hielt und sie drückte, um zu prüfen, ob sie nicht zu weich war. Ich erinnere mich, daß wir erörterten, welchen Wein wir kaufen sollten, und auch an die Batterie von Flaschen, aber ich kann sie nicht mehr so dicht heranholen, daß die Etiketten zu entziffern wären. Dies hier ist so ganz anders als die Erinnerung an einen anderen Ausflug nach Bandelier mit einem Freund vor drei Jahren. Ich entsinne mich, daß wir den Weg durch den Canyon nahmen. Aber wo wir parkten, wie der Himmel aussah, wer außer uns dort war – das alles ist in meinem Gehirn nicht mehr vorhanden. Ich weiß, daß wir am »Round House« und am »Talus House« vorbeigekommen sein müssen, weil sie beide auf dem Weg liegen. Aber ich weiß es nur, weil es logisch ist. Es ist eine Schlußfolgerung, keine Erinnerung. Ich erinnere mich an unseren Besuch im »Long House«, weil er mit einer ungewöhnlichen Begebenheit verbunden war und deshalb im Gedächtnis haftengeblieben ist. Der Eingang war nämlich durch einen Sägeblock versperrt, und ein Schild warnte vor tollwütigen Fledermäusen. Wir gingen trotzdem hinein, und natürlich waren dort keine tollwütigen, sondern nur tote Fledermäuse. Ich erinnere mich, daß ich auf eine Leiter kletterte, um für ein Foto zu posieren. Oder erinnere ich mich in Wirklichkeit nur an das Betrachten des Fotos einige Wochen nach diesem Ereignis?

Vor diesem Ausflug gab es sechs Jahre zuvor noch einen anderen. Davon weiß ich nur noch, daß wir nach Bandelier fuhren, sonst nichts.

Jedesmal, wenn ich diesen Weg entlangging, verbanden sich in meinem Gehirn Neuronen miteinander und bildeten all diese Erinnerungen – zu viele, um sie für immer zu speichern. Die Strukturen zerfallen, die Details verflüchtigen sich. Die echten Bilder – die eigentlichen Sinneseindrücke – gehen verloren oder werden zu Symbolen. »Round House«, »Talus House«, »Long House« – all diese Dinge existieren im Gehirn als Symbole. Aus dem Sicherinnern an das, was passierte, wird ein Sicherinnern daran, daß etwas passierte.

Vielleicht ist der letzte Ausflug auch nur darum noch so lebendig in meinem Gedächtnis, weil ich schon so oft dort war. Das häufig wiederkehrende Ereignis hat sich mir tief eingeprägt. Ich kann den Ausflug bildlich nachvollziehen, weil die genaue Abfolge der Geschehnisse in meinem Gehirn gespeichert ist. Bandelier ist inzwischen für mich so etwas geworden wie Matteo Riccis Gedankenpalast.

Sollte das wiederholte Auftreten einer Erfahrung für deren Speicherung tatsächlich förderlich sein, dann werden meine letzten Erinnerungen sicher bald verblassen. Der Gang durch den Lebensmittelladen, das Prüfen der Avocado – all das wird einmal zu dem simplen Faktum reduziert werden, daß wir einkaufen gegangen sind. Schon jetzt bemerke ich beim Nachdenken, daß die dieses Ereignis repräsentierende Erinnerungsstruktur sich langsam aufzulösen beginnt. Die noch verbleibenden Teilstücke werden neu geordnet. Als ich gerade an die Avocado dachte, sprangen meine Gedanken zu einer anderen Szene im Ferienhaus. Ich war eben fertig mit Geschirrspülen und ließ das Spülwasser ablaufen, als ich auf dem Herd noch einen Topf mit ein paar übriggebliebenen Spargelstücken sah, die das Wasser grün färbten. Die Avocado im Geschäft und der Spargel auf dem Herd vermittelten beide denselben starken Eindruck von grünem Gemüse, so daß innerlich eine Verbindung, eine Brücke von einer Erinnerung zur anderen, entstand. Wenn ich mich jetzt an das eine erinnere, kommt mir automatisch auch das andere in den Sinn.

Wenn sich das Gehirn Erinnerungen einprägt, ordnet es diese neu und festigt sie. Die Details der untersten Ebene gehen bereits in dem Moment verloren, in dem wir sie wahrnehmen. Schon nach einer Stunde konnte ich mich nicht an jeden Schritt erinnern, den ich auf dem Weg getan hatte. Bei der Bildung von Erinnerungsstrukturen üben die bereits gespeicherten Symbole einen Einfluß auf die neu zu speichernden aus. So griff mein Gedächtnis zum Beispiel beim Anschauen der Reproduktion der steinernen Löwen sofort auf die Erinnerung an die echten steinernen Löwen zurück, die ich bei einer Rucksacktour vor genau fünfzehn Jahren gesehen hatte. Es baute eine neue Brücke.

Wenn man in den Zeugenstand berufen wird, schwört man bei Gott, die Wahrheit zu sagen, die reine Wahrheit und nichts als die Wahrheit. Man kann aber in Wirklichkeit nur das erzählen, was noch im Gedächtnis zurückgeblieben ist – Erinnerungen, die sich im Laufe der Zeit unwiderruflich verändert haben.

Wie oft mag ich wohl das Ferienhaus am Ende eines Urlaubs abgeschlossen haben? Ich mache den Kamin sauber, schließe den Rauchfang, vernagele die Fenster mit Brettern, fege den Fußboden, ziehe die Betten ab, klettere ins Pumpenhäuschen hinunter und drehe den Hahn zu. Dieses Mal erinnere ich mich an jede einzelne Tätigkeit. Würde das Haus abbrennen und müßte ich bezeugen, daß ich den Kamin wirklich saubergemacht habe, dann könnte ich mich bildlich an die einzelnen Aktionen erinnern: an das Wegschaufeln der Asche (die Schaufel war nämlich verbogen und deshalb nicht gut zu gebrauchen), an das Zurücklassen zweier abgebrannter und längst ausgekühlter Holzscheite und an das Ausschütten der Asche hinter der Veranda. Würde man mich dagegen nach dem Urlaub vor drei Jahren fragen, könnte ich zwar aussagen, daß ich höchstwahrscheinlich den Kamin saubergemacht habe, aber nur, weil es auf der Hand liegt, daß ich es gemacht habe.

Postskriptum: Seit ich dieses Schlußkapitel geschrieben habe, sind sechs Monate vergangen. Bei der Überarbeitung habe ich festgestellt, daß ich recht hatte: Die meisten Erinnerungen sind verlorengegangen. Wenn ich diese Seiten lese, erscheinen sie mir fast wie etwas Fiktives, wie eine Kurzgeschichte, die ein anderer geschrieben hat.

Dank

Die Idee zu diesem Buch kam mir im Jahre 1985, als ich beim Besuch der Konferenz der Cognitive Science Society in Irvine, Kalifornien, einen recht eigenartigen Wissenschaftler namens Gary Lynch sagen hörte, er habe die physikalischen Veränderungen, die eine Erinnerung im Gehirn auslöst, tatsächlich beobachtet. Seit dieser Zeit habe ich über das Gehirn und damit verwandte Themen sehr viel gelernt. Geholfen haben mir dabei Interviews und Gespräche mit Gary Lynch und vielen anderen Wissenschaftlern: Daniel Alkon, James Anderson, Philip Anderson, Michel Baudry, Mark Bear, William Calvin, Patricia Churchland, Leon Cooper, Carl Cotman, Serena Dudek, Chris Gall, Richard Granger, William Greenough, Shelly Halpain, Geoffrey Hinton, Douglas Hofstadter, Eric Kandel, June Kinoshita, John Larson, Julie Lauterborn, Jerome Lettvin, John McCarthy, Jay McClelland, Marvin Minsky, Richard Morris, James Olds, Kathie Olsen, Aryeh Routtenberg, Robert Schrieffer, Larry Squire, Terry Sejnowski, Charles Stevens und noch viele andere. Ich möchte ihnen allen für ihre Hilfe und ihre Anregungen danken, die in dieses Buch Eingang gefunden haben. Ferner haben mich viele der hier genannten Wissenschaftler durch das Zurverfügungstellen großer Mengen von Zeitungsaufsätzen unterstützt und sind mir bei dem Versuch, diese zu verstehen, zur Seite gestanden. Einige von ihnen lasen Teile des Manuskripts und bewahrten mich vor Fehlern.

Das Buch nahm erstmals im Jahre 1987 Gestalt an, als ich einen Artikel für das *New York Times Magazine* mit dem

Titel »Memory: Learning How It Works« schrieb. Ich danke in diesem Zusammenhang besonders meinem Redakteur Randy Rothenberg für seine Hilfe. Einige andere Redakteure der *Times,* unter anderem William Borders, Richard Flaste, Erik Eckholm, Katy Roberts und Marvin Slegel, unterstützten meine Bemühungen, mich auf diesem Gebiet weiterzubilden, indem sie mir die Berichterstattung bei vielen faszinierenden wissenschaftlichen Konferenzen übertrugen. Am liebsten waren mir die Konferenzen der Society for Neuroscience, die mehr als jede andere mir bekannte Organisation die wissenschaftlichen Berichterstatter unterstützt. Mein besonderer Dank gilt hier Donald Price und Eileen O'Donnell.

Meine Freunde Richard Freedman, Alan Lappin, Douglas Maret, Nancy Maret und Katie Rosenthal lasen Teile des Manuskripts und leisteten mir damit einen unschätzbaren Dienst. Aus der Welt des Verlagswesens schließlich möchte ich meinen Lektor Jonathan Segal und meine Agentin Esther Newberg nennen, denen ich dafür zu danken habe, daß sie mir ein weiteres Mal halfen, aus einer Idee ein Buch zu machen.

Anmerkungen

Sofern nicht anders angegeben, stammen alle Zitate aus Interviews, die ich zwischen August 1985 und Januar 1990 in Irvine, La Jolla, Pittsburgh, Baltimore, New Orleans, San Diego, Toronto, Providence, New York und Cambridge, Massachusetts, geführt habe. Einiges Material ist Vorträgen und anderen Präsentationsformen bei den jährlichen Zusammenkünften der Society for Neuroscience in New Orleans (1987) und Toronto (1988), der International Conference on Neural Networks in San Diego (1988) und dem Kolloquium der Zeitschrift *Nature* »How the Brain Works« in Cambridge, Massachusetts, entnommen.

Es gibt kaum etwas Kurzlebigeres als einen wissenschaftlichen Aufsatz – das gilt besonders für ein Gebiet wie die Neurowissenschaft, in der sich alles sehr schnell ändert. Anstatt alle Veröffentlichungen anzuführen, die ich gelesen habe, habe ich nur diejenigen ausgewählt, die meiner Meinung nach einmal von historischer Bedeutung sein werden (das hängt natürlich davon ab, wessen Theorien sich als richtig erweisen werden). Sollte jemand eine einheitliche Form des Zitierens neurowissenschaftlicher Aufsätze entwickelt haben, so ist es mir nicht gelungen, dies herauszufinden. Anstatt streng auf formale Richtigkeit zu achten, habe ich mehr Wert auf Effizienz und gesunden Menschenverstand gelegt. Wenn möglich, habe ich Rezensionen oder Bücher angeführt, die die Ergebnisse früherer Arbeiten zusammenfassen. Die genauen bibliographischen Angaben zu den in den Anmerkungen angeführten Werken sind dem Literaturverzeichnis zu entnehmen.

Vorwort: *Unsichtbare Paläste*

Bellow, *The Bellarosa Connection*, S. 120

Spence, *The Memory Palace of Matteo Ricci*, S. 2

Das große Gebäude in der Wildnis

Das Treffen der »verfeindeten Stämme« fand auf der siebenten Jahreskonferenz der Cognitive Science Society an der University of California in Irvine vom 15. bis 17. August 1985 statt.

I. Die Arbeit mit der feuchten, grauen Materie

Jacob, *The Statue Within*, S. 274.

Auf der Suche nach Erinnerungsbildern

Lashleys Artikel »In Search of the Engram« wurde im *Symposium of the Society for Experimental Biology* 4 (1950), S. 454–80 veröffentlicht. Ein Wiederabdruck findet sich bei Anderson und Rosenfeld, *Neurocomputing*.

Die Anfänge der Neurowissenschaft inklusive der Kontroverse Lashley-Penfield sind in mehreren Büchern beschrieben, unter anderem bei Rose, *The Conscious Brain*, und bei Changeaux, *Der neuronale Mensch*.

Penfields Experimente sind zusammengefaßt in seinem Buch *The Mystery of the Mind*.

Zitiert nach Rosenfield, *The Invention of Memory*.

Das Ventil im Gehirn

Die Theorie von Hebb ist in seinem Buch *The Organization of Behavior* dargestellt und auszugsweise wiedergegeben bei Anderson und Rosenfeld, *Neurocomputing*.

Die frühen Arbeiten von Kandel sind zusammengefaßt in seinem Artikel »Small Systems of Neurons«, in: *Scientific American*, September 1979, S. 66–76.

Zitiert nach Stephen H. Hall, »Aplysia & Hermissenda: Two Snails Are Leading the Race to Trace the Molecules of Memory«, in: *Science* 85, Mai 1985, S. 33 f.

Frühe Obsessionen

Lynchs frühe Arbeit über die Regulierung der Aufmerksamkeit stammt aus

»Separable Forebrain Systems Controlling Different Manifestations of Spontaneous Activity«, in: *Journal of Comparative and Physiol. Psychology*[70](1970), S. 48–59.

Lynchs Arbeit über die »recovery of function« wurde später bei Byron A. Campbell, Percy Ballantine II und Lynch, »Hippocampal Control of Behavioral Arousal: Duration of Lesion Effects and Possible Interactions with Recovery after Frontal Cortical Damage«, in: *Experiental Neurology*[33], Oktober 1971, S. 159–70, beschrieben.

Neue Nervenbahnen entstehen

Das Sprouting wurde erstmals von Raisman in »Neural Plasticity in the Septal Nuclei of the Adult Rat«, in: *Brain Research*[14](1969), S. 25–48, belegt.

Vgl. zu Lynchs Sprouting-Experiment: Lynch, Dee Ann Matthews, Sarah Mosko, Thomas Parks und Carl Cotman, »Induced Acetylcholinesterase-Rich Layer in Rat Dentate Gyrus Following Entorhinal Lesions«, in: *Brain Research*[42](1972), S. 311 bis 18.

Verstärkung der Verbindungen

Bliss und Lømo berichteten über ihre Entdeckung in »Longlasting Potentiation of Synaptic Transmission in the Dentate Area of the Unaesthetized Rabbit Following Stimulation of the Perforant Path«, in: *Journal of Physiology (London)*[23](1973), S. 357–74.

LTP ist synapsenspezifisch: vgl. T. Dunwiddie, D. Madison, Lynch, »Synaptic Transmission is Required for Initiation of Long-Term Potentiation«, in: *Brain Research*[150](1978), S. 413–17.

Vgl. zu Lynchs Experiment, bei dem er LTP und die Bildung von Synapsen miteinander verknüpft hat: Kevin Lee, F. Schottler, Michael Oliver und Lynch, »Brief Bursts of High Frequency Stimulation Produce Two Types of Structural Changes in Rat Hippocampus«, in: *Journal of Neurophysiology*[44](1980), S. 247–58. Ein einleitender Bericht erschien in *Experimental Neuro Copy*[65] (1979), S. 478–80.

Der Stachelschwein-Effekt

Die Entwicklung der Calpain-Hypothese ist in zahlreichen Artikeln abgedruckt, die Lynch gemeinsam mit Baudry, Simans,

Staubli und anderen verfaßt hat. Eine Zusammenfassung findet sich bei Lynch, *Synapses, Circuits, and the Beginnings of Memory.*

Künstliche Amnesie

Das Experiment mit dem Labyrinth wird bei Staubli, Baudry und Lynch, »Leupeptin, a Thiol Proteinase Inhibitor, Causes a Selective Impairment of Maze Performance in Rats«, in: *Behavioral and Neural Biology*[40](1984), S. 58–69, dargestellt.

Ein Rückblick auf die Forschungsarbeit über das deklarative und das prozedurale Gedächtnis ist bei Larry R. Squire in »Mechanisms of Memory«, *Science*, 27. Juni 1986, S. 1612–19, beschrieben.

Der Aufsatz »The Biochemistry of Memory: A New and Specific Hypothesis« von Lynch und Baudry erschien in *Science*[224](1984), S. 1057–63.

Eine gegnerische Replikation

N. R. Burns Leitartikel »Skeleton Key to Memory?« ist abgedruckt in *Nature*, 17. Januar 1985, S. 178–79.

Das Experiment von Greenough und Chang wird in ihrem Artikel »Transient and Enduring Morphological Correlates of Synaptic Activity and Efficacy Change in the Rat Hippocampal Slice«, in: *Brain Research*[309](1984), S. 35–46 beschrieben. Ein Rückblick auf Greenoughs Arbeit über die Verknüpfung des Lernens und der Entwicklung der Synapsen ist bei Greenough, James E. Black und Christopher S. Wallace, »Experience and Brain Development«, in: *Child Development*[58](1987), S. 539–59, zu finden.

Der König auf dem Hügel

Die biographischen Angaben über Kandel und die Beschreibung seiner Arbeit sind Allports Buch *Explorers of the Black Box* entnommen. Seine späteren Arbeiten über die klassische Konditionierung sind bei Thomas W. Abrams und Kandel, »Is Contiguity Detection in Classical Conditioning a System or a Cellular Property?«, in: *Trends in Neurosciences*, April 1988, S. 128–35, zusammengefaßt.

Ganz besondere Moleküle

Zitiert nach Abrams und Kandel, a. a. O., Seite 135.

Religiöse Fehden

Alkon und seine Arbeit ist bei Allport, *Explorers of the Black Box,* beschrieben. Die neueren Entwicklungen sind seinem Artikel »Memory Storage and Neural Systems«, aus dem *Scientific American,* Juli 1989, S. 42–50, entnommen.

Vgl. zu Routtenbergs Arbeit, in der er den LTP-Effekt mit der Proteinkinase C in Zusammenhang bringt: Raymond F. Akers, David M. Lovinger, Patricia A. Colley, David J. Linden und Routtenberg, »Translocation of Protein Kinase C Activity May Mediate Hippocampal Long-Term Potentiation«, in: *Science,* 7. Februar 1986, S. 587–89.

Ein hübscher kleiner Schalter

McNaughtons Experiment, mit dem er zeigte, daß der LTP-Effekt stärker auftritt, wenn mehrere Nervenwege gleichzeitig stimuliert werden, findet sich bei McNaughton, R.M. Douglas und G.V. Goddard, »Synaptic Enhancement in Fascia Dentata: Cooperativity Among Coactive Efferents«, in: *Brain Research* 157(1978), S. 277–93.

Larsons Experimente, mit denen er beweist, daß der LTP-Effekt in zwei Stufen eintritt, sind bei Larson und Lynch, »Induction of Synaptic Potentiation in Hippocampus by Patterned Stimulation Involves Two Events«, in: *Science,* 23. Mai 1986, S. 985–88, beschrieben.

Über den im Gehirn von ihre Umgebung erforschenden Ratten auftretenden Theta-Rhythmus berichtete C.H. Vanderwolf in *Electroencephalography and Clinical Neurophysiology* 26(1969), S. 407. Über den Theta-Rhythmus in Hippokampus-Zellen schreibt J.B. Ranck jr. in *Experimental Neurology* 41(1973), S. 462–531. Die Möglichkeit, daß im Hippocampus räumliche Landkarten gespeichert sind, wird bei J. O'Keefe und Lynn Nadel, *The Hippocampus as a Cognitive Map* (London: Oxford University Press, 1978), dargestellt.

Der Zusammenhang zwischen dem LTP-Effekt, dem Theta-Rhythmus und den NMDA-Rezeptoren wird weiterentwickelt bei Larson und Lynch, »Role of N-methyl-D-aspartate Receptors in the Induction of Synaptic Potentiation by Burst Stimulation Patterned After the Hippocampal Theta-Rhythm«, in: *Brain Research* 441(1988), S. 111–18.

Über den ursprünglichen Zusammenhang zwischen LTP-Effekt und den NMDA-Rezeptoren berichten Collingridge, S.J. Kehl und H. McLennan in ihrem Artikel »Excitatory Amino Acids in Synaptic Transmission in the Schaffer-Commissural Pathway of the Rat Hippocampus« im *Journal of Physiology (London)* 334(1983), S. 33–46. Andere Arbeiten über den LTP-Effekt und die NMDA-Rezeptoren, unter anderem die von Gustaffsson, Wigstrom, Brown und Bliss werden ausführlich in zwei Sonderausgaben von *Trends in Neurosciences* über Lernen und Gedächtnis (4.1988) und über NMDA-Rezeptoren (7.87) beschrieben.

Rückkehr zu Hebb

Zum Experiment mit dem Wasserbecken vgl. R.G.M. Morris, E.. Anderson, Lynch und Baudry: »Selective Impairment of Learning and Blockade of Long-Term Potentiation by an N-methyl-D-aspartate Receptor Antagonis, AP 5«, in: *Nature,* 27. Februar 1986, S. 774–76.

Zu Squires Studien an dem unter Gedächtnisschwund leidenden Patienten R.B. vgl. Stuart Zola-Morgan, Squire und David G. Amaral: »Human Amnesia and the Medial Temporal Region: Enduring Memory Impairment Following a Bilateral Lesion Limited to Field CA 1 of the Hippocampus«, in: *Journal of Neuroscience* Oktober 1986, S. 2950–67.

Intuition und Vielseitigkeit

Das Experiment, worüber Lynch bei der Konferenz in Toronto begeistert war, wird bei Dominique Muller, Michel Joly und Lynch, »Contribution to Quisqualate and NMDA Receptors to the Induction and Expression of LTP«, in: *Science,* 23. Dezember 1988, S. 1694–97, beschrieben. Weitere detaillierte Angaben über Lynchs Calpain-Hypothese können den *Society for Neuroscience Abstracts* Folge 13, 14 und 15 entnommen werden: sie enthalten Artikel, die bei den Jahreskonferenzen 1988, 1989 und 1990 vorgestellt wurden.

Erstes Intermezzo:
Das Gehirn als Black box

Kontroverse Darstellungen der synaptischen Gedächtnismechanismen sind in *Science,* Juni 1990, S. 1603–05 sowie S. 1619–24, abgedruckt.

Vgl. zum »Neuronen-Darwinismus« Rosenfield, *The Invention of Memory,* S. 156–95, sowie Edelmann, *Neural Darwinism.*

Zum Nervennetzwerk von Lynch und Granger vgl. Lynch, Granger, Larson und Baudry, »Cortical Encoding of Memory: Hypotheses Derived from Analysis and Stimulation of Physiological Learning Rules in Anatomical Structures«, in: Nadel et al., *Neural Connections, Mental Computation,* S. 180–224. Zu neueren Studien vgl. José Ambros-Ingerson, Granger und Lynch, »Simulation of Paleocortex Performs Hierarchical Clustering«, in: *Science,* März 1990, S. 1344–48.

II. Die Gedächtnismaschine

Das Gedicht von Wallace Stevens ist in den *Poems by Wallace Stevens: Selected and With an Introduction by Samuel French Morse* (New York: Vintage, 1959), S. 54f. zu finden.

Vgl. zu Coopers Sicht der Rolle des Beobachters in der Quantentheorie: »How Possible Becomes Actual in the Quantum Theory«, in: *Proceedings of the American Philosophical Society* 120 (1976), S. 37–45.

Vgl. Cooper, »Theory of an Immune Systeme Retrovirus«, in: *Proceedings of the National Academy of Sciences* 83 (Dezember 1986), S. 9159–63.

Choreographie der Atome

Einige der Ausführungen Coopers über seine Rolle bei der Aufstellung der BCS-Theorie sind seinem beim H. Kammerlingh Onnes Symposium on the Origins of Applied Superconductivity gehaltenen Vortrag »Origins of the Theory of Superconductivity« vom 1. Oktober 1986 entnommen. Die BCS-Theorie wird bei Bardeen, Cooper und Schrieffer, »Theory of Superconductivity«, in: *Physical Review* 106 (1957), S. 162–64, beschrieben.

Erfahrungsstrukturen

Cooper, *An Introduction to the Meaning and Structure of Physics,* Kurzausgabe, S. 117.

A.a.O. S. 120.

Magnet und Gehirnzelle

David Hubel, »The Brain«, in: *Scientific American,* September 1979, S. 48.

Die frühe Forschung über die Analogie zwischen dem Ferromagnetismus und dem Massenverhalten von Neuronen ist bei Jack D. Cowan und David H. Sharp, »Neural Nets and Artificial Intelligence«, in: *Daedalus,* Winter 1988, S. 85–121 dargestellt.

Eine Beschreibung der Spingläser findet sich bei Daniel L. Stein, »Spin Glasses«, in: *Scientific American,* Juli 1989, S. 52–9.

Die Universalmaschine

Eine Beschreibung der Turingmaschine enthält Turings Artikel» On Computable Numbers with an Application to the *Entscheidungsproblem,* in: *Proceedings of the London Mathematics Society,* 2. Folge, 42 (1936), S. 230–65.

Turing beschreibt seinen Test in dem Essay »Computing Machinery and Intelligence«, erstmals veröffentlicht in *Mind,* Oktober 1950, S. 433–60.

McCullochs Essays sind in seinem Buch *Embodiments of Mind* abgedruckt.

Der Aufsatz »A Logical Calculus of the Ideas Immanent in Nervous Acitivity« von McCulloch und Pitts steht im *Bulletin of Mathematical Biophysics* 5 (1943), S. 115–33. Ein Wiederabdruck findet sich bei Anderson und Rosenfeld, *Neurocomputing.*

Zitiert nach Donald H. Perkel, »Logical Neurons: The Enigmatic Legacy of Warren McCulloch«, in: *Trends in Neurosciences,* Januar 1988, S. 10.

McCorduck, *Machines Who Think,* S. 65.

McCullochs und Pitts' »How We Know Universals« erschien im *Bulletin of Mathematical Biophysics* 9 (1947), S. 127–47. Der Aufsatz ist nachgedruckt bei Anderson und Rosenfeld, *Neurocomputing.*

McCulloch, »Why the Mind Is in the Head«, in: *Embodiments of Mind,* S. 84.

Das Streben nach einer ungenaueren Maschine

Das Minsky-Porträt aus der Feder von Jeremy Bernstein erschien in der Ausgabe des *New Yorker* vom 14. Dezember 1981.

Das Perceptron wird bei Rosenblatt, »The Perceptron: A Probabilistic Model for Information Storage and Organization in the Brain«, in: *Psychological Review* 65 (1958), S. 386–408. beschrieben und ist bei Anderson und senfeld, *Neurocomputing,* wiederabgedruckt. Eine Analyse seiner Funktionsweise ist bei Singh, *Great Ideas in Information Theory, Language, and Cybernetics,* Kapitel 15, zu finden.

Zitiert nach Rumelhart et al., *Parallel Distributed Processing,* Bd. 1, S. 156.

Die Exorzisten

Zitiert nach Minsky und Papert, *Perceptrons,* S. 19 f.

A. a. O. S. 4

Symbolsysteme

Ein Überblick über das Gebiet der künstlichen Intelligenz ist in meinem Buch *Machinery of the Mind* zu finden.

Die philosophische Diskussion über die künstliche Intelligenz ist sehr ausführlich beschrieben. Siehe dazu zum Beispiel *Machinery of the Mind,* Kap. 13. Den Standpunkt der K. I. verteidigt Hofstadter in *Gödel, Escher, Bach.* Vertreter der Gegenrichtung sind Searle *(Minds, Brains, and Science)* und Dreyfus *(Mind over Machine).*

Ein Gedächtnismodell

Zu dem Aufsatz von Longuet-Higgins vgl. Cooper, »Holographic Model of Temporary Recall«, in: *Nature,* Januar 1968, S. 104.

Anderson und Rosenfeld, *Neurocomputing,* S. 193.

A. a. O., S. 284.

Diese Sinnsprüche tauchen in zwei frühen Aufsätzen Andersons auf: »A Simple Neural Network Generating an Interactive Memory«, in: *Mathematical Biosciences* (1972), S. 197–220, und Anderson, Jack W. Silverstein, Stephen A. Ritz und Randall S. Jones, »Distinctive Features, Categorical Perception and Probability Learning: Some Applications of a Neural Model«, in: *Psychological Review* (1977),

S. 413–51; beide sind abgedruckt in Anderson und Rosenfeld, *Neurocomputing.*

Eine besonders ausführliche Beschreibung von Andersons linearem Verknüpfer findet sich in seinem Aufsatz »A Simple Neural Network« von 1972.

Die Logik der Tiere

Coopers erstes Netzwerk ist beschrieben in »A Possible Organization of Animal Memory and Learning«, in: *Proceedings of the Nobel Symposium on Collective Properties of Physical Systems* (1973), S. 252–64, wiederabgedruckt bei Anderson und Rosenfeld, *Neurocomputing.*

Zitiert nach Anderson und Rosenfeld, *Neurocomputing,* S. 201.

Die Arbeit Winstons ist in meinem Buch *Machinery of the Mind* beschrieben.

Zitiert nach Anderson und Rosenfeld, *Neurocomputing,* S. 201.

A. a. O., S. 196.

Resonanz und Realität

Aufsätze von Kohonen, Little und Shaw, Grossberg und anderen Nervennetzwerkpionieren sind bei Anderson und Rosenfeld, *Neurocomputing,* zu finden.

Cooper, »Source and Limits of Human Intellect«, in: *Daedalus,* Frühjahr 1980, S. 1–17.

Etwas tief Verborgenes

Der Aufsatz von Nass und Cooper trägt den Titel »A Theory for the Development of Feature Detecting Calls in Visual Cortex« und erschien in *Biological Cybernetics* 19 (1975), S. 1–18.

Coopers spätere Forschungen zur Entwicklung des visuellen Systems sind dargestellt in Cooper und Michel Imbert, »Seat of Memory: Brain Theory Meets Experiment in Visual Cortex«, in: *The Sciences,* Februar 1981, sowie bei Elie L. Bienenstock, Cooper und Paul W. Munro, »Theory for the Development of Neuron Selectivity: Orientation Specificity and Binocular Interaction in Visual Cortex«, in: *Journal of Neuroscience* 2 (1982), S. 32–48; der letztgenannte Aufsatz ist wiederabgedruckt bei Anderson und Rosenfeld, *Neurocomputing.*

Die Arbeit von Cooper und Mark Bear ist in ihrem Aufsatz »Molecular Mechanisms for Synaptic Modification in the Visual Cortex: Interaction Between Theory and Experiment«, M. Gluck und David Rumelhart (Hrsg.): *Neuroscience and Connectionist Theory* (im Druck) beschrieben. Vgl. auch Bear, Cooper und Ford F. Ebner, »A Physiological Basis for a Theory of Synapse Modification«, in: *Science*, Juli 1987, S. 42–8, sowie Dudek und Bear, »A Biochemical Correlate of the Critical Period for Synaptic Modification in the Visual Cortex«, in: *Science*, November 1989, S. 673–75.

Eine neue Moderichtung

Zitiert nach Anderson und Rosenfeld, *Neurocomputing*, S. 457.

Neuere Forschungsergebnisse auf dem Gebiet der Nervennetzwerke von Hinton, Rumelhart, McClelland, Sejnowski, Hopfield und anderen finden sich in Anderson und Rosenfeld, *Neurocomputing*. Zu den wichtigsten Publikationen zählen: Hopfield, »Neural Networks and Physical Systems With Emergent Collective Computational Abilities«, in: *Proceedings of the National Academy of Sciences* 79 (1982), S. 2554–58; David H. Ackley, Hinton und Sejnowski, »A Learning Algorithm for Boltzmann Machines«, in: *Cognitive Science* 9 (1985), S. 147–69; Sejnowski und Rosenberg, »NETtalk: A Parallel Network That Learns to Read Aloud«; Bericht der Johns Hopkins University aus dem Jahre 1986; Rumelhart, Hinton und Ronald J. Williams, »Learning Representations by Back-Propagating Errors«, in: *Nature*, Ok-

tober 1986, S. 533–36. Andere wichtige Arbeiten sind in Rumelhart et al., *Parallel Distributed Processing* erschienen.

Zweites Intermezzo:
»Gott ist ein Tüftler«
Crick, *What Mad Pursuit*, S. 115.
III. Das Ende der Philosophie
Das Quine-Zitat ist bei A. J. Ayer, *Philosophy in the Twentieth Century*, S. 247 f. zu finden.

Gespenstisches Zeug
Vgl. Francis Fukuyama, »The End of History?«, in: *The Public Interest*, Sommer 1989; Bill McKibben, *The End of Nature* (New York: Random House, 1989); sowie Arthur C. Danto, der in seiner Essaysammlung The State of Art (New York: Prentice Hall, 1987) das Ende der Kunst verkündete.

Philosophische Provinz
Churchland, *Neurophilosophy*, S. 3.
Himmlische Führung
A. a. O., S. 268 f.
Zitiert nach Gardner, *The Mind's New Science*, S. 70 f.

Die angeregte Debatte zwischen Searle und den Churchlands ist beschrieben in den Aufsätzen »Is the Brain's Mind a Computer Program?« und bei Churchland und Churchland, »Could a Machine Think?« aus: *Scientific American*, Januar 1990, S. 26–37. Roger Penrose vertritt seinen Standpunkt in seinem Buch *The Emperor's New Mind*. Er wird kritisiert von George Johnson in dem Aufsatz »New Mind, No Clothes« aus: *The Sciences*, Juli/August 1990, S. 44–49.

347

Bibliographie

Adelman, George (Hrsg.), *Encyclopedia of Neuroscience*, 2 Bde., Boston 1987.

Allman, William F., *Apprentices of Wonder: Inside the Neural Network Revolution*. New York 1989.

Allport, Susan, *Explorers of the Black Box: The Search for the Cellular Basis of Memory*. New York 1986.

Anderson, James A., Edward Rosenfeld, *Neurocomputing: Foundations of Research*. Cambridge 1988.

Ayer, A. J., *Philosophy in the Twentieth Century*. New York, 1982.

Baddeley, Alan, *So denkt der Mensch. Unser Gedächtnis und wie es funktioniert*. München 1986.

Bellow, Saul, *The Bellarosa Connection*. New York 1989.

Braunbek, Werner, *Vom Lichtstrahl zum Neutrino*. Stuttgart 1968.

Campbell, Jeremy, *The Improbable Machine: What the Upheavals in Artificial Intelligence Research Reveal About How the Mind Really Works*. New York 1989.

Changeux, Jean-Pierre, *Der neuronale Mensch: Wie die Seele funktioniert. Die Entdeckungen der neuen Gehirnforschung*. Reinbek 1984.

Churchland, Patricia Smith, *Neurophilosophy: Toward a Unified Science of the Mind/Brain*. Cambridge 1986.

Churchland, Paul, *Matter and Consciousness, A Contemporary Introduction of the Philosophy of Mind,* überarb. Ausg., Cambridge 1988.

Cooper, Leon N., *An Introduction to the Meaning and Structure of Physics* (gek. Fassung), New York 1970.

Crick, Francis, *What Mad Pursuit: A Personal View of Scientific Discovery*. New York 1988.

Czihak/Langer/Ziegler (Hrsg.), *Biologie: Ein Lehrbuch*. Berlin, Heidelberg, New York 1990.

Davis, Philip J./Hersh, Reuben, *Erfahrung Mathematik*. 1985.

Diamond, Marian C./Scheibel, Arnold

B./Elson, Lawrence M., *The Human Brain Coloring Book*. New York 1985.

Duffy, Bruce, *The World As I Found It: A Novel*. New York 1987.

Dreyfus, Hubert L./Dreyfus, Stuart E.., *Künstliche Intelligenz. Von den Grenzen der Denkmaschine und dem Wert der Intuition*. Reinbek 1987.

Edelman, Gerald M., *Neural Darwinism: The Theory of Neuronal Group Selection*. New York 1987.

Fodor, Jerry A., Pylyshyn, Zenon W., »Connectionism and Cognitive Architecture: A Critical Analysis.« In: *Connections and Symbols,* hrsg. von Steven Pinker und Jacques Mehler. Cambridge 1988.

Franck, Dieter, *Verhaltensbiologie: Einführung in die Ethnologie*. Stuttgart, New York 1985.

Gardner, Howard, *Dem Denken auf der Spur: Der Weg der Kognitionswissenschaft*. Stuttgart 1989.

Gerthsen/Kneser/Vogel, *Physik*. Berlin/Heidelberg[14]1982.

Gjertsen, Derek, *Science and Philosophy: Past and Present*. London 1989.

Graubard, Stephen R. (Hrsg.), *Daedalus, special issue on Artificial Intelligence*. Cambridge: American Academy of Arts and Sciences, Winter 1988.

Halacy jr., D. S., *Geheimnis Intelligenz. Biologie des Geistes*. München, Gütersloh, Wien 1972.

Hebb, Donald O., *The Organization of Behavior*. New York 1949.

Hinton, Geoffrey/Anderson, James A. (Hrsg.): *Parallel Models of Associative Memory*. Hillsdale, N. J. 1981.

Höfling, Oskar/Waloschek, Pedro, *Die Welt der kleinsten Teilchen: Vorstoß zur Struktur der Materie*. Reinbek 1984.

Hofstadter, Douglas R., Gödel, Escher, Bach: *Ein endloses geflochtenes Band*. Stuttgart 1985.

Metamagical Themas: Questing for the Essence of Mind and Pattern. New York 1984.

Immelmann, Klaus, *Wörterbuch der Verhaltensforschung.* Berlin/Hamburg 1982.

Jacob, François, *The Statue Within: An Autobiography.* New York 1988.

Janik, Allan/Toulmin, Stephen, *Wittgensteins Wien.* München 1986.

Johnson, George, *Machinery of the Mind: Inside the New Science of Artificial Intelligence.* New York 1986.

Kline, Morris, *Mathematics: The Loss of Certainty.* New York 1980.

Luria, A. R., *The Mind of a Mnemonist: A Little Book About a Vast Memory.* Cambridge 1968.

Lynch, Gary, *Synapses, Circuits, and the Beginnings of Memory.* Cambridge 1986.

Mayer, Richard E., *Denken und Problemlösen: Eine Einführung in menschliches Denken und Lernen.* Berlin/Heidelberg/New York 1979.

McCulloch, Warren S., *Embodiments of Mind.* Cambridge 1965.

Minsky, Marvin (Hrsg.), *Semantic Information Processing.* Cambridge 1968.

Minsky, Marvin, *The Society of Mind.* New York 1986.

Minsky, Marvin/Papert, Seymour A., *Perceptrons: An Introduction to Computational Geometry,* erweiterte Fassung, Cambridge 1988.

Monod, Jacques, *Zufall und Notwendigkeit: Philosophische Fragen der modernen Biologie.* München 1972.

Nadel, Lynn/Cooper, Lynn A./Culicover, Peter und Harnish, R. Michael (Hrsg.), *Neural Connections, Mental Computation.* Cambridge 1989.

Pagels, Heinz R., *The Dreams of Reason: The Computer and the Rise of the Sciences of Complexity.* New York 1988.

Penfield, Wilder, *The Mystery of the Mind.* Princeton 1975.

Penrose, Roger, *The Emperor's New Mind: Concerning Computers, Minds, and the Laws of Physics.* Oxford 1989.

Pschyrembel, Willibald, *Klinisches Wörterbuch.* Berlin, New York [256]1990.

Regis, Ed, *Who Got Einstein's Office?: Eccentricity and Genius at the Institute for Advanced Study.* Überarb. Ausg., Reading, Mass., 1987.

Rose, Steven, *The Conscious Brain,* New York 1989.

Rosenfield, Israel, *The Invention of Memory: A New View of the Brain.* New York 1988.

Rumelhart, David E./McClelland, James L. und the PDP Research Group, *Parallel Distributed Processing: Explorations in the Microstructure of Cognition.* 2 Bde., Cambridge 1986.

Searle, John R., *Geist, Hirn und Wissenschaft.* Frankfurt a. M. 1986.

Segrè, Emilio, *Die großen Physiker und ihre Entdeckungen: Von den Röntgenstrahlen zu den Quarks.* München 1981.

Shainberg, Lawrence, *Memories of Amnesia: A Novel.* New York 1988.

Shepherd, Gordon M., *Neurobiology.* Oxford [2]1988.

Simon, Herbert A., *Die Wissenschaft vom Künstlichen,* hrsg. von Rolf Herken. Hamburg o. J.

Singh, Jagjit, *Great Ideas in Information Theory, Language and Cybernetics.* New York 1966.

Sobotta/Becher, *Atlas der Anatomie des Menschen.* Hrsg. und bearb. von F. Fernern und J. Staubesand, Bd. 3. München/Berlin/Wien [17]1973.

Spektrum der Wissenschaft: Verständliche Forschung. *Gehirn und Nervensystem.* Heidelberg 1988.

Spence, Jonathan D., *The Memory Palace of Matteo Ricci.* New York 1984.

Stahlknecht, Peter, *Einführung in die Wirtschaftsinformatik.* Berlin/Heidelberg 1987.

Stegmüller, Wolfgang, *Hauptströmungen der Gegenwartsphilosophie: Eine kritische Einführung.* Bd. 1, Stuttgart [6]1978.

Von Neumann, John, *The Computer and the Brain.* New Haven 1958.

Voss/Herrlinger/Fischer, *Taschenbuch der Anatomie Band 3,* neu bearb. von Alfred Dorn. Stuttgart/New York [15]1976.

Yates, Frances A., *Das künstliche Gedächtnis,* hrsg. von Hans J. Metzger. Wien 1984.

Register

352